全国高等院校经管类专业通用教材

该教材获国家自然科学基金项目（72101157，72471151）、中央高校基本科研业务费专项资助（2023TD003）资助。

商务数据分析实战教程

罗莉娟◎主编

中国财经出版传媒集团
中国财政经济出版社
·北 京·

图书在版编目（CIP）数据

商务数据分析实战教程 / 罗莉娟主编. -- 北京：中国财政经济出版社，2024.11. --（全国高等院校经管类专业通用教材）. -- ISBN 978-7-5223-3502-5

Ⅰ. F712.3

中国国家版本馆 CIP 数据核字第 2024W918X5 号

策划编辑：刘孺泾　　　　责任校对：张　凡
责任编辑：刘孺泾　　　　责任印制：张　健

商务数据分析实战教程
SHANGWU SHUJU FENXI SHIZHAN JIAOCHENG

中国财政经济出版社 出版

URL：http://www.cfeph.cn
E-mail：cfeph@cfeph.cn

社址：北京市海淀区阜成路甲 28 号　邮政编码：100142
营销中心电话：010-88191522
天猫网店：中国财政经济出版社旗舰店
网址：https://zgczjjcbs.tmall.com
北京厚诚则铭印刷科技有限公司印刷　各地新华书店经销
成品尺寸：170mm×240mm　16 开　20.25 印张　340 000 字
2025 年 1 月第 1 版　2025 年 1 月北京第 1 次印刷
定价：65.00 元
ISBN 978-7-5223-3502-5
（图书出现印装问题，本社负责调换，电话：010-88190548）
本社图书质量投诉电话：010-88190744
打击盗版举报热线：010-88191661　QQ：2242791300

目　录

第一章

认识数据分析

第一节　商务数据分析概述

一、商务数据分析的定义与重要性

1. 商务数据分析的定义

商务数据分析是通过收集、处理和分析业务数据，从而获取有价值的信息和见解，以支持企业决策和优化业务流程的一种方法。数据分析通过使用统计学、数据挖掘、机器学习等技术，帮助企业识别趋势、预测未来、发现潜在问题，并制定更为有效的战略和战术。在现代商业环境中，数据已经成为一种关键资源。企业通过分析来自各种渠道的数据，如销售记录、客户反馈、社交媒体互动等，能够深入了解市场动态和客户需求，从而提升业务绩效。商务数据分析不仅是技术工具的应用，更是一种数据驱动的思维方式，强调在决策过程中依靠数据和证据，而不是仅凭直觉和经验。

2. 商务数据分析的重要性

（1）提升企业竞争力

在当今激烈的市场竞争中，企业需要不断寻求新的竞争优势以保持领先地位。商务数据分析通过提供深入的市场洞察和客户行为分析，帮助企业识别新的市场机会和潜在风险，从而优化产品和服务，提升客户满意度，最终增强企业的竞争力。数据分析可以帮助企业更好了解市场需求和客户偏好。通过分析销售数据、客户反馈和市场调研数据，企业可以发现哪些产品和服务最受欢迎以及未被满足的市场需求。例如，零售企业可以通过数据分析发现某些产品在特定季节或节日期间的销售高峰，从而制定相应的促销策略，最大化销售额。此外，通过分析客户的购买行为和偏好，企业可以进行精准营销，提高营销活动的效果和投资回报率。

商务数据分析能够显著提升产品和服务的质量。通过对客户反馈和产品使用数据的分析，企业可以发现产品的优点和不足，及时改进产品设计和服务流程，增强产品的市场竞争力。例如，制造企业可以通过分析客户投诉和退货数据，找出产品质量问题的根源，实施针对性的改进措施，提高产品的可靠性和用户满意度。此外，通过对竞争对手分析，企业可以更好了解市场动态，制定更具竞争力的战略。企业可以使用数据分析工具，监控竞争对手的市场表现、客户反馈和营销活动，及时调整自己的策略，保持市场领先地位。

（2）优化业务流程

商务数据分析在优化业务流程中扮演着至关重要的角色。它能显著提升企业的运营效率和成本效益。通过对生产数据、物流数据、销售数据等多方面的深入分析，企业可以有效识别流程中的“瓶颈”和低效环节，从而实现流程优化和资源最大化利用。

首先，数据分析可以帮助企业精确控制生产过程。制造业企业可以利用生产线上的传感器数据，对生产过程进行实时监控。通过对这些数据的分析，企业能预测设备的潜在故障，实施预防性维护，减少不必要的维修成本和停机时间。例如，汽车制造公司通过分析装配线的传感器数据，成功预测了关键设备的故障点，提前进行维护，使整条生产线的效率提高。其次，数据分析在物流和供应链管理中同样发挥着关键作用。物流公司通过分析运输数据，如车辆位置、运输时间和货物状态等，可以优化配送路线和调度计划，减少燃油消耗和运输延迟。最后，通过对市场需求和销售数据的分析，企业可以更准确地预测产品需求，从而优化库存水平，减少库存积压或短缺问题，提高资金周转率。例如，一家跨国零售企业利用先进的数据分析技术调整了其全球仓库的存货水平，使库存成本降低了20%，同时确保了市场需求的快速响应。数据分析也促进了企业流程的自动化和智能化。通过引入机器学习和人工智能技术，企业可以自动化执行常规数据分析任务，实时监控业务流程，快速响应市场变化。最后，通过持续的流程优化，企业能够实现显著的成本节约和效率提升。数据驱动的决策不仅加快了决策过程，而且提高了决策的准确性，帮助企业在竞争激烈的市场中保持优势，实现可持续发展。

（3）支持科学决策

在现代企业管理中，科学决策是确保企业稳定发展和有效应对市场变化的关键因素。商务数据分析提供了一个强大的工具，使决策过程更加依赖可靠的数据和精确的分析，而非仅凭直觉或经验。这种方法可以显著提高决策的质量和效率，特别是在资源分配、市场进入策略、风险管理以及新产品开发等关键领域。

数据分析通过提供深入的市场洞察和消费者行为分析，帮助管理层做出更加精确的决策。例如，在新产品开发过程中，通过分析市场趋势、消费者需求和竞争对手的产品表现，企业能够决定哪些特性或服务应该被优先考虑以满足市场需求。这种基于数据的方法减少了市场预测的不确定性，使产品更有可能成功。有效的资源配置是企业成功的关键。数据分析可以帮助企业识别哪些业务单元、市场或产品线产生最大的收益，哪些则是成本中心。通过对历史数据和实时数据的综合分析，企业可以进行资本和人力资源的优化配置，确保资源被分配到最能产生回报的领域。数据分析对于长期的战略规划至关重要。通过分析市场趋势、技术发展和竞争环境，企业可以制定或调整其长远的战略目标。数据不仅能够帮助企业识别新的增长机会，还能预测未来可能的挑战，使企业能够制订有前瞻性的战略计划，有效引导未来的商业环境。

（4）预测未来趋势

科学的决策过程是企业提高效率和竞争力的关键。商务数据分析为科学决策过程提供了坚实的基础，使决策更加依赖实证数据而非单纯的直觉。这种方法不仅提高了决策的准确性，还增强了企业对市场动向的适应性和前瞻性。通过深入分析消费者行为、市场趋势、供应链状况以及财务表现等数据，决策者能够得出更具洞察力的结论，制定符合实际情况的策略。例如，零售企业利用客户购买数据和偏好分析来优化库存管理和产品布局，以期达到最大的销售效率和客户满意度；金融机构通过分析信贷历史和市场变化来调整信贷政策，以降低坏账率并增加投资回报。

此外，科学决策支持系统在企业中的应用越来越多样化，不仅限于日常的运营管理，也扩展到战略规划和长期发展规划。企业通过长期的数据收集和分析，能够识别行业的成长趋势和衰退信号，从而在资源配置和市场扩展上做出前瞻性的决策。例如，制造业企业通过分析生产效率和市场需求数据，可以决定是否扩大生产规模或是引入新的技术以保持竞争优势。数据分析同样对风险管理提供了强有力的支持，企业能够通过模型预测分析来评估潜在的市场风险，制定应对策略，从而在不确定的市场环境中保持稳定。这种基于数据的科学决策方法，确保了企业决策的客观性和适时性，极大提高了决策的效果和企业的整体运营效率。

（5）提升客户满意度

商务数据分析通过深入了解客户需求、行为模式及其对服务和产品的反馈，使企业能够提供更加个性化和优质的客户体验。例如，通过分析客户交互数据，企业可以识别出客户服务中的痛点和“瓶颈”，及时进行调整和优化，从而直接提高客户满意度。此外，利用数据分析结果，企业可以预测客户的需求变化，提前准备满足这些需求的产品和服务，这不仅能增强客户的忠诚度，还可以在竞争激烈的市场中获得关键的先机。例如，零售商通过跟踪客户的购买历史和在线行为，可以推荐符合其口味和需求的商品，甚至在特定节日或活动前提供个性化的促销，增强购物体验，从而提高客户满意度和复购率。

另外，数据分析也使企业能够更有效地管理客户关系，通过精细的客户细分，企业可以为不同的客户群体提供定制化的服务和产品。例如，金融机构可以通过分析客户的投资偏好和风险承受能力，为客户推荐适合其投资目标的金融产品。这种高度个性化的服务不仅提升了客户满意度，也增强了客户的信任和依赖、进一步深化了客户关系。同时，通过实时监控客户反馈和社交媒体数据，企业可以快速响应客户的期望和不满，及时解决问题。这种主动的客户服务策略能有效避免负面反馈的扩散，保护企业品牌形象。此外，数据分析还能帮助企业识别最有价值的客户群体，通过为这些关键客户提供优先服务或忠诚度奖励，企业可以进一步提升这些高价值客户的满意度和忠诚度，从而驱动整体业务和盈利能力的增长。

二、商务数据分析的应用领域

商务数据分析的应用覆盖各个行业，从零售、旅游、餐饮、金融、医疗到制造业，都在利用数据分析来改变传统的商业模式、优化决策过程，并创造新的商业价值。以下是几个主要领域中数据分析应用的详细描述。

1. 零售行业

在零售行业中，数据分析的应用已变得不可或缺，尤其是在客户行为分析、库存管理、价格策略和营销活动的优化方面。零售商通过分析消费者的购买模式、偏好、反馈及社交媒体活动，能够构建详细的客户画像。这些画像帮助零售商制定个性化的营销策略和提升顾客服务质量。例如，通过追踪顾客在网上和店内的行为，零售商可以发现流行趋势和潜在需求，据此调整营销策略，如发送定制化的电子邮件和推送通知，推广目标顾客可能感兴趣的商品。此外，通过实时数据分析，零售商能够实时调整价格和促销活动，以吸引更多的消费者、增加销售额，并通过动态定价模型来最大化利润。

库存管理也是零售行业中数据分析的一个重要应用领域。通过分析销售数据、季节性变化、市场趋势和供应链条件，零售商可以更准确地预测各类产品的需求量，从而优化库存水平，减少积压和缺货情况。这种预测精度的提高可以帮助零售商减少库存成本，提高资金周转率。例如，ZARA 通过其高效的供应链和库存管理系统，能够在几周内迅速反应市场变化，快速补货或调整生产线，这种敏捷性让其在时尚零售行业中保持领先地位。

2. 旅游业

在旅游业中，数据分析的深入应用正改变着传统的业务运作方式，使旅游服务供应商能够以前所未有的精准度来理解和预测客户行为、优化服务并制定战略。通过收集和分析来自预订系统、社交媒体、在线评论及其他渠道的大量数据，旅游企业可以获得关于旅客偏好和行为模式的深入洞见。

数据分析在旅游定价策略中扮演了核心角色。运用历史数据和实时市场信息，旅游企业能够实施动态定价策略，即根据需求、季节性变动、竞争对手定价以及其他外部因素调整价格。例如，机票和酒店价格常常基于算法预测的旅游高峰期和低谷期进行调整，以最大化收入和入住率。此外，通过分析客户的预订习惯和反馈，公司可以优化套餐和促销活动，针对特定客户群体设计个性化旅游产品，从而提升顾客满意度并增加忠诚度。数据分析还极大地促进了旅游营销策略的革新。通过对旅客的在线行为、搜索习惯及购买路径的分析，旅游企业可以识别潜在客户、精准定位市场推广活动。利用数据驱动的见解，营销团队能够创建更具吸引力的内容，通过社交媒体和在线广告将旅游产品推荐给最可能感兴趣的用户群体。例如，通过追踪用户对特定目的地的搜索和讨论，企业可以推送相关的旅行指南和特价信息，以刺激购买意愿。此外，客户服务和体验管理也通过数据分析得到显著提升。旅游企业利用客户在旅行前、中、后阶段的反馈和行为数据来优化服务流程和应对策略。例如，分析顾客对酒店住宿的在线评论，可以帮助酒店管理层识别服务中的问题区域，并进行改进。同样，通过对旅游过程中顾客实时反馈的分析，企业能够迅速响应顾客需求，如调整交通安排或提供及时帮助，增强顾客满意度和口碑传播。

3. 餐饮业

餐饮业的数据分析应用广泛且深入，极大推动了个性化服务、运营效率和市场营销策略的发展。在这个领域，从顾客点餐行为到在线互动，几乎每一环节的数据都被用来优化运营和增强客户体验。餐饮业中，消费者行为分析帮助餐厅深入理解顾客的口味偏好和消费习惯。通过分析销售数据，餐厅能够识别哪些菜品受欢迎、哪些不受欢迎，并据此调整菜单设计。例如，如果数据显示某个特色菜在周末的销量显著高于平日，餐厅可能会在周末推出促销活动以吸引更多顾客。此外，通过分析顾客的消费频率和平均消费额，餐厅可以识别高价值顾客并针对这部分人群提供定制化服务或忠诚度计划。

评论管理是另一个关键应用领域。现代餐饮业越来越依赖在线评论和评分系统。这些反馈对餐厅的声誉和客流量具有直接影响。通过对在线评论的文本分析，餐厅可以从顾客的真实反馈中提取有用信息，如菜品质量、服务态度或环境氛围等，进而采取相应措施改善顾客体验。例如，如果多个评论提到服务速度慢，餐厅管理层可能需要考虑增加人手或优化工作流程。此外，数据分析还支持餐饮业中的库存管理和供应链优化。通过持续追踪食材消耗速度和模式，餐厅可以更准确预测未来的库存需求，从而减少浪费并确保食材新鲜。这种优化不仅节约了成本，还能提升食品质量和顾客满意度。

4. 金融行业

金融行业是数据分析应用最为广泛和成熟的领域之一。在这个行业中，数据分析主要用于信用评估、风险管理、投资决策和客户关系管理。金融机构通过分析客户的信用历史、资产状况、交易行为等信息，能够构建复杂的信用评分模型，这些模型帮助银行和信贷机构评估贷款申请者的还款能力和信用风险。此外，通过利用大数据分析，金融机构可以监控市场动态、实时更新风险评估模型，以防范市场波动带来的信贷风险和投资风险。例如，通过对历史市场数据的深入分析，金融分析师可以识别出投资机会和风险，并指导投资决策。

在防欺诈领域，数据分析也发挥着至关重要的作用。金融机构利用机器学习算法分析交易模式和客户行为，可以及时识别出异常交易，有效预防和减少欺诈行为。此外，数据分析在提升客户服务质量和客户满意度方面也有显著效果。金融机构通过分析客户的投资偏好、交易习惯和反馈，可以提供更符合客户需求的个性化金融产品和服务，增强客户忠诚度。例如，摩根大通通过其高级数据分析平台，不仅优化了客户的投资组合还能提供定制的财务建议，帮助客户实现财务目标，从而提高客户的整体满意度和机构的市场竞争力。

5. 医疗保健行业

在医疗保健行业中，数据分析的应用正变得日益重要，它帮助医疗机构优化治疗方案、提高患者护理质量，并降低医疗成本。通过分析患者的电子健康记录、治疗历史、基因信息以及生活习惯等数据，医生和研究人员可以更精确诊断疾病，并为每位患者定制个性化的治疗计划。例如，癌症治疗领域通过对患者的基因数据进行分析，能够预测患者对某些药物的反应性，从而选择最有效的治疗方法。此外，数据分析也在疾病预防和管理中起到了关键作用。通过分析大量患者的健康数据，医疗研究人员可以识别疾病发展的早期信号和风险因素，从而开发出更有效的预防措施和干预策略，如针对心脏病的早期预警系统，能够帮助患者及时得到治疗，显著提高生存率。

医疗保健行业中的数据分析还包括利用人工智能技术如机器学习算法来处理和解释医学影像，如 X 光、MRI 和 CT 扫描。这种技术的应用大幅提高了影像诊断的准确性和效率，使疾病能够在更早期被发现和治疗。同时，医疗机构通过实时数据监控，可以更有效管理医院资源，如病床分配、医疗人员调度和药品库存管理，这不仅提高了医疗服务的效率，也优化了患者的治疗体验。例如，通过分析入院患者的数据，医院可以预测特定时间段内的病床需求，合理调配资源，减少患者等待时间，提高医院运营效率。

6. 制造业

数据分析帮助制造业企业提高生产效率、降低成本，并提升产品质量。通过对生产过程中收集的实时数据进行分析，制造商能够识别并解决生产瓶颈，优化生产线的布局和操作流程。例如，汽车制造商通过分析装配线的数据，可以发现哪些步骤存在延迟或质量问题，及时调整或升级设备，减少生产中断和废品率。此外，利用预测性维护技术，制造商可以根据设备的操作数据预测潜在的故障，提前进行维修，避免昂贵的设备停机时间。这种数据驱动的维护策略不仅延长了设备的使用寿命，也显著降低了维护成本。

数据分析还极大促进了制造业的智能制造和自动化。通过集成物联网（IoT）技术，制造设备能够实时传输操作数据，这些数据被用来自动调整生产参数，确保产品质量的一致性。例如，高精度电子组件的制造过程中，通过分析环境条件（如温度、湿度）和机器参数的数据，系统可以自动调节生产设置，保证组件的制造精度和性能。此外，数据分析支持供应链优化，制造商可以通过分析供应商性能数据和物料流通数据，选择最佳的供应链策略，以应对市场需求的变化，减少库存积压，提高供应链的响应速度和灵活性。这些优化措施共同推动了制造业向更高效、更自动化的方向发展，显著提升了企业的市场竞争力。

7. 供应链管理

数据分析帮助企业优化物流流程、监控库存水平、预测市场需求，并减少供应链中断。通过整合来自各个环节的实时数据，如供应商性能、仓储条件、运输状态及市场需求等，企业能够建立一个全面的供应链视图。这种集成的数据分析支持企业在全球范围内做出快速响应，调整物流策略以应对突发的市场变化。例如，通过分析消费者购买数据和季节性趋势，零售企业可以预测到未来的产品需求波动，相应调整订单量和库存水平，避免出现过剩或缺货的情况。此外，数据分析还能帮助企业评估供应商的可靠性和成本效率，通过选择表现最佳的供应商，企业可以减少生产延误和提高产品质量，从而增强整个供应链的竞争力和灵活性。

供应链的弹性在今天的商业环境中尤为重要，数据分析在此方面发挥着至关重要的作用。通过监控和分析关键的供应链指标，企业能够识别潜在的供应链风险，并迅速采取行动以减轻其影响。例如，通过实时追踪原材料的流向和存量，制造企业可以在供应中断时迅速转换供应商，保证生产不受影响。数据分析也支持企业实施更加精细化的供应链策略，如采用多元供应源以分散风险或利用预测分析来优化运输路线和降低物流成本。通过这些策略，企业不仅能够应对当前的挑战，还能预见并准备未来可能出现的问题，从而保持供应链的持续性和效率。

第二节　本书的结构与阅读指南

一、结构划分

在本书的开篇，我们将全面介绍商务数据分析的核心概念、重要性及其如何被各种不同的行业广泛应用。这一章不仅为读者提供了商务数据分析的基础知识框架，还阐明了数据分析如何支持企业作出科学决策、优化业务流程并最终提升企业的竞争力和市场表现。通过本章内容，读者将了解到数据分析在现代商业环境中的关键作用以及企业如何利用数据驱动策略来达成业务优化和增长的目标。

继首章对商务数据分析的全面介绍之后，第二章深入探讨了数据收集的方法、技术和工具，特别是在不同的在线平台上。本章详细描述了从各种数据源（如社交媒体、电子商务平台和企业内部系统）收集数据的策略和挑战。此外，本章还包括对数据质量管理和数据清洗技术的讨论。这些是确保数据分析有效性的关键步骤。通过本章的学习，读者将掌握如何收集和准备数据，为进一步的分析和应用打下坚实的基础。

在第三章中，我们专注于在线旅游平台的数据探索与分析。首先，介绍了在线旅游平台的基本概况，包括行业发展现状和酒店板块的特点，还特别提到了携程网站的情况。其次，本章讲述了如何获取在线旅游平台酒店板块的数据，包括数据的收集手段和数据清洗处理方法。再次，深入探索了酒店的特征，不同类型酒店的数据分析以及用户评论数据的探索。最后，还探讨了酒店机器人服务的使用情况。在章节末尾，对在线旅游平台酒店模块的未来发展进行了拓展分析，探讨了不同平台的使用情况和可能的研究方向。这一章不仅提供了详细的数据获取和分析方法，也展示了数据分析在旅游行业中的实际应用，并帮助读者理解如何利用数据支持服务改进和业务决策。

第四章将焦点转向餐馆平台的评论数据，包括文本和图片。首先，概述了国内外餐馆平台的发展现状和趋势以及在线评论的进展。本章详细介绍了如何获取餐馆评论数据，包括使用 Yelp API 的爬虫技术。随后，探讨了如何处理评论中的图片数据和文本数据，包括图片的目标识别、美学质量计算和文本数据的预处理、文本长度和情感强度计算，以及评论的可读性评估。此外，章节还介绍了如何使用 Stata 进行数据分析，涵盖了 Stata 的主要功能和统计分析方法。通过这些分析，本章帮助读者深入理解用户反馈的多维度信息，并展示了数据分析在餐饮服务评价中的实际应用。

第五章我们探讨了社交媒体帖子与评论的数据分析。章节开头介绍了社交媒体平台的发展现状和极化现象的理解。然后，详述了如何获取社交媒体帖子数据的技术，特别是使用 Twitter 爬虫。本章也涉及了如何对帖子进行分类，包括使用机器学习技术如 PaddlePaddle、支持向量机和随机森林等。此外，还讨论了如何处理帖子和评论数据以及如何使用 Stata 进行描述性统计、方差分析和回归分析等。通过这些方法，本章展示了如何评估社交媒体上的意见和行为趋势，提供了一种科学的方式来分析和理解社交媒体数据。

第六章关注于直播电商的数据收集与分析。开头部分介绍了直播行业的发展趋势和历程以及用户数量和收入的增长趋势。然后，探讨了直播行业的数据特征和挑战，包括数据获取的难点。本章详细介绍了直播电商数据的意义，示例和数据收集、清洗及分析的具体方法。通过这些章节，本书不仅深入介绍了各个平台的数据分析技术和应用，还提供了丰富的实战案例，帮助读者掌握如何在不同的业务场景中有效地应用数据分析技能。

二、阅读指南

本书是一本旨在系统介绍商务数据分析技术和应用的书籍，推荐读者按章节顺序阅读以建立坚实的理论基础并逐步掌握更复杂的技术。虽然各章内容设计为相对独立的模块，适合任何水平的读者选择相关章节深入学习。但对初学者而言，按顺序学习可以更有效地了解数据分析的各个阶段。为了帮助不同背景的读者，书中的每个案例和章节都配有详细的步骤说明和解释，使得无论读者的预备知识如何，都能够跟上内容的进展。

此外，书中的和参考资料为读者提供了广泛的额外资源，包括详细的软件操作指南和高级技术阅读材料，对于希望深入探究特定主题的读者非常有用。本书还特别关注于教授读者如何使用各种数据分析工具和软件，包括但不限于

Excel、SPSS、Stata 等，每一工具的使用都配有具体的指导和示例，确保读者能够掌握这些工具在数据分析中的应用。总之，本书提供了一个全面、系统的学习路径，配合详细的结构和阅读指南，无论是初学者还是有经验的专业人士都能找到适合自己的学习内容，有效提升自己的数据分析能力。通过实战案例的学习，读者将能够更好理解理论如何转化为实际操作以及如何在商业环境中有效地运用数据分析技能。

第二章

平台数据收集与分析的基本方法

第一节 数据收集的重要性和目的

一、数据收集的重要性

在对平台数据进行收集时，不仅是在谈论一种数据收集和分析的过程，而且是在揭示一种能够帮助我们理解和解释平台经济运作机制的机会。通过对平台企业数据的研究和分析，我们可以深入研究不同平台的运营模式、市场竞争与合作关系等方面的信息。这对于进一步研究平台经济的特点和影响因素具有重要意义。例如，通过对平台企业数据的分析，可以更好地理解不同平台如何设计和实施激励机制，如何促进供需双方的匹配以及如何构建和管理平台上的信任和声誉系统。平台数据收集与处理的重要性主要有以下几个方面。

1. 理解平台经济的机制

平台企业数据的重要性在于它提供了揭示平台经济运作机制和内在规律的机会。通过收集和分析平台企业数据，研究者可以深入研究不同平台的运营模式、市场竞争与合作关系等方面的信息。这对于进一步研究平台经济的特点和影响因素具有重要意义。例如，通过对平台企业数据的分析，可以更好理解不同平台如何设计和实施激励机制、如何促进供需双方的匹配以及如何构建和管理平台上的信任和声誉系统。

2. 验证与推翻理论

平台企业数据的重要性还在于它可以验证或推翻现有的经济理论和假设。平台企业数据不仅涵盖了大量的经济行为和交易信息，还提供了多维度的数据，如用户行为、评分和评论等。通过对这些数据的收集和分析，研究者可以实证检验关于平台经济中市场行为、价格形成、用户选择等方面的理论。例如，通过平台企业数据的分析，可以验证不同的市场交易模式对于经济效率和用户福利的影响以及平台企业的竞争策略如何影响市场的竞争和创新。

3. 促进政策制定和监管

平台企业数据的收集和研究对于政策制定者和监管机构具有重要意义。通过分析平台企业数据，可以帮助政策制定者和监管机构更好地了解平台经济的运行情况和影响因素，从而制定相应的政策和监管措施。例如，通过分析平台企业数据，可以发现平台之间的市场集中程度、不对称信息和市场失灵等问题，为相关政策的监管提供参考。此外，通过对平台企业数据的分析，还可以评估不同政策和监管措施对于平台经济的影响和效果以及其对整体经济和社会福利的贡献。

二、数据收集的目的

平台企业数据的收集有以下几个方面的目的。

1. 发现新现象和趋势

平台企业数据的收集有助于研究者发现新的市场现象和趋势。通过分析平台用户的行为模式和偏好，可以深入了解用户需求的变化和市场趋势的发展。例如，通过分析用户在电商平台上的购买行为和评价信息，可以发现消费者对于品质、价格、服务等方面的喜好和关注点，并进一步预测市场的发展方向。同时，平台企业数据还可以帮助研究者探索新的市场机会和消费趋势，为创新和产品开发提供灵感和指导。

2. 提供实证基础和有益见解

平台企业数据的收集和分析为学术界和实践提供实证基础和有益见解。通过对数据的处理和解读，研究者可以揭示出某些现象和规律的背后机制，为政策制定者、企业决策者和投资者提供决策支持和战略建议。例如，通过研究用户对于产品偏好的数据，可以帮助企业调整产品定位和市场战略；通过分析市场竞争和合作关系的数据，可以为政策制定者提供相关政策建议，以维护市场公平竞争。同时，基于平台企业数据的研究成果也能促进学术界和实践的交流与合作，推动平台经济的发展。通过分享数据分析结果和见解，可以促进产业界和学术界之间的合作，提升平台经济的研究质量和实践价值。

3. 改进和优化平台运营

平台企业数据的收集和研究对于平台企业自身的运营也具有重要意义。通过对平台企业数据的分析，可以帮助平台企业发现运营中的问题和短板，进行改进和优化。例如，通过分析用户的反馈和评价数据，平台企业可以及时发现并解决用户体验问题，提升服务质量和用户满意度。此外，基于平台企业数据的研究成果还可以为平台企业提供战略和决策支持，帮助其更加科学地规划业务发展、市场扩张和资源配置。

总之，平台企业数据的收集和研究对于科学研究、政策制定、企业决策和平台运营都具有重要意义。通过充分利用平台企业数据，可以深入理解平台经济的机制和规律，并为相关方面提供实证基础、有益见解和决策支持，推动平台经济的发展和创新。

第二节 数据收集的方式和工具

要想对平台数据进行研究，首先需要获取数据，对相关数据进行采集，根据已有学者的研究，本小节总结了平台数据收集的几种常用方法和工具。

一、网络爬虫

网络爬虫（即“web spider”“web crawler”）是一种自动化程序，它通过浏览互联网并复制获取特定网页信息的方式，进行大规模的数据抓取。网络爬虫可以被设计成获取各式各样的数据，比如网页文本、链接、图片、视频等，网络爬虫的工作流程包括获取网页源代码、解析网页内容、存储数据等步骤。

网络爬虫的工作原理主要通过 HTTP 协议进行通信，从不同的网站或服务器下载相应的资源。通常，网站或服务器会根据 HTTP 请求中的内容类型（Content - Type）来确定返回数据的格式。开发者可以使用编程语言如 Python、Java 等编写网络爬虫程序，以便在获取数据后进行进一步处理和存储。

网络爬虫已广泛应用在搜索引擎、数据挖掘、竞品分析、舆情监测等领域。其中搜索引擎是网络爬虫的主要实际应用之一。网络爬虫会扫描互联网上的各个网页，并将它们的内容存储在搜索引擎的数据库中，这样用户就可以通过输入关键词来检索相关的网页。在实现一个有效的搜索引擎时，需要考虑多个因素，如网页的内容质量、关键词的优化程度、网站的结构等。这些因素都会影响搜索引擎的搜索结果和用户体验。数据挖掘是网络爬虫的另一个重要应用领域。通过利用网络爬虫技术，企业可以采集与其业务相关的大量数据，然后对这些数据进行筛选、清洗、整理和分析。这些步骤有助于揭示隐藏在海量数据中的有价值信息，为企业提供深入的洞察。通过分析数据，企业可以发现市场趋势、消费者行为、竞争对手的活动等关键信息，从而为决策制定提供有力的支持。网络爬虫在数据挖掘中的作用类似于“信息收集员”。它们能够自动获取大量的数据源。这些数据源可能分布在不同的网站和平台上。这为企业节省了大量的时间和人力成本，同时能够保证数据的广泛性和准确性。通过结合网络爬虫技术和数据分析工具，企业可以更好了解市场情况，做出更明智的战略决策。竞品分析是网络爬虫的又一个有益应用领域。通过利用网络爬虫技术，企业可以从竞争对手的网站上获取丰富的信息，深入了解对手的产品特点、定价策略、销售情况等关键数据。这些数据可以为企业制定有效的竞争策略提供有力支持。通过分析竞争对手的市场表现，企业可以发现自身的优势和不足，从而更好调整自己的产品定位、市场营销和销售策略。网络爬虫在竞品分析中充当了“情报搜集者”的角色，它们能够自动化地收集和整理对手的关键信息，为企业提供了深入了解市场竞争环境的途径。这种方法不仅能够减少手动收集信息的工作量，还能够确保数据的及时性和准确性。通过运用网络爬虫技术，企业能够更加精准地把握市场动态，制定更具竞争力的商业策略。舆情监测是网络爬虫的另一个重要应用领域。借助网络爬虫技术，企业、政府等单位可以从互联网上收集新闻、微博、社交媒体、公众号等多种信息源，然后进行文本分类、情感分析等处理。这样的分析可以帮助他们了解公众的态度、情感倾向以及舆情的变化趋势。通过监测社会舆论，这些单位能够更好地把握公众的需求和情感，及时做出相应的应对措施。网络爬虫在舆情监测中扮演了信息收集和整理的角色，它们可以自动化地搜集大量的网络文本数据，然后进行情感分析、关键词提取等处理，以便更好理解公众的意见和情感。这种方法可以使单位更加敏锐捕捉热点话题、负面舆情，从而更加及时回应和调整其策略。通过运用网络爬虫技术，舆情监测变得更加高效和精准。

网络爬虫技术带来了许多优势，能够自动化地获取大量有用信息，但也伴随着一些技术挑战和潜在风险。由于网络爬虫可能对服务器造成较大的负担，一些网站会采用反爬虫技术来限制爬虫的行为。这包括：IP 封禁、验证码验证、User - Agent 检测等方法，用于识别和拦截爬虫，从而保护网站的资源；网络爬虫抓取的数据量可能非常庞大，因此需要有效的数据存储和管理方案，选择合适的数据库、文件格式以及建立索引等都是关键问题，以确保数据的可靠性和检索效率；从网页抓取的数据往往是非结构化的，可能包含噪音和不一致性，在将数据应用于业务场景之前，需要进行数据清洗、转换和整理，以确保数据的准确性和一致性；爬取过快可能会对目标服务器造成过载，导致服务器性能下降甚至宕机，爬取时需要实现适当的速率控制机制，以避免给目标服务器造成不必要的负担；在抓取网页内容时，可能会涉及用户隐私或法律法规限制的内容，爬取时需要注意遵循相关法律法规和隐私政策，确保数据采集的合法性和合规性；一些网页内容是通过 JavaScript 动态加载的，这对传统的静态爬虫来说是个挑战，爬取时可能需要使用无头浏览器或其他技术来处理动态生成的内容。网络爬虫时需要综合考虑这些技术难点，确保爬虫程序能够高效、可靠获取数据，并在遵循法律和伦理框架的前提下进行数据分析和应用。

在直播电商场景，可能会需要从各大直播平台网页上获取主播的基础信息，销售数据，用户评论等信息。网络爬虫就是完成这些任务的理想工具。虽然理论上说可以用多种编程语言编写网络爬虫，但是 Python 被认为是创建网络爬虫的最佳语言之一，原因在于 Python 语言简洁易读，且有大量用于网络爬虫的库和框架。

Python 是一种广泛使用的通用编程语言，由荷兰程序员吉多・范罗苏姆于 1989 年圣诞假期期间开发，1991 年首次向公众发布。范罗苏姆的启发源于他之前参与的 ABC 语言项目，但由于 ABC 语言存在一些问题且未开源，因此并未取得预期的成功。于是，范罗苏姆对该语言进行了全面的升级，并且采用开源的方式让更多开发者参与共享。Python 走过了漫长的发展路程，从 2000 年的 Python 2.0 版本到 2008 年的 Python 3.0，这个奇妙的编程语言一直在进化。最新版本 Python 3.11 再次体现了这种不断进步的态势。为了对 Python 做进一步改进，Python 3.0 并没有保持向下兼容，这使得一些开发者仍选择留在 Python 2.0 版本。然而，Python 3.0 不仅是 Python 的当前，更是其未来。对于新接触 Python 的学习者，更建议优先下载安装和学习 Python 3.0。当谈及 Python 语言的优势时，主要体现在其代码的可读性与简洁高效方面。许多人认为，Python 语言近似于自然语言中的英语，容易学习，有人甚至将其形容为可执行的伪代码。相较于传统的编程语言如 C、C ++ 或 Java、Python 代码通常只有它们的 1/5 ~ 1/3 的长度，这无疑极大地提升了开发者的工作效率。此外，Python 程序易于在各种计算机平台之间进行迁移，而且与其他编程语言的对接和整合也非常便捷，因此被赞誉为一种胶水语言。值得一提的是，Python 拥有庞大的用户群体，这也为它提供了丰富的支持库，而且这些支持库还在不断增长。这使开发者能够更轻松借助现有的工具和资源来完成各种任务。总之，Python 语言以其综合性的特点，在各个领域都受到欢迎，不仅因为它的易用性，还因为它的灵活性和强大的生态系统。以下是一些非常重要的网络爬虫工具。

1. Scrapy

Scrapy 是一个强大且高度可定制的开源网络爬虫框架，以其强大的能力和高度的定制性而闻名，用于抓取网站数据。它基于 Python 语言，并提供了许多便捷的功能，如自动化请求、数据解析、并发处理等。用户可以轻松定义爬虫的起始点，制定数据提取规则，并决定如何存储这些抓取到的信息。其核心组件——调度器、下载器和解析器——协同工作，从而能够高效地从网页中提取所需的数据。

不仅如此，Scrapy 还提供了强大的中间件机制，通过中间件，用户可以自定义爬虫的行为，如处理代理、随机化用户代理等，应对各种反爬虫措施。这种灵活性使得 Scrapy 适用于各种情况，即使是需要大规模、高效的数据抓取任务，它也能胜任。而且，用户可以使用 Scrapy 抓取直播电商网站上的商品信息、价格、销量等数据，并将这些数据存储在数据库、文件格式或 API 中。这样的做法有助于实时地追踪直播电商平台上的商品动态，为业务决策提供有力支持。

2. Beautiful Soup

Beautiful Soup 是一款备受欢迎的 Python 库，专门用于从 HTML 和 XML 文档中抽取数据。它以一种直观的方式提供了文档树遍历、特定标签搜索和信息抽取的功能。无论文档的 HTML 结构多么混乱，Beautiful Soup 都能轻松处理，使得解析内容变得毫不费力。该库能够兼容处理标签嵌套和结构复杂的情况。用户可以通过选择合适的解析器来调整 Beautiful Soup 的性能和功能，例如，使用 Python 标准库中的 html. parser 或者更强大的 lxml 库。这样的灵活性使 Beautiful Soup 成为一个出色的选择，无论是进行快速的原型设计，还是应对小规模的数据提取任务。通过 Beautiful Soup，用户可以从直播电商网站的 HTML 页面中提取出关键的商品信息、价格以及其他相关数据。这为实时追踪直播电商平台上的商品变化提供了一种有效的方法。

3. Selenium

Selenium 是一个广泛用于自动化测试的强大工具，然而，它同样常被应用于需要模拟用户交互的动态网页爬取场景。这个功能对于那些需要进行页面渲染或执行 JavaScript 的情况来说，具有重要意义。通过 Selenium，用户可以控制浏览器执行各种操作，如点击按钮、填写表单、滚动页面等，从而实现对动态生成内容的获取。Selenium 的一个优势在于它支持多种主流浏览器，包括 Chrome、Firefox 和 Edge。这使用户能够模拟不同浏览器上的其他用户行为。然而，需要注意的是，相较于那些纯粹基于 HTTP 请求的工具，Selenium 可能会相对较慢并且消耗更多的系统资源。在将 Selenium 与直播电商数据获取相结合时，它可以成为一个有力的工具。通过模拟用户在直播电商网站上的操作，如浏览商品、添加到购物车等，用户可以获取到实时生成的数据。尤其是对于那些需要 JavaScript 渲染的网页，Selenium 能够胜任这项任务。

4. Requests

Requests 库是一个功能强大、简洁易用的 Python HTTP 库，可以用于向网站发送请求并获取响应内容。无论是发送 GET 请求还是 POST 请求，使用 Requests 库都非常简单。只需要指定 URL 和可选的请求参数、请求头以及 cookies，就可以发送请求并获取响应。Requests 库的优点之一是它提供了简洁一致的 API，使代码易于编写和阅读。用户可以使用 requests. get（　）函数发送 GET 请求，使用 requests. post（　）函数发送 POST 请求。此外，用户还可以使用 requests. Session（　）创建一个会话对象，以便在多个请求之间共享 cookies 和会话状态。对于网页抓取任务，Requests 库可以轻松地获取网页的 HTML 内容。用户可以通过访问响应对象的 text 属性来获取 HTML 内容。如果需要处理 JSON 格式的响应，可以使用 response. json（　）方法将响应内容转换为 Python 字典。然而，对于需要深入页面结构并进行复杂数据提取的任务，Requests 库可能不够强大。在这种情况下，可以结合其他库来进行 HTML 解析。常用的 HTML 解析库包括 BeautifulSoup 和 Scrapy。这些库可以帮助解析网页的 HTML 结构，提取所需的数据，并进行进一步的处理和分析。在直播电商数据获取任务中，可以使用 Requests 库发送 HTTP 请求获取直播电商网站的页面内容。然后，使用 HTML 解析库来解析页面结构，提取所需的直播电商数据，如商品信息、价格、销量等。通过对这些数据进行进一步的处理和分析，可以获取有关直播电商的有用信息，如热门商品、销售趋势等。通过这种方式，可以轻松获取直播电商数据并进行进一步的分析和处理。

5. PySpider

PySpider是一个易于使用且分布式的爬虫框架，基于Python语言。它提供了一个用户友好的Web界面，使用户能够轻松配置和管理爬虫任务。PySpider支持并发请求、数据存储和处理，同时能够调度爬虫并监控其状态。使用PySpider，用户可以编写处理逻辑的Python代码，并将其与框架集成。还可以定义爬虫的起始URL、请求头、cookies和参数等。PySpider还提供了丰富的选择器和解析器，使用户能够轻松地提取和处理网页数据。对于直播电商数据获取任务，PySpider是一个强大的工具。用户可以使用PySpider框架来构建一个爬虫，从直播电商网站上抓取所需的数据。可以定义爬虫的起始URL为直播电商网站的首页，然后通过选择器和解析器提取商品信息、价格、销量等数据。PySpider还支持分布式爬取。这意味着可以在多台机器上同时运行爬虫，从而加快数据抓取的速度。此外，PySpider还提供了数据存储和处理的功能，可以将抓取到的数据保存到数据库或文件中，并进行进一步的处理和分析。

6. Apache Nutch

Apache Nutch是一个功能强大的开源网络搜索引擎，内置了一个强大的爬虫组件。它被广泛应用于处理大规模的网页抓取任务，并且具有高度可配置性和灵活性。Nutch的可配置性是其一个重要特点。它允许用户根据自己的需求定义爬取规则、URL过滤条件和重试策略等。这意味着可以根据具体的任务需求，定制化Nutch的爬取行为。例如，在直播电商数据获取任务中，用户可以定义规则来指定要抓取的网页范围，过滤掉无关的URL，并设置重试策略以确保数据的完整性和准确性。Nutch采用分布式架构，可以处理大规模的网页抓取任务。通过将任务分配给多个节点，Nutch能够同时处理多个网页的抓取和处理。这对于直播电商数据获取任务非常重要，因为需要处理大量的网页和数据。分布式架构使得Nutch具备了可扩展性和高效性，能够应对大规模的数据抓取需求。此外，Nutch还支持多种插件，这使它的功能可以根据具体需求进行扩展。用户可以根据需要添加自定义的解析器、数据存储方式或其他功能。这为直播电商数据获取任务提供了更多的灵活性和定制化的可能性。用户可以根据具体需求选择合适的插件，以满足数据抓取和处理的特定要求。需要注意的是，配置和部署 Nutch 可能需要一些技术知识。对于初学者来说，可能需要花费一些时间来熟悉和理解 Nutch 的工作原理和配置选项。然而，对于大型、复杂的爬取项目，Nutch 是一个强大而可靠的工具，它能够帮助用户高效地完成直播电商数据获取任务，实现数据的抓取、处理和分析。

二、API

API，即应用程序接口（Application Programming Interface，API），是一种允许不同软件之间进行互相通信的规则和协议集合，充当软件之间的桥梁。API 定义了软件组件之间的通信方式和数据格式，使不同的软件和服务可以相互协作和通信。在直播电商的环境中，API 扮演着重要的角色。它提供了一种使主播、直播电商平台和其他第三方服务相互连接和交互的方式。通过 API，主播可以获取观众的实时数据，如观看人数、点赞数、评论等。这些数据可以帮助主播了解观众的兴趣和偏好，优化直播内容和推荐商品，提高销售转化率。同时，API 还可以实现直播内容与社交媒体平台的集成，主播可以将直播内容同步到社交媒体平台，扩大观众范围，增加曝光度和粉丝数量。API 也可以与第三方服务进行集成，如将直播数据同步到数据分析工具进行深入的数据挖掘和业务分析，或与电商平台、支付系统、物流系统等进行对接，实现订单管理、支付结算和商品配送等功能。此外，API 还提供了安全和权限管理的功能，确保只有授权的用户可以访问和使用 API，保护数据的安全和隐私。

利用 API 进行数据获取通常需要以下步骤：

①获取 API：必须先了解并获取平台提供的 API。一般可以在平台的开发者文档中找到，如淘宝开放平台、抖音开放平台等。API 通常包括用于请求特定数据的 URL 以及跟随此 URL 的查询参数。

②认证：大部分 API 都需要某种形式的授权或认证，以确保只有具有访问权限的开发者才能访问数据。常见的认证方式包括 OAuth 或 API keys，具体方式将取决于平台提供的认证机制。

③发起请求：通过编程语言（如 Python、JavaScript 等）或 API 测试工具

（如 Postman）发送 HTTP 请求到指定的 URL。请求中包括你认证的信息和你要求获取数据的参数。

④解析响应：服务器收到请求后将以 JSON 或 XML 格式返回数据。你需要在代码中解析这些数据以便进一步使用和分析。

⑤数据存储与分析：解析后的数据通常会被保存到数据库中以便以后的分析和使用。这时，就可以运用各种数据分析工具和技术进行深入的数据分析和研究。

三、数据追踪

数据追踪在商业环境中扮演着至关重要的角色。它是一种连续地收集、记录和分析特定数据的方法，旨在了解数据的变化过程和模式，以从中获得有价值的见解。在直播电商领域，数据追踪能够对业务运营产生深远的影响，帮助主播和直播电商平台更好理解其观众群体、优化内容、提升用户体验以及制定更明智的决策。通过数据追踪，主播可以实时了解观众的参与度、互动情况以及喜好偏好的变化。这些数据有助于主播调整直播内容，根据观众的反馈进行及时调整，从而增强互动性和吸引力。此外，数据追踪还能揭示观众的行为模式，帮助主播更好地预测趋势，提前制定吸引人的内容计划。

对于直播电商平台，数据追踪则是优化运营和提升用户体验的关键一环。通过追踪观众行为和购买习惯，平台可以洞察用户需求，提供更精准的商品推荐和个性化服务，从而提高购买转化率和用户满意度。同时，数据追踪还能够监控平台的运行情况，及时发现潜在问题，以便采取措施避免业务中断或不良影响。在决策制定方面，数据追踪为直播电商平台和主播提供了客观的依据。基于准确的数据分析，他们可以作出更明智的战略决策，包括推广计划、资源分配和内容策略等，从而在竞争激烈的市场中保持竞争优势。总的来说，数据追踪是直播电商领域不可或缺的一部分。通过持续地收集、分析和解读数据，主播和直播电商平台可以更好了解用户，优化运营，提升用户体验，作出更明智的决策，从而在竞争激烈的市场中取得成功。

数据追踪需要借助各种工具和技术。

1. Google Analytics

Google Analytics 是一个基于网页分析的工具，可以帮助用户跟踪网站或应用的访问数据。它提供了丰富的报告和指标，如页面浏览量、跳出率、会话时长等。通过设置自定义事件，可以追踪特定互动，如观众的点击行为、表单提交等。此外，Google Analytics 还能够通过分析来源渠道，揭示哪些渠道为直播电商平台带来了最多的流量和转化。

2. Mixpanel

Mixpanel 专注于用户行为分析。它允许追踪用户在应用或网站中的每个操作。可以设置事件来监控用户与直播内容的互动，如观看直播、点赞、分享等。这有助于理解用户的使用习惯和需求，并根据数据优化内容和用户体验。另外，Mixpanel 还提供 A/B 测试功能，可以测试不同的直播策略和商品推荐，以找到最有效的方法。

3. 结构化查询语言（SQL）

结构化查询语言（SQL）数据库是一种用于存储和管理结构化数据的工具。可以使用数据库来存储观众数据、商品信息、订单记录等。通过编写 SQL 查询，可以从数据库中提取关键信息，如最畅销的商品、购买频率等。此外，数据库的历史数据可以用于趋势分析，帮助预测销售峰值和淡季。

4. Python 和 R

Python 和 R 是两种常用的数据分析编程语言。它们提供了丰富的数据分析库和工具，用于数据处理、统计分析和可视化。在直播电商领域，可以使用这些语言来处理大量的观众数据，执行复杂的统计算法，绘制各种图表和图形，以呈现数据的深层模式。

5. 直播电商平台

对于直播电商平台，实时数据至关重要。实时流分析工具如 Apache Kafka 和 Apache Flink 可以帮助处理大量实时产生的数据。这些工具允许您实时地监控观众的互动，以便及时调整直播内容或推荐商品。实时流分析还可以检测异常行为，如异常的交易模式，从而提早发现潜在的风险。

6. 数据可视化工具

数据可视化工具可以将抽象的数据转化为易于理解的图表和图形。例如，使用 Tableau、Power BI 或 Matplotlib，可以创建交互式仪表板，展示观众的地理分布、购买路径等信息。这些可视化有助于快速识别趋势和关联，为决策提供有力支持。

四、用户调研

用户调研是指通过系统的方法和技术对目标受众进行深入了解的过程。该过程的目的是获取有关用户行为、需求、偏好和痛点等方面的信息，以更好理解用户，并提供更优质、符合用户需求的产品或服务。用户调研是一项重要的市场研究活动，可以通过定性和定量研究方法进行。定性研究方法包括深度访谈、观察和焦点小组讨论等，可以帮助研究者深入了解用户的态度、行为和动机等方面的信息。定量研究方法则通过问卷调查、实验和统计分析等，可以收集大量的数据，并进行量化分析。这些方法可以相互结合，提供全面的用户洞察。

在进行用户调研时，选择合适的受访群体是非常重要的。这可以通过目标市场分析和样本筛选来完成。通过选择具有代表性的受访对象，可以获得更准确和具有广泛适用性的结果。

数据分析是用户调研的重要环节。通过对收集到的数据进行整理、汇总和分析，可以发现用户的共性和差异，并进一步理解用户的需求和行为模式。数据分析可以使用统计软件等工具进行，以获得可靠的结果。用户调研是一个持续的过程，随着时间和市场的变化，用户的需求和行为也会发生变化。因此，对于企业和开发者定期进行用户调研是非常重要的，以及时了解用户的新需求和偏好，以便能够及时调整他们的产品或服务。

利用用户调研进行数据获取的一般步骤包括明确目标、设计调研、收集数据、数据分析和应用调研结果。首先，明确调研的目标是关键，它可以是了解用户对产品的使用体验、了解用户对未来新功能的需求和期望等。清晰的目标有助于指导后续的调研工作。在设计调研过程中，需要确保问题明确且语言通俗易懂。合理的调查问卷或访谈问题可以有效地获取有关用户的信息。采用开放性和封闭性问题结合的方式可以提供更全面的数据，并解析用户的实际需求。数据的收集可以通过向用户发送在线问卷、开展观察研究、邀请用户进行访谈或通过使用线上工具（如 Google Analytics 等）进行用户行为调查来实现。重要的是确保数据收集的方法和工具适用于目标受众的特点和需求。在数据分析阶段，对数据进行整理和分析，以便理解用户的需求、偏好、问题痛点等。这可以通过使用统计软件和数据可视化工具来帮助整理和分析调研数据。数据分析的目标是发现用户的共性和差异以及对数据进行解读和提供有力的依据，从而指导产品或服务的改进。最后一步是应用调研结果，根据调研结果对产品或服务进行优化和改良。通过理解和满足用户的需求，可以增强产品或服务的竞争力和用户满意度。调研结果还可以为决策提供依据，如指导市场推广策略、改进产品功能或创新设计等。

五、第三方数据监测平台

以电商直播研究为例，学者通常会借助第三方数据监测平台来获取相关数据。其中一些常用的平台包括蝉妈妈数据、知瓜数据、抖查查数据、灰豚数据和考古加数据。这些平台为研究人员提供了宝贵的直播数据，帮助他们深入分析电商直播领域的发展趋势和消费者行为。

“蝉妈妈”是国内著名的抖音和小红书数据分析服务平台，专注于为众多国内达人、机构、品牌主和商家提供大数据精准营销支持。其使命在于实现“品效合一”，帮助客户借助数据驱动的营销策略，更好地推广产品和服务。通过分析抖音和小红书等平台的数据，“蝉妈妈”为用户提供深入的洞察，帮助他们更准确了解受众喜好、趋势和行为，从而取得更为有效的营销成果。它不仅可以监测直播数据、观众互动和销售情况，还可以根据数据提供的指标进行深度分析。学者们可以利用“蝉妈妈”数据的报告和分析工具来研究直播内容和推广策略的效果，进一步了解消费者行为和市场趋势。

飞瓜数据是一款专业的短视频及直播数据查询、运营以及广告投放效果监控工具，主要用于支持用户在抖音和快手等平台上的营销和运营活动。它提供了丰富的数据服务，旨在帮助用户更深入了解平台上的达人、KOL（关键意见领袖）以及受众群体。具体来说，飞瓜数据提供了多项功能和服务：热门视频和达人排行榜：用户可以轻松查找抖音平台上的热门视频和优质活跃账号。通过行业排行榜、涨粉排行榜、成长排行榜、地区排行榜和蓝V排行榜等功能，用户能够快速定位感兴趣领域的KOL，并深入了解其账号定位、受众喜好以及内容方向。账号运营数据分析：飞瓜数据允许用户分析账号的运营数据，包括用户画像、粉丝活跃时间等。这使用户能够更好理解观众的观看习惯，从而为内容创作和推广策略提供有力支持。此外，还能查看近期的电商带货数据和热门推广视频，借助大数据分析评估账号的带货实力。实时数据监控：飞瓜数据提供了实时监控功能，记录抖音播主24小时内粉丝、点赞、转发和评论的增量情况。通过纵向对比近期2天的运营数据趋势，用户可以更快察觉流量变化情况，更好把握视频运营的时机，以达到更精准的运营效果。

抖查查数据是一个针对抖音直播的数据监测平台。抖音是中国最大的短视频和直播平台之一，抖查查数据可以帮助学者了解抖音直播的观众互动情况、销售数据和观众画像等。通过抖查查数据，学者可以深入研究抖音直播的特点和消费者行为，为相关研究提供有力的支持。

灰豚数据是一款专注于直播数据分析的实用工具，为用户提供了多项实用功能，帮助用户深入了解直播平台的运营和表现。在这个工具中，用户可以进行主播带货转化量分析，深入研究带货效果，了解哪些产品和内容在直播中获得了更高的转化率。此外，粉丝互动分析也是其功能之一，用户可以探究粉丝在直播中的互动行为，进一步优化互动策略。粉丝画像分析是灰豚数据另一个关键功能。它允许用户了解直播粉丝的特征和偏好，从而更有针对性地进行内容创作和推广。这有助于主播和营销团队更好地满足观众需求，提升观众黏性和忠诚度。除此之外，灰豚数据还提供了丰富的榜单功能，包括播主销量榜、爆款商品榜、MCN排行榜等。这些榜单可以帮助用户深入了解电商直播领域的表现和趋势。这对于品牌商家、广告主以及研究人员，都是宝贵的市场洞察。总之，灰豚数据是一款高效、可靠的直播数据分析监测云平台，通过可视化的方式呈现数据，帮助用户更深入地了解直播平台上的情况。无论是针对主播、品牌商家还是研究人员，都提供了有力的工具，以优化运营策略、提升互动体验并实现更佳的市场表现。

考古加数据是一款专注于抖音生态数据挖掘的工具，为众多主播、品牌商家、服务机构和研究人员提供了深入的商业价值洞察。它在优化决策效率方面发挥着关键作用，不仅为商家提供了更好的带货决策支持，还为学术研究人员提供了相关数据进行学术研究的机会。考古加引入了许多独家实用性功能，其中包括 RPM（Revenue Per Minute）分钟带货产出。这一指标用于衡量直播带货的效率，挖掘潜力带货达人，以及评估投放预算效果。此外，通过高精准高频率的短视频带货视频抓取，它能够及时捕捉全网潜在的爆品。另外，对于直播间的弹幕，考古加数据能够全面抓取并支持一键下载导出表格，这对于深入了解观众互动和反馈提供了有力支持。在数据分析和处理方面，考古加数据拥有业内领先的能力，通过大量的数据清洗、融合与摘取，将有用的信息从庞杂的数据中提取出来。这种深度参与业务流程的方式，使得工具能够更加准确地呈现有关抖音生态的重要信息。

随着直播行业的迅猛发展，除了上述提到的工具，还存在许多其他出色的第三方数据监测平台。这些平台各自在直播数据分析和监测领域都有着良好的发展，为用户提供了多样化的选择。根据自身需求，可以选择适合自己的平台。需要注意的是，这些第三方监测平台通常都需要付费使用，因为它们提供了丰富的数据和功能，帮助用户更好了解市场趋势、优化运营策略以及提升直播效果。在选择平台时，建议根据自身业务需求和预算来进行权衡，以便获得最大的收益。总之，随着直播行业的蓬勃发展，这些第三方数据监测平台为用户提供了重要的数据洞察和决策支持。其他平台也有相应的第三方工具平台，在此不一一介绍。

第三节　数据清洗

随着平台企业的迅速发展，生成了大量的数据，包括用户互动数据、销售数据、内容数据等。然而，人们采集到的数据大都是原始的杂乱无章的或者非结构化的，需按照不同的情景、使用目的等进行提取、处理和匹配之后，才能用于后续分数据分析和处理。原始数据的质量和准确性对于研究和分析的可靠性又至关重要。因此，进行数据清洗与处理是确保数据获取和分析的有效性的重要步骤。在本节中，我们将探讨直播电商数据清洗与处理的重要性以及常用的方法和技术。

原始数据可能存在各种问题，如缺失值、异常值、重复数据等。这些问题会影响数据的准确性和可信度，进而影响到后续的数据分析和决策过程。因此，数据清洗与处理是不可或缺的环节。数据清洗与处理的目标是去除无效或错误的数据、修复或填补缺失值、纠正异常值、去除重复数据等。通过清洗和处理数据，可以提高数据的质量和准确性，使后续的数据分析更加可靠和有效。为了进行数据清洗与处理，常用的方法和技术包括数据去重、缺失值处理、异常值检测与修正、数据转换与规范化等。数据去重可以通过识别和删除重复的数据记录来减少数据集的冗余。缺失值处理可以使用插补方法来填补缺失的数据，如均值插补、回归插补等。异常值检测与修正可以通过统计分析或机器学习算法来识别和处理异常值，以保证数据的准确性。数据转换与规范化可以将数据转换为适合分析的形式，如数值型数据的标准化、分类变量的编码等。

一、数据清洗的重要性和目标

在当今数据驱动的世界中，数据清洗是非常关键的步骤。它对于确保数据的质量和可靠性具有重要意义。随着数据量不断增加和数据源的多样化，数据清洗成为处理大规模、复杂数据的必备技能。

1. 数据清洗的重要性

数据清洗是数据分析的基础，可以帮助我们获取准确、一致和可靠的数据，为后续的数据建模、分析和决策提供可靠的基础。其重要性如下：

①数据清洗是提高数据质量和可靠性的必要步骤。通过清洗数据，我们可以减少数据中的错误、缺失值、异常值和重复数据等问题。数据中的错误可能是由于输入错误、测量误差或系统问题导致的，如果不纠正这些错误，可能会对分析结果产生误导。数据的缺失值和异常值也会对分析结果产生影响，因此清洗这些数据可以提高数据的质量和可靠性。

②数据清洗提供准确的数据基础，为后续的数据分析和决策提供可靠的依据。通过清洗数据，我们可以识别和修复数据中的错误和一致性问题，确保数据的准确性。在进行各种分析和建模之前，准确的数据是非常重要的，因为它们直接影响到结果的准确性和可信度。

③数据清洗可以降低分析误差和偏差。如果在分析过程中使用未经清洗的数据，可能会引入错误和偏差，从而对分析结果产生负面影响。例如，存在异常值的数据可能会导致统计分析结果出现偏斜，或者在机器学习模型中引入噪声。通过清洗数据，可以排除这些错误和异常值，减少分析误差和偏差，提高分析结果的准确性和可靠性。

④数据清洗的另一个重要的目标是提高数据一致性。在从不同渠道收集数据时，可能存在数据之间的差异，如属性名称和单位的差异。这些不一致性可能会导致混淆和错误的分析结果。数据清洗可以通过数据匹配和统一处理来解决这些问题，确保数据在不同源头和渠道间保持一致性。这样一来，我们可以确信所使用的数据是一致的，从而提高分析结果的可靠性。

⑤数据清洗还可以提升数据的可用性。通过清洗数据，可以确保数据的完整性和可用性，使数据能够直接应用于后续的分析和决策过程。清洗数据可以填充缺失值、去除重复数据、修复错误和异常值等，从而使数据更加完整和可靠。这样一来，分析人员和决策者可以使用这些经过清洗的数据来进行分析和决策。

2. 数据清洗的目标

在数据清洗的过程中，我们追求以下目标，以确保数据质量和可靠性：

①一个重要目标是数据一致性。在数据清洗过程中，我们需要保证数据在不同源头和渠道之间保持一致性。这意味着需要对数据进行标准化，如统一字

段的命名、规范单位的表示以及标准化日期和时间格式等。通过确保一致性，我们可以避免由不一致数据导致的错误和混淆，从而产生可靠的分析结果和决策。

②数据清洗的关键目标之一是数据准确性。清洗数据可以识别和修复数据中的错误，以确保数据的准确性和可靠性。这包括识别和纠正输入错误、修复由于数据收集或传输过程中的误差引起的数据问题，以及排除数据记录中的异常值。通过清洗数据，我们可以得到准确的数据，从而为后续的数据分析和决策提供可靠的基础。

③另一个重要目标是数据完整性。数据清洗需要处理数据中的缺失值，确保数据的完整性。缺失值可能会对分析结果产生严重影响，因此我们可以采取填充或删除缺失值的方法来处理。填充缺失值可以利用一些技术，如根据相似记录或相关数据进行插值，或者使用统计方法根据数据的分布进行预测填充。数据完整性可以确保我们在分析过程中不会因为缺失值而产生偏差，提高分析结果的准确性。

④数据清洗还需要检查数据之间的逻辑和约束关系，以确保数据的一致性、合理性。例如，我们可以检查数据之间的关联性和合理性，确保数据在特定的业务逻辑或规则下是正确的。这可以帮助我们排除数据中的异常情况，并保证数据在处理和分析过程中的正确性。

⑤另一个目标是提高数据的互操作性和可重用性。通过数据清洗，可以将数据转换为统一格式和单位，以提高数据之间的互操作性和可重用性。这对于将不同数据源的数据整合为一个一致的数据集非常重要。通过转换和标准化数据，我们可以更方便地进行数据分析和决策，并能够更好地利用数据资源。

⑥数据清洗需要确保数据的安全性。在处理敏感数据时，我们必须采取适当的安全措施来保护数据的隐私和保密性。这可能包括数据加密、访问控制、身份验证等措施，以确保数据在整个清洗过程中的安全性。

综上所述，数据清洗追求数据一致性、准确性、完整性、一致性、互操作性和安全性等目标。通过达成这些目标，我们可以获得高质量的数据，为后续的数据分析和决策提供可靠的基础。数据清洗是数据处理过程中不可或缺的一步，对于提高数据质量和确保分析结果的准确性至关重要。

二、数据清洗的步骤和常见问题

数据清洗是指对采集到的原始数据进行处理和转换，以确保数据质量，消除错误和不一致性，从而为后续的分析和应用提供可靠的基础。下面将简要介绍一下直播电商数据清洗的步骤以及可能遇到的常见问题。

1. 数据清洗步骤

（1）数据收集

数据清洗过程的第一步是从不同的渠道收集原始数据，这些渠道可以包括平台系统、用户行为记录、交易数据等。从这些渠道收集的数据可能涵盖商品信息、用户评论、观看记录、销售数据、内容等。数据收集的方式可以是通过API接口获取、从数据库中提取，或者使用数据爬取工具从网页抓取数据等。

（2）数据预处理

在数据预处理阶段，对原始数据进行初步处理以减少后续清洗过程中的不确定性。这包括对数据进行去重，即检测和移除重复记录，以确保数据的唯一性和准确性。同时，处理缺失值也是重要的预处理步骤。这包括对缺失数据进行填补或删除，以确保数据的完整性和可用性。此外，在数据预处理过程中，还可以对异常值进行处理，通过识别和修复异常值来提高数据的质量。

（3）数据转换

数据转换是将数据从不同的源格式转换为统一的格式，以方便后续的数据分析和整合。这可以包括将时间格式统一，如将不同的时间戳转换为标准的日期格式；还可以进行单位转换，比如将不同的货币单位转换为统一的货币单位，以便于进行统一的计算和比较。

（4）数据清洗

数据清洗是数据清洗过程中最关键的阶段之一。在这一步骤中，识别和修复数据中的错误、不一致性和异常值。一些常见的数据清洗操作包括：清除错误的商品信息，如商品名称、描述等有误的数据；调整价格异常，确保价格数据的合理性；修正用户评论中的语法错误和拼写错误等。数据清洗的目标是确保数据的准确性和一致性，减少后续数据分析和决策中的误导和错误。

（5）数据整合

数据整合是将来自不同源头的数据整合到一个统一的数据集中的过程。这可以包括将不同的数据源进行合并，如合并来自不同平台的用户行为数据；也可以包括对数据进行聚合，如计算每个用户的总购买金额等。数据整合的目标是建立一个统一的数据集，以便后续的数据分析和应用。

（6）数据验证

在数据清洗的最后，还需要对清洗后的数据进行验证，以确保其符合预期标准和规范。数据验证可以包括检查数据的格式是否正确，如字段的类型是否符合要求；同时，还可以进行数据一致性和逻辑性的检查，如某些字段之间的关系是否符合业务逻辑。数据验证的目标是确保清洗后的数据能够提供准确的信息，为后续的数据分析和决策提供可靠的基础。

（7）数据存储

在清洗后的数据经过验证后，最后一步是将数据存储在适当的数据库或数据仓库中，以备后续分析使用。选择合适的数据存储方式要考虑数据的规模、性能要求和安全性等因素。常用的数据存储方式包括关系型数据库、NoSQL 数据库、数据仓库等。

2. 数据清洗常见问题

（1）缺失数据

数据中的缺失字段可能会对分析结果产生不良影响。对于缺失数据，可以采用填充或删除的方法来处理。填充的方法包括使用均值、中位数、众数等统计量来填充缺失值，或者使用插值方法来估算缺失值。另外，还可以通过删除包含缺失值的记录来处理缺失数据。

（2）异常值

异常值是指在数据中与其他观测值显著不同的值。处理异常值需要识别和判断其是否是错误采集或输入导致的，或者是否是真实存在的极端值。对于错误的异常值，可以将其修正为合理的值；对于真实存在的极端值，则需要谨慎处理，可以选择排除或使用替代值进行处理。

（3）数据一致性

不同渠道提供的数据可能存在一致性问题，如商品名称的差异、数据字段的命名不统一等。为了保持数据的一致性，可以进行数据匹配和数据转换。数据匹配可以通过清洗和标准化字段来实现，比如使用模糊匹配算法来找到相似字段。数据转换可以将不同格式或者单位的数据进行转换，以便于统一处理和分析。

（4）重复数据

重复数据是指在数据集中存在多条相同记录的情况。处理重复数据可以通过识别和删除重复记录来解决，确保数据的唯一性和准确性。可以根据数据的唯一标识符或者多个关键字段进行重复记录的识别，然后选择保留一条记录或者合并相关字段信息。

（5）数据格式

不同数据源可能使用不同的数据格式，如日期格式、数字格式等。为了统一处理不同格式的数据，可以进行数据格式转换。数据格式转换可以包括将日期格式转换为统一的标准格式，将数字格式进行格式化或者转换为具有一致精度的格式。

（6）数据安全

在数据清洗的过程中，保护数据的隐私和机密性非常重要。这包括确保数据不被未授权的访问者获取，并采取相应的安全措施来保护数据的安全，如加密数据、权限控制等。

（7）清洗流程自动化

设计自动化的数据清洗流程可以提高效率和准确性。这可以通过编写脚本或使用专门的数据清洗工具来实现。自动化的数据清洗流程可以自动识别和处理不同类型的数据问题，减少手动操作的工作量，并提高数据清洗的一致性和可靠性。

总之，数据清洗是确保数据质量和可靠性的重要步骤。它对于正确的分析和决策至关重要。在清洗过程中，要综合运用数据处理工具、算法和领域知识，以确保数据的准确性和一致性。

综上所述，直播电商数据清洗对于企业的业务发展和决策分析至关重要。通过清洗处理，可以保证直播电商数据的准确性、一致性、完整性和安全性，为企业提供可靠的数据支持，帮助企业更好地理解市场需求、优化产品和服务，取得持续的竞争优势。

第四节　数据分析工具和方法

数据分析工具和方法在现代业务环境中具有重要性。随着大数据的兴起和业务竞争的加剧，企业和组织越来越需要从海量的数据中提取有价值的信息和见解，以便作出更明智的决策和优化业务流程。

正确选择和使用适当的数据分析工具和方法可以显著提高工作效率，合适的工具和方法能够帮助数据分析人员更快速处理和分析数据，减少手动操作和重复劳动的时间和努力，可以更快获得和呈现数据洞察力，从而更快作出决策和采取行动；选择正确的工具和方法也可以确保数据分析的精确性和准确性，不同的工具和方法有不同的应用领域和适应范围，能够帮助数据分析人员更好地处理和解释数据；通过选择适当的工具和方法，可以获得更加准确、全面和有针对性的分析结果，从而支持更可靠的业务决策；现代的数据分析工具和方法通常具有广泛适用性和灵活性，可以应对不同类型和规模的数据分析任务，无论是处理结构化数据还是非结构化数据，大型数据集还是小型数据集，合适的工具和方法都能够帮助数据分析人员轻松地进行数据处理和分析；正确的数据分析工具和方法能够将复杂的数据呈现为易于理解和沟通的形式，可视化工具和方法，如图表、图形和仪表板，能够帮助数据分析人员通过视觉方式展示数据的相关信息，从而更好理解和传达数据洞察力，这有助于更好地向决策者、团队成员和利益相关者传达数据的含义和重要性，以便共同制定有效的商业策略和行动计划。

一、数据分析工具

数据分析工具是指用于处理、分析和可视化数据的软件和编程语言。根据具体的需求和技术背景，选择适合的数据分析工具是至关重要的。不同的工具各有优势，在实际案例中有其独特的应用场景，根据具体情况选择最适合的工具和方法将帮助提高数据分析的效果和结果。常见的数据分析工具如下所述。

1. Python

Python 是一种功能强大、易学易用的编程语言，拥有广泛的数据分析库，如 Pandas、NumPy 和 SciPy 等。它还有大量的机器学习库，如 Scikit - learn、TensorFlow，可用于处理复杂的机器学习任务。此外，Python 还具有强大的可视化库，如 Matplotlib、Seaborn，可用于创建各种类型的图表和图形。

Python 适用于各种数据分析任务，包括数据清洗、数据处理、特征工程、统计分析、机器学习和数据可视化。它的灵活性和强大的社区支持使其成为数据科学家和分析师的首选工具。例如，使用 Python 的 Pandas 库可以轻松加载、清洗和转换数据，使用 Scikit - learn 库可以实现机器学习模型，使用 Matplotlib 库可以创建各种类型的可视化图表。

2. Stata

Stata 是一种专业的统计分析软件，广泛应用于社会科学和经济学领域。它提供了丰富的统计功能和数据处理能力，包括描述性统计、回归分析、面板数据分析、生存分析和因果推断等。Stata 具有强大的数据处理功能，可以进行数据清洗、数据变换、缺失值处理等操作。它还支持复杂数据结构（如面板数据）的处理和分析，适用于处理大规模和复杂的数据集。它提供了详尽的统计报告和可视化图表，帮助用户准确解释和展示数据分析结果。Stata 的优势在于专业的统计功能和可靠的数据处理。Stata 适用于社会科学、经济学和医学研究等领域的统计分析和数据处理任务。它对于进行复杂的统计分析和面板数据分析非常有用。

3. R

R 是一种专门用于数据分析和统计建模的编程语言。它具有丰富的统计分析库和可视化包，如 ggplot2、dplyr。R 还具有强大的数据处理和建模功能，适用于复杂的统计分析和研究项目。此外，R 还有许多专门用于统计模型的扩展包，如 lme4、survival 等。

R 适用于统计分析、数据可视化、机器学习和预测建模等领域。它在学术界和研究领域广泛应用，尤其擅长处理统计分析和实验设计。例如，使用

R 的 ggplot2 包可以创建美观且定制化的图表，使用 dplyr 可以进行数据清洗和转换，使用 survival 可以进行生存分析。

4. Matlab

Matlab 是一种高级数值计算和科学编程语言，广泛应用于工程、科学和数学领域。Matlab 提供了丰富而强大的数值计算和线性代数操作功能。它内置了许多数学函数和优化算法，使数值计算和矩阵操作变得高效且方便；在信号处理、图像处理和模拟方面非常有优势。它提供了丰富的信号处理和图像处理工具箱，可用于模拟和分析系统，并进行数字信号处理。

Matlab 提供了强大的控制系统分析和设计功能，适用于各种控制系统的建模和仿真，它具有各种控制系统工具箱，可以进行系统建模、控制器设计和闭环仿真等工作；Matlab 为数学建模和优化提供了丰富的工具和函数，可以用于解决各种数学问题，如微分方程求解、最优化问题和统计建模等；Matlab 具有强大的绘图和可视化功能，可以帮助用户对数据进行可视化分析。它提供了多种绘图函数和图形选项，可以创建各种类型的图表和图形，有助于数据探索和展示。

5. SPSS

SPSS 是一种常用的统计分析软件，适用于各种领域的数据分析，包括社会科学、医学和市场研究等。SPSS 提供了各种统计分析方法和数据处理功能，如描述性统计、回归分析、聚类分析和因子分析等。它还具有友好的用户界面，适用于非技术人员。

SPSS 适用于各种统计分析和数据处理任务，特别适合非技术人员和初级数据分析人员。它在社会科学研究、市场调研、医学研究和教育领域中被广泛使用。

6. Excel

Excel 是一种直观且易于使用的电子表格软件，在数据分析和业务决策中广泛应用。它具有强大的计算和数据处理功能，并支持简单的数据可视化。Excel 的优势包括用户友好的界面、广泛的商业应用和易于数据共享。

Excel 适用于小规模数据分析和日常业务报告，特别适合非技术人员和初级分析人员。它在商业分析、财务规划和数据跟踪等领域中非常常见。

7. Tableau

Tableau 是一种流行的商业智能和可视化工具，用于创建交互式和动态的数据可视化报表和仪表板。它易于使用，支持各种数据源连接，并具有丰富的图表和图形选项。Tableau 的优势包括优秀的数据可视化能力、用户友好的界面和快速的报表制作。

Tableau 适用于数据可视化、探索性数据分析和高级报告制作。它可以帮助用户快速获得数据洞察力并共享分析结果。

二、常用 Stata 命令展示

经过数据清洗，我们可以得到一个初步的数据集，可以用于后续的数据分析。在这一节中，我们将重点介绍如何使用 Stata 进行数据分析。Stata 是一种流行的统计分析软件，它提供了广泛的功能和工具，能够满足各种数据分析的需求。使用前需要确保已经安装了 Stata 软件，并且已经将数据集导入 Stata。

Stata 用户手册列出了每个用户都应该了解的 42 个常用命令。所有的 Stata 命令使用的语法基本都符合以下格式：

```
[prefix:]command[varlist][ =exp][if][in][weight][using filename] [,options]
```

方括号表示选项是可选的，有些命令使用前缀进行扩展，有些命令要求提供变量列表 varlist，而其他一些命令可以使用其他选项。if 可用于添加条件，in 可用于限定样本范围，weight 可用于施加权重。

在 Stata 的使用过程中，有两个常用的命令是 help 和 search 或 findit。help 命令可用于查询某个特定命令的使用方法或具体选项，例如输入 help regress 可获取关于 regress 命令的帮助文档。而 search 或 findit 命令则用于在 Stata 帮助文档及网络上搜索与某种功能相关的命令。举例来说，通过输入 search regression 或 findit regression，可以获得与回归分析相关的命令列表。

这些命令的简要介绍有助于快速了解其基本使用方法。然而，Stata 提供了详尽的在线帮助文档，使用 help 命令和参考 Stata 手册可以获取更详细的命令说明和示例。同时，利用 search 和 findit 命令可以探索新的命令和功能。

在利用 Stata 进行研究分析之前，一般会在工作盘建立一个特定的目录，用于具体的研究。有两个相关的 DOS 命令非常有用：`cd` 和 `dir`。`cd` 命令（Change Directory）允许你更改当前的工作路径。例如，如果目录名为"ResearchData"，可以使用以下命令将当前工作路径更改该目录为"cd C：\ResearchData"；这样就可以在 Stata 中加载或保存与你的研究相关的文件和数据。另一个有用的命令是 `dir`（Directory）。它用于列出当前目录中的文件和子目录。通过输入以下命令，可以查看当前目录中的所有文件和子目录为：`dir`。该命令将显示包含文件名称、大小和修改日期的详细列表。这两个 DOS 命令对于在 Stata 中进行研究分析前的准备工作非常有用。当然，也可以在 Stata 中使用 cd 命令来更改工作路径，并使用 `dir` 命令来查看当前目录中的文件和子目录。

关于文件处理，也有几个最常用的命令，包括保存文件用 `save`（使用 `save` 命令可将当前数据集保存为 Stata 格式的文件。例如，如果我们想将当前数据集保存为名为"mydata. dta"的文件，可以输入以下命令：`save "mydata. dta"`），打开 Stata 格式的数据文件用 `use`（使用 use 命令可以打开 Stata 格式的数据文件，可以读取并分析其中的数据。例如，如果我们如果想打开名为"mydata. dta"的数据文件，那么可以键入以下命令：`use "mydata. dta"`），追加数据用 `append(`appen`d 命令允许我们将一个或多个数据集追加到已经打开的数据集中。这对于将多个相关数据文件合并为一个数据集非常有用。例如，如果想将名为"dataset2. dta"的数据集追加到当前数据集中，那么可以输入以下命令：`append using "dataset2. dta"`），合并数据用 `merge`(`merge` 命令允许将两个数据集按照共同的标识变量进行合并。例如，如果想将当前数据集与名为"mergedata. dta"的数据集按照"id"变量进行合并，可以使用以下命令：`merge 1:1 id using "mergedata. dta"`），导入数据用 `import`(`import` 命令用于从其他格式的文件（如 CSV、Excel 等）导入数据到 Stata 中。例如，有一个名为"mydata. xlsx"的 Excel 文件，包含了两列数据：var1 和 var2。可以使用 import excel 命令来导入这个 Excel 文件。可以使用以下命令：`import excel using"mydata. xlsx",sheet("Sheet1")firstrow clear)`。

在处理和分析数据时，了解基本统计量是非常重要的。以下是几个常用的 Stata 命令，可以用于计算和呈现基本统计量。首先是 summarize 命令。它用于计算数值变量的基本统计量，如平均值、标准差、最小值、最大值等。可以使用 summarize 命令来计算特定变量的基本统计量，例如：`summarize var1`。另一个常用的命令是 inspect。它用于查看数据集中变量的基本信息。通过运行 inspect 命令，可以获取有关变量类型、缺失值情况、值标签和标记等信息，如 `inspect var1`。当需要计算分类变量的频数和交叉统计时，可以使用列表统计命令，如 table 和 tabulate。这些命令可以用于计算并展示分类变量的频数分布情况，如 `table var1`。另一种常见的需求是生成满足论文格式要求的统计表格。为此，可以使用 tabstat 命令，它允许计算变量的均值、标准差和置信区间，并以表格形式展示，如 `tabstat var1,stats(mean sd ci)format(%9.2f)`。这些命令是 Stata 中常用的基本统计命令，可以帮助我们计算和呈现数据的基本特征。通过使用这些命令，可以获取有关数据分布和描述性统计的重要信息。

进行基本图形分析时，可以使用一些常见的 Stata 命令来可视化数据。以下是几个常用的 Stata 命令，可以用于绘制基本图形：首先是散点图——`scatter` 命令。`scatter` 命令用于绘制散点图，用于探索两个连续变量之间的关系。可以使用命令 `scatter var1 var2` 来绘制变量 `var1` 和 `var2` 之间的散点图。接下来是直方图—— `histogram` 命令。`histogram` 命令可用于绘制直方图，用于展示连续变量的分布情况。使用命令 `histogram var1` 可以绘制变量 `var1` 的直方图。另一个常见的图形是条形图—— `graph bar` 命令。`graph bar` 命令用于比较不同组别或分类变量之间的差异。通过命令 `graph bar(mean) var1, over(group_var)`，你可以绘制变量 `var1` 在不同组别下的平均值条形图。还有线图—— `twoway line` 命令。`twoway line` 命令可用于绘制线图，展示随时间变化的连续变量。可以使用命令 `twoway line var1 time_var` 绘制变量 `var1` 随时间变化的线图。使用这些命令可以进行基本图形分析，以探索数据的关系、分布和趋势。使用这些图形可以更好地理解数据，并从中获取关于变量之间关系和变量分布的洞察。

我们通常使用相关分析来探索变量之间的关系或依赖性。相关分析是统计学中一种经常使用的方法，用于衡量和评估变量之间的线性相关性。当一个变量发生变化时，我们可以确定另一个变量是否相应发生变化，从而确定两个或多个变量之间是否存在趋势。在相关分析中，我们使用相关系数来衡量变量之间的关系的强度和方向。常见的相关系数有 Pearson 相关系数、Spearman 相关系数和 Kendall's Tau 相关系数。Pearson 相关系数用于测量两个数值变量之间的线性关系，Spearman 相关系数适用于非线性关系和有序变量，而 Kendall's Tau 相关系数适用于非线性关系和等级变量。在 Stata 中，我们可以使用各种命令来执行相关分析和计算相关系数。除了 "correlate" 和 "pwcorr" 命令，还可以使用其他命令如 "corrgram" "corrgroups" 等来更详细地探索变量之间的关系。需要注意的是，相关性并不代表因果关系。相关性只能告诉我们变量之间的关联程度，而不能说明一个变量的变化是另一个变量变化的原因。因此，在进行相关分析时，我们还需要谨慎解释结果并进行进一步的验证。

在进行实证分析时，往往需要进行变量的简单统计和估计结果呈现，如果估计模型比较多，制作符合学术论文的表格往往需要花费一定的时间，瑞士苏黎世大学社会学研究所的 Ben Jann 提供了一个非常优秀的结果呈现软件包 estout，共包括 esttab、estout、eststo、estadd、estpost 等命令。其中最常用的命令是 esttab。esttab 命令可用于将回归模型的结果以表格的形式输出到 Stata 的结果窗口或保存到外部文件中。它可以生成格式整齐、易于阅读的表格，适用于学术论文和报告。使用 estout 软件包生成表格命令示例如下：`esttab model1 model2 model3,cells(b(star fmt(3)) se(par fmt(3))) star( * 0.1 ** 0.05 *** 0.01) options(nonotes mtitle("Regression Results") nomtitle)///title("Dependent Variable:Y")/// label`。上述代码将 model1、model2 和 model3 的估计结果输出为一个表格，并设置了一些表格选项。这些选项包括标记显著性水平、指定系数和标准误的格式、设置表格标题和标签等。

三、常用统计分析方法

1. 描述性统计

描述性统计是一种对收集到的数据进行总结和解释的方法。它用统计指标来描述数据的不同特性，包括数据的集中趋势、离散程度和分布情况。通过描述性统计，我们可以了解数据的平均值、中位数、众数等集中趋势指标，掌握数据的标准差、方差等离散程度指标，还能看到数据分布的形状和偏倚程度。

描述性统计方法可以给我们提供很多有用的信息，帮助我们更好理解数据的本质。通过对数据进行整理和概括，我们可以快速了解数据的基本特征，进行比较，找到异常值或异常趋势。这样的分析有助于帮助人们作出有关决策、发现趋势以及更好理解数据所蕴含的信息。

2. 相关性分析

相关性分析用于衡量两个变量之间的线性关系强度和方向。它帮助我们确定两个变量是否同时增加或减少，或者它们是否存在相反的变化趋势。

相关性分析计算出一个称为相关系数的统计指标。常用的相关系数有皮尔逊相关系数和斯皮尔曼等级相关系数。皮尔逊相关系数衡量的是两个变量之间的线性关系强度和方向，取值范围从 -1 到 +1，其中 -1 表示完全负相关，+1 表示完全正相关，0 表示无相关性。斯皮尔曼等级相关系数则适用于两个变量的关系呈非线性和非正态分布的情况。

3. 假设检验

假设检验是一种用于评估总体参数假设的统计推断方法。它的目标是通过对样本数据的分析来判断我们所提出的假设是否支持或拒绝。在假设检验中，我们会提出一个零假设，表示没有效应或差异以及备择假设，表示存在效应或差异。

假设检验的过程通常包括选择合适的统计检验方法、计算统计检验量并得出相应的 p 值。p 值是一个概率，表示观察到样本数据或更极端情况出现的概率，假设零假设为真的情况下。如果 p 值小于预先设定的显著性水平（通常为 0.05），那么我们会拒绝零假设并认为结果是显著的。

4. 回归分析

回归分析是一种统计分析方法，用于研究因变量和自变量之间的关系。它主要用于探索这种关系，并建立一个数学模型来描述因变量与自变量之间的相互影响。

在回归分析中，因变量是我们希望解释或预测的变量，而自变量是我们认为可能对因变量产生影响的变量。通过回归分析，我们可以了解自变量对因变量的影响程度，并通过建立回归方程来进行因变量的预测和推断。

回归分析方法有多样化，包括线性回归、多元回归、逻辑回归等。其中，线性回归是最常用的方法之一。它假设因变量和自变量之间存在线性关系，并通过最小二乘法来拟合数据，找到最佳拟合线。其他回归方法则适用于更复杂的情况，如多个自变量或非线性关系。

（1）OLS（Ordinary Least Squares）回归

OLS 回归是一种常用的回归分析方法，它假设因变量与自变量之间的关系是线性的。线性关系是指因变量和自变量之间存在一个直线关系，即当自变量变动时，因变量也按照固定比例发生变化。OLS 回归方法的目标是通过最小化残差平方和来拟合数据，并找到最佳拟合的回归系数。在 OLS 回归中，我们使用最小二乘法来估计回归系数。这意味着我们试图找到能使预测值和观察值之间的差异最小化的系数。

需要注意的是，OLS 回归并不意味着因变量和自变量之间一定存在线性关系。它只是一种假设。而在实际应用中，我们需要通过分析残差的情况和其他模型评估指标来验证这个假设。OLS 回归假设因变量与自变量之间的关系是线性的。Stata 命令示例为：`regress dependent_var independent_var1 independent_var2`。

（2）多元线性回归

多元线性回归是对 OLS 回归的扩展，允许研究多个自变量与因变量之间的关系。与 OLS 回归类似，多元线性回归也假设因变量与自变量之间的关系是线性的。这意味着在多元线性回归中，我们认为因变量的变化可以通过自变量的线性组合来解释。

多元线性回归的目标是通过最小化残差平方和来找到最佳拟合的回归系数。不同于一元线性回归，多元线性回归可以同时考虑多个自变量对因变量的影响，从而获得更全面的理解。

多元线性回归通常涉及通过解决正规方程组或使用数值优化方法来估计回归系数。在分析结果时，我们可以通过回归系数的显著性检验、R－squared 值、调整 R－squared 值等指标来评估模型的拟合程度和自变量的影响。多元线性回归是对 OLS 回归的扩展，允许研究多个自变量与因变量之间的关系。多元线性回归假设因变量与自变量之间的关系是线性的，Stata 命令示例为：`regress dependent_var independent_var1 independent_var2 independent_var3`。

（3）逻辑回归和 Probit 回归

逻辑回归和 Probit 回归是常用的回归分析方法，适用于因变量是二元分类变量的情况。它们都用于研究自变量与因变量之间的关系，并进行预测和解释。

逻辑回归假设因变量服从逻辑分布，它的目标是通过建立一个逻辑函数（如 sigmoid 函数）来描述自变量对因变量的影响。逻辑回归通过最大似然估计方法来估计回归系数，利用概率和 logit 函数之间的关系进行预测和推断。逻辑回归可以用于预测二元分类变量的概率，并进行相应的分类。

Probit 回归则假设因变量服从标准正态分布。它的目标是建立一个 Probit 函数来描述自变量对因变量的影响。Probit 回归也通过最大似然估计来估计回归系数，利用累积分布函数和 Probit 函数之间的关系进行预测和推断。Probit 回归同样适用于预测二元分类变量的概率，并进行分类。逻辑回归和 Probit 回归适用于因变量是二元分类变量的情况，用于研究自变量与因变量之间的关系。逻辑回归假设因变量服从逻辑分布，而 Probit 回归假设因变量服从标准正态分布。逻辑回归的 Stata 命令示例为：`logistic dependent_var independent_var1 independent_var2`；Probit 回归的命令示例为：`probit dependent_var independent_var1 independent_var2`。

（4）泊松回归和负二项回归

还有两种适用于计数型因变量的回归方法：泊松回归和负二项回归。泊松回归是一种适用于计数型因变量的回归方法。它假设因变量满足泊松分布。泊松分布是一种用于描述稀有事件发生次数的概率分布。它的特点是均值等于方差。在泊松回归中，我们通过最大似然估计方法来估计回归系数，建立一个泊松函数来描述自变量对因变量的影响。泊松回归常用于计数型数据的建模和分析，如犯罪发生次数、事故发生次数等。它可以帮助我们理解自变量对计数型因变量的影响程度，并进行预测和推断。

此外，负二项回归也是一种适用于计数型因变量的回归方法。与泊松回归不同，负二项回归假设因变量满足负二项分布。负二项分布是一种描述离散事件发生次数的概率分布。与泊松分布相比，它具有更大的方差。在负二项回归中，我们同样使用最大似然估计来估计回归系数，并建立一个负二项函数来描述自变量对因变量的影响。

泊松回归和负二项回归都是用于处理计数型数据的有用工具。选择哪种方法取决于因变量的性质和数据的分布情况。它们可以帮助我们研究和解释计数型因变量的变化，并进行预测和推断。泊松回归的 Stata 命令示例为：`poisson dependent_var independent_var1 independent_var2`。负二项回归相较于泊松回归，更适用于存在过度离散和过度变异的情况，Stata 命令示例为：`nbreg dependent_var independent_var1 independent_var2`。

第三章

在线旅游平台数据探索与分析

第一节　在线旅游平台介绍

一、在线旅游平台基本概况

在线旅游平台是通过互联网提供旅游相关服务和信息的平台，旨在为旅行者提供便捷的旅行规划、预订和信息获取渠道。这些平台通过集成酒店、机票、租车、旅游活动等服务，为用户提供全面的旅行解决方案。以下是一些著名的在线旅游平台：

（1）Booking. com

Booking. com 是全球最大的在线酒店预订平台之一，提供酒店、民宿、度假村等住宿选项。用户可以通过该平台搜索并比较不同酒店的价格、评价和设施，并进行实时预订。

（2）Expedia

Expedia 提供机票、酒店、租车、度假套餐等各类旅行服务。用户可以在一个平台上规划整个旅行，同时可以查看用户评价和建议。

（3）TripAdvisor

TripAdvisor 是一个以用户评价和建议为主要特点的平台，用户可以在该平台上查看其他旅行者对酒店、景点、餐厅等的评价和评论，以帮助作出更好的决策。

（4）Agoda

Agoda 是专注于亚洲地区的在线酒店预订平台，提供酒店、度假村、公寓等住宿选择，在亚洲特别受欢迎。

（5）Airbnb

Airbnb 提供民宿和短租房源，使用户可以租住独特的住宿空间，如民宿、公寓、别墅等，体验更加本地化的旅行。

（6）Ctrip（携程）

Ctrip 是中国最大的在线旅游平台之一，提供机票、酒店、度假套餐等服务。它为用户提供了覆盖全球的旅行预订选择。

这些在线旅游平台通过整合多种旅行服务，为旅行者提供了更便捷、多样化和个性化的旅行选择。用户可以根据自己的需求和预算，在这些平台上找到合适的住宿、交通和活动。

我们专注于对在线旅游平台酒店板块的数据进行深入分析。通过对这一领域的数据进行研究，我们可以获取有关旅行者行为、偏好和趋势的有价值的见解。我们旨在通过深入研究这一数据集，以揭示关于在线旅游平台酒店板块的多方面信息。我们将对用户行为进行全面分析，这包括对用户在在线旅游平台上的行为进行详细探究。我们将深入了解用户的搜索酒店关键词、浏览行为、点击率以及实际预订行为。透过这些行为的模式，我们的目标是洞悉用户的兴趣和需求，从而更好满足他们的期望。

此外，我们还将对用户的评价和反馈展开深入分析。我们将审查用户对酒店的评价，以及他们在平台上提供的反馈。这些信息将为我们提供关于酒店服务质量、设施和环境的宝贵见解。这些数据不仅对于平台用户的决策至关重要，也为其他用户提供了基于实际体验的决策依据，帮助他们做出更加明智的选择。我们认为，这两个方面的分析将使我们深入了解在线旅游平台酒店板块的运作和用户体验。通过了解用户的行为模式和对酒店的评价，我们可以为平台提供有针对性的改进建议、优化用户体验，从而推动整个行业的发展。我们的研究旨在为业界和旅行者提供有价值的信息，以实现更好的旅行体验。

二、在线旅游平台酒店板块介绍

在当今快速发展的数字时代，旅游业正经历着前所未有的数字化转型。在线旅游平台如携程等在这一转型过程中扮演了至关重要的角色。这些平台不仅改变了旅行者的预订方式，而且对整个酒店业和消费者体验产生了深远影响。随着科技的进步，越来越多的旅行者倾向于使用在线平台来规划和预订酒店住宿。这对于酒店业和消费者都具有重要意义。

以携程为例，它作为全球领先的在线旅游平台之一，成功利用了数字技术来改变了旅游者的预订行为。越来越多的旅行者现在通过携程平台来查找、比较和预订酒店住宿。他们可以轻松地在平台上浏览各类酒店，从豪华度假村到经济型酒店，从全球热门旅游目的地到偏远地区，应有尽有。

携程不仅是一个预订平台，更是一个为旅行者提供全面信息和便捷服务的生态系统。平台上的酒店页面通常包含丰富的信息，如房间类型、设施、价格、评价和评论等。旅行者可以通过这些信息更好了解酒店，作出明智的预订决策。携程还提供了用户评价和照片，帮助旅行者获得真实的酒店体验反馈，从而增强了信任感。

同时，对于酒店业，数字化转型也带来了诸多机遇和挑战。通过在线平台，酒店可以更广泛展示自己的特色和优势，吸引更多的潜在客户。酒店可以根据用户评价和反馈，不断优化自己的服务和设施，提升用户体验，从而提高口碑和回头客率。然而，这也意味着酒店需要更加关注在线口碑和评论，因为这些可以在一定程度上影响用户的预订决策。

在数字时代，用户评论成为了一个重要的影响因素。旅行者倾向于在预订前阅读其他用户的评论，从而获取关于酒店质量、服务和体验的信息。这就需要酒店保持良好的声誉和服务水平，以满足用户的期望并获得积极的用户反馈。

综上所述，数字化转型对于旅游业和酒店业产生了深远影响。在线旅游平台如携程通过数字技术的应用，改变了旅行者的预订方式，提供了更多信息和便捷服务。这对于旅行者意味着更方便的旅行规划，而对于酒店业来说则是面临着提升服务质量和用户满意度的挑战。在数字时代下，旅游业的未来将继续受到技术创新和数字化转型的驱动。

三、携程网站的基本情况

携程网，成立于 1999 年，总部位于中国上海。携程网是中国领先的综合性在线旅行服务提供商，提供包括机票、酒店、度假、门票、旅游包等在内的多种旅行产品和服务。携程网拥有庞大的用户群体，在中国以及国际范围内都有广泛的用户基础。其在线平台每年吸引着大量的旅行者，提供个性化的旅行体验。携程网站为用户提供了强大的酒店搜索和比较功能，使用户能够方便地找到最适合的酒店选项。在该网站上，用户可以输入目的地、入住日期、离店日期以及旅客人数等信息，系统会根据这些条件列出符合要求的酒店供用户选择。以下是携程网站酒店详细页面提供的一些重要信息：

• 酒店图片：用户可以通过浏览酒店内外的图片，更好了解酒店的外观、设施、装饰等。这些图片帮助用户在做出选择时获得直观的印象。

• 房型和价格：携程网站列出了不同房型的价格、可用性以及预订选项。用户可以根据自己的需求选择合适的房型和预算，从而确保入住的舒适和满意度。

• 设施和服务：酒店页面通常详细介绍了酒店提供的各种设施和服务，例如游泳池、健身房、餐厅、会议室等。用户可以了解酒店内设施的质量和多样性，以及它们是否符合自己的期望。

• 用户评价：酒店页面提供了其他用户对该酒店的评价和评论。这些实际入住体验的反馈帮助用户更好了解酒店的服务、环境、卫生等方面的情况。用户可以从他人的经验中得到有价值的信息，以便做出明智的预订决策。

• 地理位置：酒店页面会显示酒店的准确地理位置，并提供附近景点、交通方式以及周边环境的信息。这使用户能够了解酒店所在地的便利性和可访问性以及周围的环境特点。

携程网站不仅提供了上述信息，还允许用户根据多个因素（如价格、星级、评分、位置等）进行筛选和比较，从而帮助用户找到完美的酒店住宿选择。这种综合性的信息和功能使携程成为了用户在旅行规划中重要的伙伴。

图 3-1　酒店详情信息页

携程网提供用户评价和评分。携程网站高度重视用户的评价和评分，在用户选择酒店的过程中，这些反馈信息扮演了至关重要的角色。在每个酒店的页面下方，用户可以便捷地浏览其他旅行者对该酒店的评价和评论，以了解他们的实际入住体验和意见。

通过查看其他用户的评价和整体评分，用户可以获得更为真实、客观的关于酒店的信息。这些评价可能包括对酒店的赞美、建议、批评和建议改进的意见。用户可以根据这些反馈信息来判断是否选择该酒店以及该酒店是否符合他们的期望和需求。

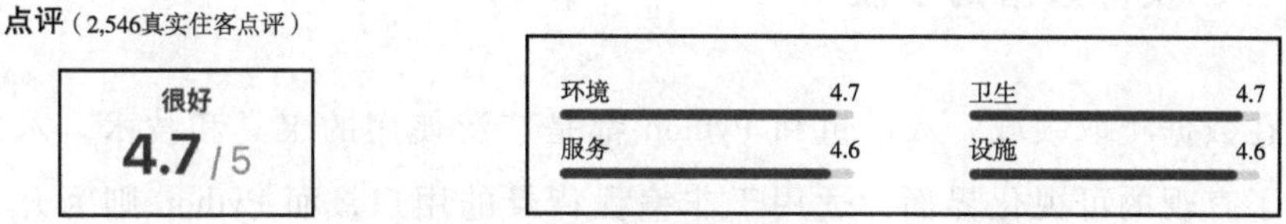

图 3－2　酒店总体评分页

图 3－3　酒店用户评论页

第二节　在线旅游平台酒店板块数据的获取

一、获得数据的手段

在数据爬取领域，八爪鱼和 Python 都是广泛使用的工具和技术。八爪鱼提供了直观的可视化界面，适用于非编程背景的用户，而 Python 则为开发者提供了强大的编程能力，可以通过编写脚本自定义数据抓取流程。接下来，我们将详细介绍这两种方法，通过这两种方式获得在线旅游平台的数据。

1. 八爪鱼

八爪鱼（Octoparse）是一款强大的网络数据抓取工具，旨在帮助用户从互联网上快速、高效抓取信息。它提供了一个用户友好的图形化界面，使非编程背景的用户也能轻松创建和管理网页抓取任务。

以下是八爪鱼的一些主要特点和功能：

- 可视化操作：八爪鱼采用所见即所得的设计，用户可以通过简单的拖放操作来设置抓取规则，选择需要抓取的数据。
- 多种数据输出格式：用户可以将抓取的数据导出为 Excel、CSV、JSON 等多种常见的数据格式，以便后续分析和处理。
- 定时任务：八爪鱼支持设置定时任务，自动定期执行抓取任务，确保数据的及时更新。
- IP 代理支持：用户可以集成 IP 代理，以确保匿名性和抓取的稳定性。
- 浏览器模拟：八爪鱼可以模拟浏览器行为，处理 JavaScript 渲染的网页，以抓取动态加载的数据。
- 数据清洗和转换：八爪鱼还提供了数据清洗和转换工具，可以在抓取后对数据进行处理和筛选。

总的来说，八爪鱼是一款强大且易于使用的网络数据抓取工具，适用于从各种网站和在线资源中抓取数据，无须编写复杂的代码。它在数据采集和信息收集方面提供了很大的便利性，特别适合需要大规模数据抓取的任务。

2. 使用八爪鱼采集数据

(1) 打开八爪鱼应用程序

为了开始分析，先要打开我们的八爪鱼应用程序，并确保我们已成功登录到我们的八爪鱼账号。这将为我们提供进入数据分析的通道。

(2) 创建新任务

在八爪鱼的界面上，我们将找到一个“新建任务”按钮。点击它，为分析工作创建一个新任务，这是探索数据的起点。

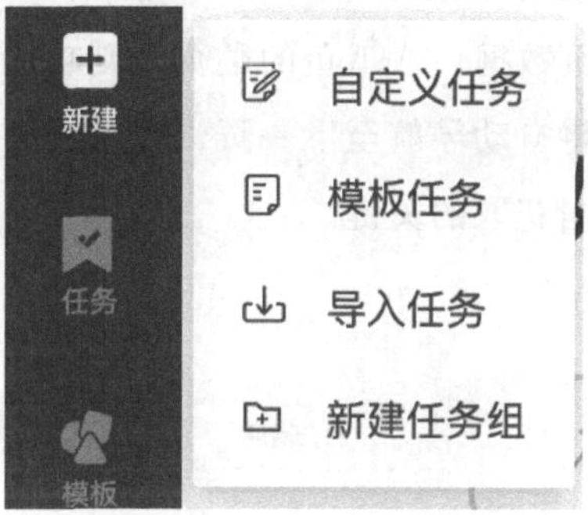

图 3-4 创建任务

(3) 输入目标网址

任务创建界面中，我们需要在特定的区域输入我们希望爬取数据的酒店页面的网址。务必确保这个链接导向包含所需酒店信息的页面，以便后续的数据分析。

图 3-5 输入目标网址

(4) 使用浏览模式登录携程账号

假若我们的数据需求涉及登录后才能访问的内容，我们可以选择浏览模式。在八爪鱼中，通过浏览模式登录我们的携程账号，以模拟浏览器操作，从而获得所需数据。

(5) 基础设置和高级设置

为确保顺畅的数据获取，设置一些基本参数，如浏览器类型、页面加载延迟等。如果需要使用特定的 Cookie 来模拟登录状态，那么我们可以在高级设置中添加自定义 Cookie，以确保我们能够获取登录后的数据。

(6) 利用翻页实现循环采集

若我们需要获取多页数据，八爪鱼的翻页规则功能将非常实用。通过设置适当的翻页规则，系统将自动导航至下一页，以继续数据采集。这里，正确的翻页设置是确保成功数据获取的关键。

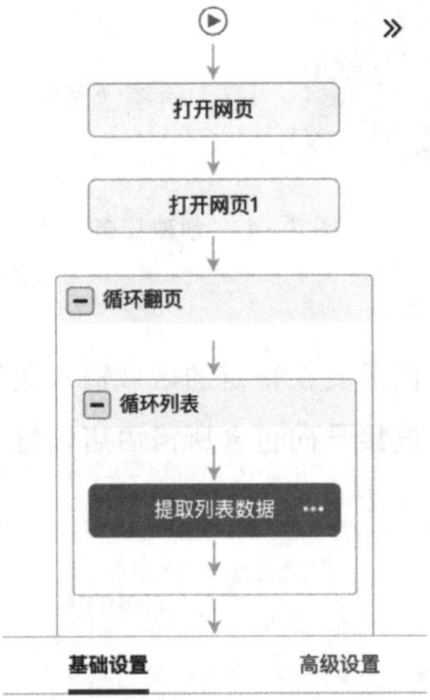

图 3-6 翻页设置

(7) 设置采集字段

在任务中，通过八爪鱼提供的直观界面，我们可以选择页面上的各种元素，以定义我们想要采集的数据字段。以酒店信息为例，点击酒店名称、价格、评分等元素，让八爪鱼准确捕捉这些关键数据。确保所选元素在页面上有独特标识，以确保数据捕获的准确性。

（8）保存并启动任务

所有设置完成后，别忘了点击保存按钮。然后，选择启动任务，八爪鱼将按照我们设定的规则和字段进行数据采集。这些数据将被储存在我们的电脑文件中，我们可以随时查阅这些文件，深入了解旅行者行为和趋势。

3. 使用 Python 爬虫采集数据

首先，我们将会探讨一般的 Python 爬虫数据获取流程，随后，我们将深入研究如何解析和抓取携程酒店板块的数据，详细阐述具体的代码实现。这将提供清晰的数据爬取方法和技巧。

①导入所需库：在开始之前，确保我们已经导入了所需的 Python 库，其中包括 requests 库和 BeautifulSoup 库。requests 库将允许我们发送 HTTP 请求以获取网页内容，而 BeautifulSoup 库则会帮助我们解析和处理 HTML 页面。

②设置目标网址和 Headers：我们需要明确我们想要爬取数据的酒店页面的 URL。此外，根据需要，我们可以设置 Headers 信息，这对于模拟用户行为和处理登录状态非常重要。如果我们计划爬取登录后的数据，那么还需要获取登录后的 Cookie 信息，以便在请求中传递验证。

③设定翻页范围和数据容器：在进行数据爬取前，明确我们希望爬取的页面范围。作为示例，我们可以设定爬取前五页的数据。同时，为了存储从页面中提取的数据，我们需要创建一个容器，通常使用 Python 的列表（List）来存储每个酒店的信息。

④使用循环爬取数据：利用循环结构，我们可以依次遍历设定的页码范围。在每个循环迭代中，使用 requests 库发送 HTTP 请求以获取页面的 HTML 响应。然后，通过 BeautifulSoup 库对 HTML 进行解析，提取出我们感兴趣的酒店信息。这可能涵盖酒店名称、价格、评分等内容。

⑤存储数据：最后，为了长期使用和进一步分析，将爬取的数据存储在适当的地方。常见的方法之一是将数据保存为 CSV 文件。这使数据能够方便地进行后续处理和分析。我们可以使用 Python 的文件操作功能，将提取到的酒店信息逐一写入 CSV 文件中。

通过按照以上步骤，我们将能够利用 Python 编写一个基本的爬虫程序，有效地从在线旅游平台酒店板块中获取数据。具体信息采集代码如下：

（1）导入必要的模块和库

这部分代码导入了所需的 Python 模块和库，包括正则表达式操作、CSV 文件处理、时间、随机数生成、文件系统以及使用 Selenium 库进行网页自动化操作的一些组件。

```
import re
import csv
import time
import random
import os
from selenium import webdriver
from selenium.common.exceptions import TimeoutException
from selenium.webdriver.common.by import By
from selenium.webdriver.support import expected_conditions as EC
from selenium.webdriver.support.wait import WebDriverWait
```

其中，使用 re 进行文本匹配和搜索，csv 用于读写 CSV 文件，time 添加等待和延时功能，random 生成随机延时模拟用户操作，os 执行文件和目录操作，selenium 实现浏览器自动化，TimeoutException 处理页面加载超时异常，By 选择页面元素，EC 等待页面元素加载，WebDriverWait 等待页面元素出现。这些工具和库协同工作，使数据爬取任务更加高效和可控。

（2）设置 Selenium 浏览器选项和全局变量

```
options = webdriver.ChromeOptions()
options.add_argument("disable-blink-features = AutomationControlled") # 去掉 webdriver
痕迹
browser = webdriver.Chrome(options = options)
wait = WebDriverWait(browser,100)

hotel_code = 1 # 酒店起始编号
MAX_PAGE = 1000 # 评论页上限
comment_page_nums = MAX_PAGE # 剩余需爬取页数
save_dir_csv ='data-beijing-csv'# 保存文件夹
```

```
hotels = [
    '30839438',
        ……
]

hotel_score_file = save_dir_csv +'/hotel_scores_xiecheng.csv'
hotel_comment_file = ""
```

在这段代码中，我们使用了一系列全局变量和浏览器选项，以便进行网络数据爬取任务。options 被配置为 Chrome 浏览器选项。这有助于我们隐藏爬虫行为以防止被检测。browser 创建了一个 Chromc 浏览器实例，使我们能够执行各种网页操作。wait 是一个 WebDriverWait 对象，用于等待页面元素加载完成，确保数据的准确获取。hotel_code 是一个计数器，为每个酒店分配唯一的编号。MAX_PAGE 定义了我们要爬取的评论页数上限，以控制数据范围。

comment_page_nums 用于跟踪剩余需要爬取的评论页数，帮助我们确定何时结束爬取。save_dir_csv 定义了 CSV 文件保存的目录路径，确定了数据的存储位置。最后，hotels 列表包含了我们要爬取的酒店 ID，明确了需要获取数据的酒店。这些全局变量和浏览器选项共同协作，确保了整个爬取过程的顺利进行，以获取所需的数据。

（3）定义 main 函数

main 函数的主要目的是初始化一个保存酒店评分信息的 CSV 文件。如果该文件不存在，那么它会创建一个新文件并定义了文件的字段名。

```
def main():
    # 初始化保存酒店评分信息文件 hotel_scores_xiecheng.csv
    if not os.path.exists(hotel_score_file):
        with open(hotel_score_file,'w',newline='',encoding='gb18030') as csvfile:
            fieldnames = ['酒店名称','酒店真名','总分','环境得分','卫生得分','服务得分','设施得分','评论总数']
            writer = csv.DictWriter(csvfile,fieldnames = fieldnames)
            writer.writeheader()
```

(4) 遍历各个酒店，爬取其评论数据

这部分代码负责迭代遍历每个酒店，并为每个酒店创建一个 CSV 文件以保存评论数据。在此过程中，它调用了 index_page 函数来开始爬取每个酒店的评论数据，并设置了评论页数和酒店编号。最后，当遍历完成后，关闭了 Selenium 浏览器。

```
for hotel_id in hotels:
    global hotel_code
    hotel_code_encoded = str(hotel_code).rjust(2,'0') # 酒店编码统一成两位数(100 以内)
    hotel_comment_file = save_dir_csv +'/hotel_comments_H{0}.csv'.format(hotel_code_
encoded)

# 初始化各酒店评论保存文件
with open(hotel_comment_file,'w',newline = '',encoding ='gb18030') as csvfile:
    fieldnames = ['酒店名称','酒店真名','用户名','个人评分','评论日期','评论详情']
    writer = csv.DictWriter(csvfile,fieldnames = fieldnames)
    writer.writeheader()

url ='https://hotels.ctrip.com/hotels/' + hotel_id +'.html'
index_page(url)
    comment_page_nums = MAX_PAGE
    hotel_code + = 1

browser.quit()
```

这一部分代码使用 for 循环遍历 hotels 列表中的每个酒店 ID。hotel_code 用于给每个酒店分配唯一的编码。hotel_comment_file 是每个酒店评论数据的保存文件路径，根据酒店编号生成。在初始化每个酒店的评论保存文件后，它调用 index_page 函数开始爬取每个酒店的评论数据。爬取后，将 comment_page_nums 设置为最大评论页数，并递增 hotel_code 以为下一个酒店生成编码。

最后，一旦所有酒店的评论数据都爬取完成，关闭了 Selenium 浏览器实例，释放资源。

这是代码的前半部分的详细解释，涵盖了初始化、设置以及 main 函数的功能。剩下的部分包括 index_page、get_comment、和 save_comments 等函数，用于实际的爬取和保存评论数据，以及在 if __name__ =='__main__'：中调用 main 函数来启动整个爬取过程。

爬取到的数据结构展示如下：

表 3－1 酒店评论示例

用户名称	房型	日期	出行目的	点评历史	评分	评论内容	有用性	回复日期	酒店回复
_M1366662 ****	高级双床房	2023 年 8 月入住	家庭亲子	2 条点评	5	带娃入住的小尚给升级了个带沙发床的房间。房间内该有的都有了：牙刷特别好评。离店还送了小风扇。虽然附近没有走路可达的地铁站，但可以走路到达蟠龙天地。蟠龙天地建议不要白天去，走几分钟也是很晒的，晚上去更适合。	有用	2023 年 8 月 16 日发布于上海	看到客官简单而又深厚的好评真是好激动呢，而且这么认可我们的服务、为每位客官提供最为贴心细致的服务、为每位客官带来超值的体验，是我们“小瑞”人永远的追求~我们是一家富有年轻活力的酒店，以简约的风格、温馨体贴的服务向客官展示酒店的独特魅力，客官的鼓励就是对我们最大的支持和鼓励，我们会用心服务好每一位家人，期待和您的下次相遇。
yuancui ****	豪华双床房	2023 年 8 月入住	家庭亲子	3 条点评	5	带着长辈们去欣赏蟠龙夜景挑了一个离景区最近的酒店，步行只要 500 米。酒店房间干净整洁。酒店外形和内饰也非常有特色，还有贴心的妹妹在我们一到房间，就送上银耳汤润肺，洗去夏天的烦躁，沁人心脾，还送了果盘，值得再次光顾。	有用	2023 年 8 月 3 日发布于上海	谢谢亲的鼓励，您的语言虽然简单，但是小瑞已经感受到了您内心的火热，瞬间感觉浑身充满了洪荒之力！我们会继续努力服务好每一位客人哦，我们期待着与您再次相遇哦！

续表

用户名称	房型	日期	出行目的	点评历史	评分	评论内容	有用性	回复日期	酒店回复
克劳斯77	豪华双床房	2023年6月入住	家庭亲子	15条点评	5	图一和最后一图是酒店的，其他都在对面的蟠龙天地拍摄，去那边玩住宿在这里很好。酒店房间干净、安静，机器人送餐很安心，不用扎堆在蟠龙天地等吃饭。唯一闹心的是早餐：切片面包不配烤面包机的，热豆浆的开关烫且拧不开。还好有服务员帮忙，不然就喝不到了。除了那一碗面，其他没啥吃的。关键是很吵闹，一群老人闹哄哄的，吵得没胃口了，脑仁炸裂。不推荐自助早餐。	有用（1）	2023年6月14日发布于上海	小瑞每天最开心的事莫过于看到亲的好评，亲的好评就像是清泉一样滋润小瑞的心田。小瑞会很珍惜亲的好评。也会不断改进自己，完善自己，力求让酒店的服务做得更好，也是为了让亲能够有更舒适的入住体验。希望亲再次光顾我们的酒店，检验酒店的进步！
匿名用户	豪华双床房	2023年6月入住	朋友出游	13条点评	5	离蟠龙天地特别近，很方便；酒店还有书房、休息处，蛮温馨舒适；停车也方便，不收停车费；还有洗衣房。	有用	2023年6月19日发布于陕西	看到您对我们小伙伴服务的肯定真是暖到小瑞的心窝里了，谢谢您毫不吝啬的夸赞。这将是我们往前冲最大的动力，小瑞会继续保持的！记得再来哟！

在爬取了携程网站的酒店信息后，我将这些数据以 CSV（逗号分隔值）的格式存储在名为 hotels. csv 的文件中。在这个 CSV 文件中，每一行代表一个用户评论的信息，每一列对应用户展示的不同信息。例如，第一列是酒店的用户名，第二列是房型，第三列是评论发布日期。部分数据如上所示，其中包括

了几个用户的名称、房型以及评论发布日期。通过这种方式，我可以方便地保存和分享这些爬取到的酒店信息，以备将来的分析和使用。

当进行用户数据收集时，收集每个酒店页面的以下数据：用户名、房型、日期、出行目的、点评历史、打分、评价、评论、有用性、回复日期和回复评论。这将提供全面的酒店用户评论数据，有助于深入了解用户体验和酒店服务。每一个酒店的这些数据可以通过爬虫从网页中获取，并将它们存储在一个以酒店名称命名的 CSV 文件中，以便于区分和管理。

二、数据清洗和处理

1. 使用 Stata 查看空缺值

数据清洗是数据分析的重要前提。以下是在 Stata 软件中进行数据清洗的关键步骤：

（1）打开 Stata 软件

首先，启动 Stata 软件，为数据清洗过程做好准备。

（2）导入数据

在 Stata 中，我们需要将待处理的数据导入软件中，以进行后续的清洗和分析。我们可以使用 use 命令来实现这一步骤。假设我们的数据文件名为 "H01.csv"，我们可以执行以下命令（请替换为实际文件路径）：

```
use"路径/H01.csv",clear
```

（3）查看空缺值

了解数据中的空缺值情况至关重要，因为空缺值可能影响后续的分析结果。使用 Stata 的 describe 命令可以快速查看数据的概要信息，包括每一列的非空观测数量。执行以下命令：

```
describe
```

这将显示每列的变量名称、非空观测数量等信息。空缺值的数量可以通过总观测数减去非空观测数来计算，帮助我们了解每个变量的空缺情况。

通过以上步骤，我们能够在 Stata 中导入数据并快速检查空缺值情况。这些是数据清洗的关键步骤，为后续的数据处理和分析提供了坚实的基础。

2. 使用 Stata 处理空缺值

在 Stata 中，处理缺失值通常涉及两种主要方法，每种方法都具有其独特的优势和应用场景。

（1）方法一：删除空缺值

我们可以选择直接删除空缺值的策略。这意味着我们会从数据集中删除包含空缺值的行或列。这种方法的优势在于它的简便性和速度。通过使用 Stata 的 drop 命令，我们可以轻松地剔除包含缺失值的观测或变量，使数据保持整洁，可以执行以下命令：

```
drop if missing(变量名称)
```

这对于大型数据集来说尤为有用，因为它可以有效减少数据处理的复杂性和计算成本。此外，删除缺失值可以确保数据的完整性，避免了潜在的偏差，特别是在缺失值的占比相对较小或其分布与研究问题无关时。

然而，直接删除缺失值也存在一定的局限性。这种方法可能导致信息的丢失，尤其是当缺失值携带着有意义的背景信息或模式时。此外，如果缺失值占比较大，删除可能会导致样本减小，从而影响到后续分析的可靠性。

（2）方法二：填充空缺值

另一种常见的处理缺失值的方法是使用平均值进行填充（仅适用于数值型变量）。这意味着我们可以计算数值型变量的平均值，并将其用于替换缺失值，可以执行以下命令：

```
// 导入数据
import delimited "H01.csv",clear

// 计算每个变量的平均值
foreach var of varlist _all {
```

```
    summarize 'var',meanonly
    replace 'var' = r(mean) if missing(`var')
}

// 保存填充后的数据
save "filled_H01. dta", replace
```

这种方法的优势在于有助于保留更多的信息，因为它不会删除任何数据。通过填充平均值，我们保持了数据的总体分布和趋势，有助于减小样本偏差。这对于缺失数据占比相对较小且数据的缺失是随机的情况尤为适用。

然而，使用平均值填充也存在一些潜在问题。它可能引入噪音，尤其是当数据中存在大的离群值或异常值时。此外，这种方法假设缺失值的填充值与数据的分布和特性相符，这并不总是成立。

最终，选择哪种方法取决于数据的特点、研究问题和分析需求。在某些情况下，还可以考虑其他处理缺失值的方法，如插值或模型预测。关键是要根据具体情况明智地选择，以确保数据的质量和分析的准确性。

3. 使用 Stata 处理重复值

在 Stata 中，查看和处理重复值是确保数据质量的关键步骤之一。它有助于确保数据集中的信息准确无误。

（1）查看重复值

使用 duplicates report 命令可以轻松查看数据中的重复值情况。一旦执行该命令，Stata 会生成一个报告，其中包含有关重复值的详细信息。例如：

```
duplicates report
```

这个命令将生成一个报告，其中包括每行中的重复值数量。这对于快速了解数据中存在多少重复值非常有用。

（2）删除重复值

如果我们决定删除重复值以确保每个观测仅出现一次，可以在 duplicates report 命令后面加上 duplicates（drop）选项，代码如下：

```
duplicates report,duplicates(drop)
```

执行上述命令后，Stata 将自动删除数据中的所有重复值，仅保留每个重复组中的一个实例。这有助于确保数据集中的每个观测只出现一次，避免了冗余信息。

然而，在处理重复值时，我们还应该考虑分析需求。有时，重复值可能包含有价值的信息。因此，我们应该根据具体情况决定是否删除或保留它们，以支持我们的分析目标。

4. 使用 Stata 合并数据

在 Stata 中，如果我们需要合并多个 CSV 文件的数据，那么可以使用不同的方式来实现，具体方法取决于我们希望如何进行合并。以下是常见的合并方式以及相应的代码示例：

（1）使用 append 命令合并文件

如果我们想要将多个 CSV 文件的数据逐行追加到一个主文件中，可以使用 append 命令。前提是多个文件具有相同的变量结构。代码遍历了文件列表中的每个 CSV 文件，将它们逐行追加到名为 "merged_append. dta" 的主文件中。以下是示例代码：

```
local filelist "H01.csv H02.csv H03.csv"

foreach file in`filelist'{
  import delimited "`file'",clear
  append using "merged_append. dta"
}

save "merged_append. dta",replace
```

（2）使用 merge 命令合并文件

如果我们希望基于共同的键将多个文件合并，那么可以使用 merge 命令。确保将“共同的键”替换为我们实际用于合并的变量名。这些变量在每个

CSV 文件中都应该具有相同的值。以下是示例代码：

```
use "H01.csv",clear
merge 1:1 共同的键 using "H02.csv"
merge 1:1 共同的键 using "H03.csv"

save "merged_merge. dta", replace
```

（3）使用 merge 命令和循环

如果我们需要合并多个文件并且希望通过循环来简化操作，那么可以使用类似的方式。以下是示例代码：

```
local filelist "H01.csv H02.csv H03.csv"

foreach file in `filelist'{
  if "`file'"! = "H01.csv" {
    merge 1:1 共同的键 using "`file'",nogen
  }
}

save "merged_merge_loop.dta",replace
```

这些代码示例演示了如何使用不同的方式将多个 CSV 文件的数据合并在一起。在实际情况中，我们可以根据需要处理更多的文件。这些代码也可以通过类似的方式进行扩展。核心思想是相似的，只需根据具体情况进行调整和适应。无论我们需要处理多少个文件，合并数据的过程都可以在 Stata 中轻松实现。

第三节　在线旅游平台酒店数据探索与分析

经过数据的爬取和处理后，我们获得了两类有价值的数据：酒店数据和用户数据。这些数据为我们提供了深入了解和洞察酒店业务和用户体验的机会。酒店数据包括酒店评分、酒店星级、价格范围等关键指标。这些信息能够揭示酒店在市场中的地位和受欢迎程度。用户数据则涵盖了用户对酒店的评价、评论、打分等内容，帮助我们了解用户的喜好、需求和体验。

这两类数据为我们提供了进行后续分析的丰富资源。通过对酒店数据的分析，我们可以探索不同酒店之间的比较，了解评分和价格等指标之间的关系，进一步揭示出消费者在选择酒店时的偏好因素。同时，酒店星级和评分数据也可以帮助我们了解不同星级酒店的服务质量和市场竞争情况。

另外，通过对用户数据的分析，我们可以挖掘用户评论中的情感和观点，了解用户对酒店的真实感受。通过文本分析技术，我们可以识别出积极和消极的评论，进而深入了解酒店的优势和改进方向。同时，用户数据还可以帮助我们建立用户画像，分析不同类型用户的评价偏好，为酒店提供更加精准的服务。

我们一共获得了 36 个来自北京、上海以及深圳的酒店的数据，我们将会从酒店和消费者两个角度进行数据分析，首先要对数据进行描述性统计分析以及进行部分可视化操作来更直观展示收集到的数据的特点。

一、酒店特征探索

酒店的综合情况可以从多个方面进行评价，包括酒店的总体评分、不同方面的评分、星级评定以及价格等因素。为了分析这些数据，我们可以通过导入 CSV 文件到 Stata 软件中来进行处理。以下是一些相关操作步骤：

- 导入数据：

首先，我们需要使用以下命令将 CSV 文件导入 Stata 中。确保将“文件路径”替换为我们实际文件的路径：

```
import delimited "文件路径",delimiter(comma) encoding(UTF-8) clear
```

这将把 CSV 文件中的数据导入 Stata 的数据集中。

• 查看数据：

使用 browse 命令可以查看导入的数据，以确保数据被正确加载。

```
browse
```

这将打开一个数据查看窗口，我们可以在其中查看数据的前几行，确保数据导入无误。

酒店名称	位置	评价	点评数量	评分	价格
锦江之星风尚(上海浦东机场镇店)	浦东机场核心区 | 距市中心直线26.3公里	不错	3,375条点评	4.5	¥260
麦新格精品酒店(上海东方明珠店)	陆家嘴 | 距市中心直线5.5公里	棒	5,515条点评	4.8	¥335
锦江之星(上海浦东机场镇店)	浦东机场核心区 | 距市中心直线26.3公里	好	2,259条点评	4.6	¥273
上海陆家嘴丽呈酒店	陆家嘴 | 距市中心直线7.9公里	好	3,261条点评	4.6	¥349
上海浦东国际机场迪航酒店	浦东机场核心区 | 距市中心直线26.5公里	很好	4,219条点评	4.7	¥237
青皮树酒店(上海浦东机场华夏东路地铁站店)	迪士尼 | 距市中心直线19.7公里	好	544条点评	4.6	¥209
宜思尚品酒店(上海合川路店)	虹桥 | 距市中心直线10.3公里	很好	557条点评	4.7	¥289
琪邸酒店式公寓(上海外滩店)	人民广场 | 距市中心直线790米	很好	294条点评	4.7	¥385
唯庭世纪酒店(上海火车站南广场店)	上海火车站地区 | 距市中心直线2.8公里	不错	2,406条点评	4.5	¥420
上海延安饭店	静安寺/南京西路 | 距市中心直线2.7公里	好	3,727条点评	4.6	¥428
汉庭酒店(上海五角场店)	江湾/五角场 | 距市中心直线8.4公里	棒	528条点评	4.8	¥378
桔子酒店(上海江桥曹安公路店)	长风公园 | 距市中心直线11.5公里	棒	595条点评	4.8	¥388
白鹿宾舍酒店(北京新国展后沙峪地铁站店)	首都机场/新国展 | 距市中心直线27.2公里	很好	340条点评	4.7	¥277
WeLight逐光酒店(北京西直门店)	西直门/北京展览馆 | 距市中心直线4.9公里	很好	1,654条点评	4.7	¥197
北京中油宾馆	马甸/安贞 | 距市中心直线5.9公里	不错	759条点评	4.2	¥399
君轩堂民宿	亦庄 | 距市中心直线11.6公里	棒	85条点评	4.8	¥238
北京福雨宏小院(大兴国际机场店)	大兴机场 | 距市中心直线39.4公里	不错	511条点评	4.5	¥159
北京青云小院(大兴国际机场店)	大兴机场 | 距市中心直线39.5公里	超级棒	80条点评	4.9	¥156
华泰饭店(北京劲松潘家园地铁站店)	劲松/潘家园 | 距市中心直线5.2公里	不错	577条点评	4.1	¥338
速8酒店(北京方庄地铁站肿瘤医院店)	劲松/潘家园 | 距市中心直线5.3公里	不错	1,336条点评	4.4	¥342
北京白塔之光酒店	西单/金融街 | 距市中心直线4.4公里	很好	682条点评	4.7	¥212
秋果酒店(北京新国展首都机场三店)	顺义温泉区 | 距市中心直线29.9公里	棒	1,219条点评	4.8	¥334
北京古北云筑家庭亲子主题别墅	古北水镇 | 距市中心直线110.8公里	超级棒	820条点评	4.9	¥335

图 3－7　Stata 数据导入示例

如图 3－7 所示，由导入 Stata 中的数据部分展示可以看到，除了评分一列为数值型数据，其他皆为文本型数据，所以在进行描述性统计分析之前将部分变量转变为文本型变量。

1. 使用 Stata 整理数据类型

由于许多数据是从网站上爬取下来的，因此它们通常以文本形式存在。在许多数据分析情境下，我们需要将这些爬取的文本数据转化为数值型数据，以便进行更深入的分析和建模。在 Stata 中，我们可以利用 subinstr（　　）函数来处理文本数据。这一过程通常包括去除特定字符并将字符串转换为数值型，从而提高数据的可分析性和实用性。

通常来说，其一般包括两个步骤，一是去除特定字符，我们可以使用 subinstr（　　）函数来去除文本数据中的特定字符或子字符串；二是将字符串转换为数值型，接下来，如果我们需要将清理后的文本数据转换为数值型数据，那么可以使用 real（　　）或 int（　　）函数，具体取决于我们需要的数据类型。

在我们提供的数据的具体分析中我们进行了以下操作：

（1）处理价格数据

代码如下所示，它能够帮助我们处理包含 "¥" 符号的价格数据，并创建一个新的数值型变量 "价格数值"：

```
gen 价格数值 = real(subinstr(价格,"¥","",.))
```

这行代码首先使用 subinstr（　　）函数从 "价格" 变量中删除 "¥" 符号，然后使用 real（　　）函数将结果转换为数值型。这样就创建了一个名为 "价格数值" 的新变量，其中存储了去除 "¥" 符号后的数值。

（2）处理点评数量数据

可以借鉴类似的方法，将字符串型的点评数量数据转换为数值型，并且去除其中的逗号和 "条点评" 字符：

```
gen 点评数量数字 = 点评数量
replace 点评数量数字 = subinstr(点评数量数字,",","",.)
replace 点评数量数字 = subinstr(点评数量数字,"条点评","",.)
gen 点评数量数字 number = real(点评数量数字)
```

首先，使用 gen 命令创建一个名为“点评数量数字”的新字符串型变量，将“点评数量”变量中的内容赋值给这个新变量。其次，通过两次 replace 命令，分别去除“点评数量数字”变量中的逗号和“条点评”字符。最后，使用 real（　　）函数将这个新变量转换为数值型，创建一个名为“点评数量数字 number”的新变量，其中存储了纯数字的点评数量。现在，变量“点评数量数字”中将存储纯数字格式的点评数量，可以使用 list 命令查看结果。

最后产生的数据示例如图 3 - 8 所示：

酒店名称	位置	评价	点评数量	评分	价格	价格数值	点评数量数字	点评数量数字number
锦江之星风尚(上海浦东机场镇店)	浦东机场核心区 | 距市中心直线26.3公里	不错	3,375条点评	4.5	¥260	260	3375	3375
麦新格精品酒店(上海东方明珠店)	陆家嘴 | 距市中心直线5.5公里	棒	5,515条点评	4.8	¥335	335	5515	5515
锦江之星(上海浦东机场镇店)	浦东机场核心区 | 距市中心直线26.3公里	好	2,259条点评	4.6	¥273	273	2259	2259
上海陆家嘴丽呈酒店	陆家嘴 | 距市中心直线7.9公里	好	3,261条点评	4.6	¥349	349	3261	3261
上海浦东国际机场迪航酒店	浦东机场核心区 | 距市中心直线26.5公里	很好	4,219条点评	4.7	¥237	237	4219	4219
青皮树酒店(上海浦东机场华夏东路地铁站店)	迪士尼 | 距市中心直线19.7公里	好	544条点评	4.6	¥209	209	544	544
宜思尚品酒店(上海合川路店)	虹桥 | 距市中心直线10.3公里	很好	557条点评	4.7	¥289	289	557	557
琪邸酒店式公寓(上海外滩店)	人民广场 | 距市中心直线790米	很好	294条点评	4.7	¥385	385	294	294
雎庭世纪酒店(上海火车站南广场店)	上海火车站地区 | 距市中心直线2.8公里	不错	2,406条点评	4.5	¥420	420	2406	2406
上海延安饭店	静安寺/南京西路 | 距市中心直线2.7公里	好	3,727条点评	4.6	¥428	428	3727	3727
汉庭酒店(上海五角场店)	江湾/五角场 | 距市中心直线8.4公里	棒	528条点评	4.8	¥378	378	528	528
桔子酒店(上海江桥曹安公路店)	长风公园 | 距市中心直线11.5公里	棒	595条点评	4.8	¥388	388	595	595
白鹿宾舍酒店(北京新国展后沙峪地铁站店)	首都机场/新国展 | 距市中心直线27.2公里	很好	340条点评	4.7	¥277	277	340	340
WeLight逐光酒店(北京西直门店)	西直门/北京展览馆 | 距市中心直线4.9公里	很好	1,654条点评	4.7	¥197	197	1654	1654
北京中油宾馆	马甸/安贞 | 距市中心直线5.9公里	不错	759条点评	4.2	¥399	399	759	759
君轩堂民宿	亦庄 | 距市中心直线11.6公里	棒	85条点评	4.8	¥238	238	85	85
北京福南宏小院(大兴国际机场店)	大兴机场 | 距市中心直线39.4公里	不错	511条点评	4.5	¥159	159	511	511
北京青云小院(大兴国际机场店)	大兴机场 | 距市中心直线39.5公里	超级棒	80条点评	4.9	¥156	156	80	80
华泰饭店(北京劲松潘家园地铁站店)	劲松/潘家园 | 距市中心直线5.2公里	不错	577条点评	4.1	¥338	338	577	577

图 3 - 8　经过处理后的数据示例

2. 描述性统计的探索

在数据分析过程中，一旦我们将文本性数据成功转换为数值型数据，接下来的关键步骤是对这些数据进行描述性统计分析，以了解它们的基本特征和分布情况。在 Stata 中，我们可以利用 summarize 命令来执行这一任务。该命令将计算并呈现关于数据的各种描述性统计量，如均值、标准差、最小值、最大值等。以下是示例代码，展示了如何使用 summarize 命令对三个变量进行描述性统计分析。这三个变量分别是 "评分" "价格数值" 和 "点评数量数字"：

```
summarize 评分 价格数值 点评数量数字 number
```

在上述代码中，我们列出了要进行描述性统计分析的变量名称，Stata 将计算这些变量的各项统计指标。执行该命令后，Stata 将在输出窗口中呈现关于这些变量的统计信息。具体结果输出如图 3 - 9：

Variable	Obs	Mean	Std. Dev.	Min	Max
评分	36	4.627778	.1798589	4.1	4.9
价格数值	36	268.6944	90.86436	110	428
点评数量数~r	36	1409.639	1325.737	46	5515

图 3 - 9　描述性统计结果

3. 探索酒店数据的分布情况

当想要探索这些酒店的价格分布情况时，可以利用 Stata 的 histogram 命令进行可视化呈现。使用 histogram 命令可以帮助我们更好理解数据的分布情况，从而为后续的分析和决策提供更全面的视角。以下是一个示例代码，可以帮助绘制价格分布的柱状图：

```
histogram 价格,frequency width(50)
```

绘制结果如图 3－10 所示：

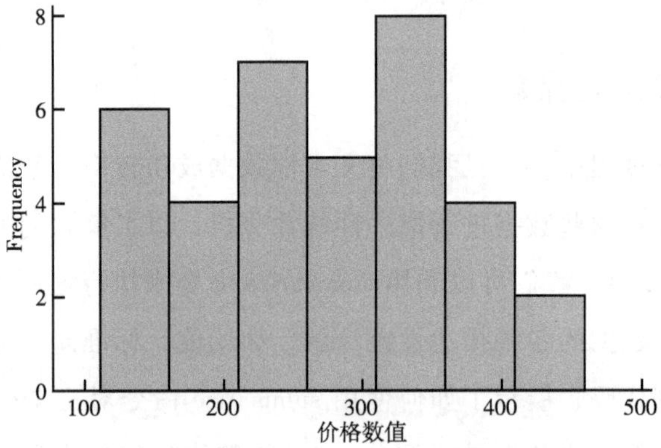

图 3－10　酒店价格分布示例

通过绘制的柱状图，我们可以观察到酒店价格的分布情况。从图 3－9 中可以看出，大部分酒店的价格集中在 200 到 400 之间。这暗示了在所收集的酒店中，中等价格的酒店较为普遍。然而，我们注意到在高价格范围内缺乏明显的柱子。这可能表示在收集的样本中，高档酒店的数量相对较少。

为了更深入探索评分变量的分布情况，我们可以使用 histogram 命令来创建一个评分的柱状图。柱状图可以可视化评分值的分布，帮助我们观察评分数据的集中度和离散度。我们使用了之前提到的代码进行具体操作，但这次有一个不同之处：我们将酒店的价格数据替换为酒店的评分数据。由于这个改变，数据的度量尺度和间距也发生了变化，因此我们需要相应地调整柱状图的横坐标数据间距。具体结果如图 3－11。

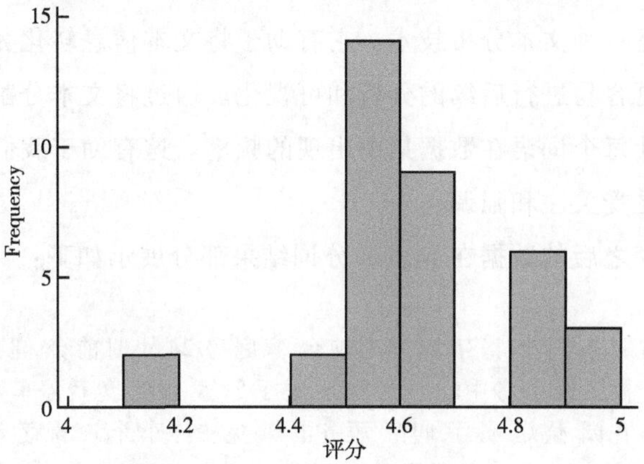

图 3－11 酒店评分分布示例

通过将间距设置为 0.1，将获得更详细的评分分布情况，有助于更准确观察不同评分区间内的频率。这样可以更全面了解评分的分布情况，为后续的分析和决策提供更多信息。从图 3－11 中可以观察到，大部分酒店的评分主要集中在 4.6 左右。这意味着在收集的酒店样本中，高评分酒店较为普遍且大多数酒店的评分都维持在较高水平。另外，我们可以注意到，在评分低于 4 的区间内，柱子的高度相对较低，甚至可能没有柱子。这表明在所收集的酒店中，低评分酒店的数量相对较少。这种分布模式可能反映了酒店在维持较高服务质量和客户满意度方面的努力。

4. 酒店展示的设施优势的探索

在线旅游平台上的酒店目录基本信息对旅行者来说是非常重要的参考依据，因为它们提供了关于酒店提供的服务和特色的关键信息。这些服务和特色可以大大影响旅行者的预订决策，因此酒店非常关注如何展示它们，以吸引更多的消费者。例如，亲子主题房、自营影音房、免费停车、洗衣房、儿童玩具、投影仪、咖啡厅、叫醒服务、餐厅、24 小时前台等，我们获取了 1000 多家来自上海和北京的酒店的简介来探索酒店最喜欢展示什么服务来吸引消费者。

首先，我们采用 Python 进行数据处理，以确保获取的信息更具可分析性和可视化性。在处理这些数据之前，我们通过分词的方式将其细分为不同的词语和短语，这样可以更好理解和分析内容。

分词处理是一种文本分析技术。它有助于将文本信息转化为可操作的单词或短语，从而更容易进行后续的分析和可视化。通过将文本分割成词语，我们可以更准确统计每个词语在数据集中出现的频率。这有助于我们识别哪些服务在酒店简介中更受关注和强调。

进行完分词之后的数据在 python 分词结果部分展示如下：

```
智能 客控 叫醒服务 行李 寄存 24 小时前台 家庭房 24 小时前台 健身室 行李寄存 洗衣房 影音房 投影仪 商务中心 叫醒服务 餐厅 管家 服务 免费停车 家庭房 会议厅 行李寄存 茶室 花园 烧烤 餐厅 叫醒 服务电梯 免费停车 行李寄存 洗衣房 家庭房 叫醒服务 电梯 24 小时前台 免费停车 叫醒服务 行李寄存 24 小时前台 家庭房 免费停车 多功能厅 叫醒服务 棋牌室 迷你 咖啡厅 健身室 电梯 餐厅 24 小时前台 叫醒服务 套房 电梯 行李寄存 24 小时前台 家庭房 新开业 棋牌室 免费停车 茶室 宠物友好 行李寄存 24 小时前台 管家服务 家庭房 厨房 叫醒服务 行李寄存 24 小时前台 家庭房 叫醒服务 餐厅 24 小时前台 家庭房 行李寄存 免费停车 室内泳池 桑拿 套房 健身室 网红酒店 多功能厅 SPA 迷你 亲子主题房 自营影音房
```

接下来，我们进行词频统计。这是一项重要的任务，以了解哪些关键词在酒店简介中出现的频率最高。这些关键词通常反映了酒店提供的服务和特点。通过词频统计，我们可以确定哪些服务和功能在酒店展示中占据了主要地位，以及它们在市场上的受欢迎程度。

以下是我们将要展示的一组代码，用于进行分词和词频统计的实现。

首先，导入必要的库和读取文本文件内容。

```
import jieba
from collections import Counter

# 读取文本文件内容
with open('/Users/aaaaastro/Desktop/评论内容.txt','r',encoding ='utf-8') as file:
    text = file.read()
```

这一部分首先导入了两个必要的库，jieba 和 collections 中的 Counter。然后，通过 open 函数打开一个文本文件，将其内容读取到变量 text 中。

接下来，我们定义了一个文本处理函数 process_text。

```
# 分词并去除停用词
def process_text(text):
    # 加载停用词列表
    stop_words = set()
    with open('/Users/aaaaastro/Desktop/baidu_stopwords.txt','r',encoding ='utf-8') as
stop_file:
        for line in stop_file:
            stop_words.add(line.strip())

# 使用 jieba 进行分词
words = jieba.cut(text)

# 去除停用词和符号,只保留有意义的词汇
cleaned_words = [word for word in words if word.isalnum()and word not in stop_words]
return cleaned_words
```

这一部分定义了一个名为 process_text 的函数，用于对文本进行分词和去除停用词的处理。首先，它加载了停用词列表，这些词通常是在文本分析中不具有明确含义的词汇。其次，使用 jieba 库进行分词，将文本切分成单词。最后，通过列表推导式，将停用词和非字母数字字符去除，只保留有意义的词汇，并将处理后的词汇列表返回。

然后，我们处理文本并获取处理后的词汇。

```
# 处理后的文本
processed_words = process_text(text)
```

这一部分调用了 process_text 函数，将原始文本进行处理，并将处理后的词汇存储在变量 processed_words 中。

最后，使用 Counter 统计词频并输出结果。

```
# 使用 Counter 统计词频
word_frequency = Counter(processed_words)
# 打印词频统计结果
for word,freq in word_frequency.items():
print(f"{word}:{freq}")
```

这一部分利用 Counter 函数对处理后的词汇列表 processed_words 进行词频统计，将结果存储在 word_frequency 变量中。并且通过循环遍历 word_frequency 中的每个词汇和其对应的词频，并将结果以" 词汇：词频" 的格式打印出来，以展示文本中各个词汇的出现频率。

在运行完这组代码之后的部分结果如表 3－2：

表 3－2　　关键词词频示例

词汇	频数	词汇	频数
智能	219	免费停车	676
客控	217	会议厅	148
叫醒服务	885	茶室	116
行李寄存	597	花园	126
2 小时前台	733	烧烤	87
家庭房	308	服务电梯	176
健身房	164	多功能厅	190
洗衣房	313	棋牌室	92
影音室	134	咖啡厅	229
投影仪	99	电梯	516
商务中心	122	套房	292
餐厅	560	新开业	101
管家	104		

通过词频统计结果，我们可以得出以下结论：

最受欢迎的服务和设施：根据频率最高的词汇，“叫醒服务”和“免费停车”是最受欢迎的服务。这可能意味着酒店在广告和宣传中强调这些服务，以吸引客户。客房类型：“家庭房”和“套房”也在词频统计中出现，这表明酒店可能拥有多种类型的客房，并且可能有一定的家庭和豪华住宿选择。休闲设施：“健身房”“花园”“咖啡厅”等词汇的出现表明酒店提供了一些休闲和娱乐设施，这些设施可能吸引那些希望在住宿期间享受休闲时光的客人。商务设施：“商务中心”的出现表明酒店可能也面向商务旅行者，并提供了一些商务设施，如会议室或办公设施。餐饮选择：“餐厅”“咖啡厅”和“烧烤”等词汇表明酒店提供了各种餐饮选择，适合客人的不同口味和用餐需求。

最后，我们采用柱状图来可视化词频数据。柱状图是一种直观的图形表示方法，通过它我们可以清晰地展示不同词语的频率分布情况。这种可视化方法有助于更好地理解数据，让我们可以一目了然地看出在酒店简介中哪些词语频繁出现，哪些可能需要更多的关注和宣传。

具体的可视化操作可以使用 Stata 中的 graph bar 命令来实现，其中 v1 表示 X 轴上的变量，v2 表示 Y 轴上的变量。通过这个命令，我们可以生成柱状图，将不同词语的频率以直观的方式呈现出来，具体的代码可以用 graph 这个命令实现：

```
graph bar v2,over(v1)
```

为了更清晰展示结果我们选取了其中几个变量进行展示，具体结果如图 3 - 12 所示：

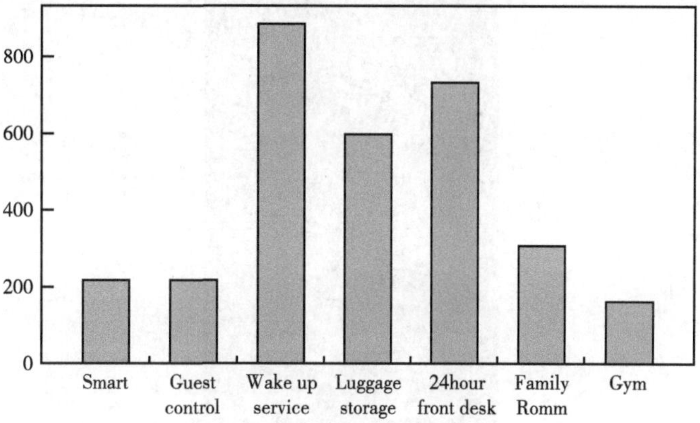

图 3 - 12　部分变量统计展示

二、不同类型酒店的数据探索

1. 不同等级酒店的评分之间的区别的探索

为了深入探究不同等级酒店之间的评分差异，我们采用了网络爬虫技术，从携程网上获取了上海、北京、杭州、青岛等地的酒店数据。我们选取了各地各类酒店共计 80 家，其中包括 40 家豪华酒店和 40 家经济型酒店。这些酒店的评分数据被整理到一个 CSV（逗号分隔值）文件中，以方便进行后续分析。

在 CSV 文件中，我们将豪华酒店的总体评分标记为“评分 0”，将经济型酒店的总体评分标记为“评分 1”。研究的主要目标是探讨不同等级酒店之间的评分差异，并进一步了解在不同地区的情况。我们将运用统计分析软件（如 Stata）来执行方差分析。这将帮助我们确定两种酒店类型之间是否存在显著差异，并了解评分变量的分布情况。通过比较豪华酒店和经济型酒店的平均评分、方差和标准差，我们可以获得关于两个组别的数据分布特征的更详细了解。此外，我们还将进行事后检验，以确定具体哪些酒店之间存在显著差异。将文件导入 Stata 中，我们读取的文件部分示意如图 3－13。

评分0	评分1
4.8	4.6
4.9	4.2
4.7	4.1
4.9	4.7
4.9	4.6
4.8	4.2
4.8	4.5
4.8	4.1
4.7	4.7
4.6	4.6
4.8	4.5
4.8	4
4.7	4.4
4.7	4.7
4.6	4.6
4.7	4.1
4.6	4.3
4.8	4.6

图 3－13　不同等级的酒店评分

我们先要对这两列数据进行了描述性统计分析，主要使用了以下命令来汇总数据：

```
summarize 评分 0 评分 1
```

接下来，Stata 为我们提供了以下结果如图 3－14。

Variable	Obs	Mean	Std. Dev.	Min	Max
评分0	40	4.7175	.1034967	4.5	4.9
评分1	40	4.3775	.2130216	4	4.7

图 3－14　不同等级酒店描述性统计

从平均评分的角度来看，在我们的数据样本中，豪华酒店的平均评分为 4.7175，而经济型酒店的平均评分为 4.3775。这表明豪华酒店的服务和体验在客户眼中获得了较高的评价，相对于经济型酒店，获得了更高的平均评分。

另外，通过比较方差和标准差，我们可以更深入了解评分分布的差异。豪华酒店的评分标准差较小，为 0.1034967，这意味着豪华酒店的评分相对集中在平均值附近，表明客户总体酒店评价相对一致。相比之下，经济型酒店的评分标准差较大，为 0.2130216。这说明经济型酒店的评价分布更为分散，总体情况评价存在更大的差异。

然后，我们又进行了方差分析，主要使用的命令为：

```
oneway 评分0 评分1
```

得到的结果如图 3－15：

Analysis of Variance

Source	SS	df	MS	F	Prob > F
Between groups	.091666857	7	.013095265	1.29	0.2889
Within groups	.326083969	32	.010190124		
Total	.417750827	39	.01071156		

Bartlett's test for equal variances: chi2(6) = 2.0823 Prob>chi2 = 0.912

note: Bartlett's test performed on cells with positive variance:
1 single-observation cells not used

图 3－15　不同等级酒店评分方差分析结果

我们可以看出，Between groups（组间）和 Within groups（组内）的变异性上，组间变异性（Between groups SS）为 0.091666857，自由度（df）为 7，

组间平均方差（MS）为 0.013095265。组内变异性（Within groups SS）为 0.326083969，自由度为 32，组内平均方差（MS）为 0.010190124。F 统计量和显著性方面，F 统计量为 1.29。概率值（Prob > F）为 0.2889。这个值表示组间变异性与组内变异性的比例是否显著。在这种情况下，概率值较大（大于通常的显著性水平 0.05），表明没有足够的证据支持拒绝原假设，即两组评分之间没有显著差异。Bartlett's 测试中，Bartlett's 测试是检验各组方差是否相等的一种方法。在这里，Bartlett's 测试的结果为 chi2(6) = 2.0823，概率值（Prob > chi2）为 0.912。这个结果表明，在显著性水平 0.05 下，不能拒绝所有组的方差相等的原假设。这意味着，各组评分的方差没有显著差异。

在我们所提供的数据样本中，我们可以观察到豪华酒店的评分相对较高且更加集中，而经济型酒店的评分则相对较低且更为分散。这个趋势表明，在我们的样本中，豪华酒店在顾客评价中占据了一席之地，客户的评分相对一致，反映出他们普遍对豪华酒店的服务和体验持较高意见。相比之下，经济型酒店的评分变动幅度较大，反映了顾客对经济型酒店的评价有较大的分歧。

然而，尽管我们观察到这些趋势，但是方差分析的结果未显示出这两组评分之间的显著差异。这一结果可能意味着虽然豪华酒店和经济型酒店在平均评分上存在一些差异，但这种差异不足以在我们的样本中达到统计学上的显著水平。换句话说，尽管平均评分有所不同，但我们无法确认这种差异是真实存在的，还可能是由于抽样误差等随机因素引起的。

在解读这些结果时，我们需要谨慎考虑，特别是在样本容量较小的情况下。此外，评分可能受到多种因素的影响，包括个人偏好、价格水平、地理位置等。为了更全面理解这两种酒店评分之间的关系，可能需要进一步的研究和分析。

2. 不同等级酒店的评论关注点

在进行用户评论文本数据分析时，我们时常需要借助可视化工具来深入了解数据的内在趋势。然而，传统的统计分析软件 Stata 可能缺乏某些高级可视化功能，如词云图制作。为了填补这个空白，我们可以使用 Python 编程语言及其强大的库来进行词云图制作。词云图是一种图形化展示方式。它通过将文本数据中的关键词按照频率和重要性进行可视化，为我们揭示了数据的核心内容和趋势。

在接下来的讨论中，我们将深入研究选择豪华酒店和选择经济型酒店的客人在评论时的关注重点。为了进行这项研究，我们对豪华酒店和经济型酒店客人的评论内容进行了仔细分析。鉴于 Stata 软件不具备分词功能，我们采用了 Python 中的 jieba 库，并结合了百度停用词库，对收集到的评论进行了分词处理，随后制作了词云图。

这项研究的目的是深入了解不同类型酒店的客人在评论时的特点和优先关注的方面，从而帮助酒店业界更好满足不同客户群体的需求。接下来，我们将探讨选择豪华酒店的客人和选择经济型酒店的客人在评论中通常关注的主要方面，为了全面了解这些方面，我们将详细分析他们的评论内容。具体代码如下：

```
# 导入 jieba 库,用于分词
import jieba

# 读取文本文件内容
with open('/Users/aaaaastro/Desktop/评论.txt','r',encoding ='utf-8') as file:
  text = file. read( )

# 定义一个函数,用于处理文本数据
def process_text(text):
   # 创建一个空集合,用于存储停用词
   stop_words = set( )

# 打开停用词文件,将停用词添加到集合中
with open('/Users/aaaaastro/Desktop/baidu_stopwords.txt','r',encoding ='utf-8') as stop_
file:
   for line in stop_file:
      stop_words.add(line. strip( ))

# 使用 jieba 库进行分词
words = jieba.cut(text)

# 去除停用词和符号,只保留有意义的词汇
cleaned_words = [word for word in words if word.isalnum( )and word not in stop_words]

# 将处理后的词汇列表连接成一个字符串
return''.join(cleaned_words)
```

```
# 调用处理文本的函数
processed_text = process_text(text)

# 打印处理后的文本
print(processed_text)
```

我们先导入了 jieba 库，这是一个常用的中文文本分词库。使用 open 函数打开文本文件并读取其中的内容，将其存储在变量 text 中。接下来，我们定义了一个名为 process_text 的函数。它将执行文本数据的处理。我们先创建了一个空集合 stop_words，用于存储停用词。我们再次使用 open 函数打开停用词文件)，并将停用词逐行添加到 stop_words 集合中。使用 jieba 库的 cut 函数对文本进行分词，将其拆分成单个词语。我们使用列表推导式（list comprehension）来过滤掉停用词和符号，只保留有意义的词汇。这些词汇被存储在 cleaned_words 列表中。接下来，我们使用 join 方法将处理后的词汇列表连接成一个字符串，并将其返回。最后，我们调用 process_text 函数，对 text 进行处理，并将处理后的文本存储在 processed_text 变量中。

然后，利用前面提到的代码制成词云图，经济型酒店评论词云图如下图 3－16 所示：

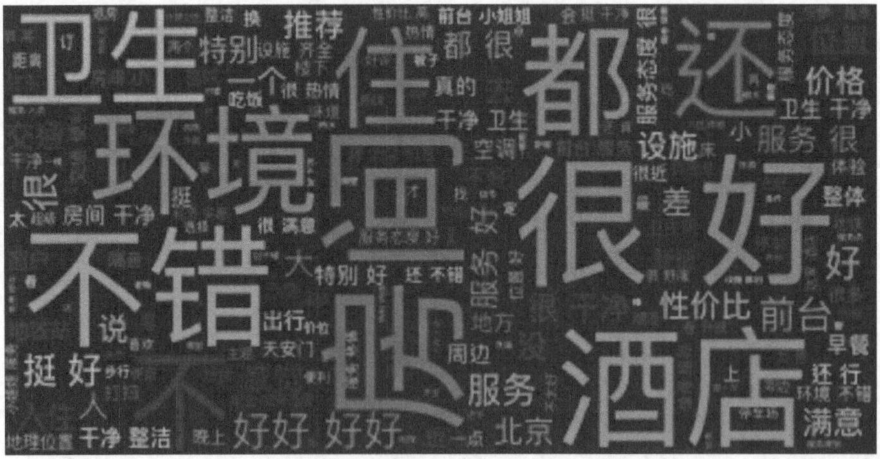

图 3－16　经济型酒店用户评论词云图

重复使用以上代码，我们也可以得到豪华型酒店的用户评论关注重点（见图3－17）：

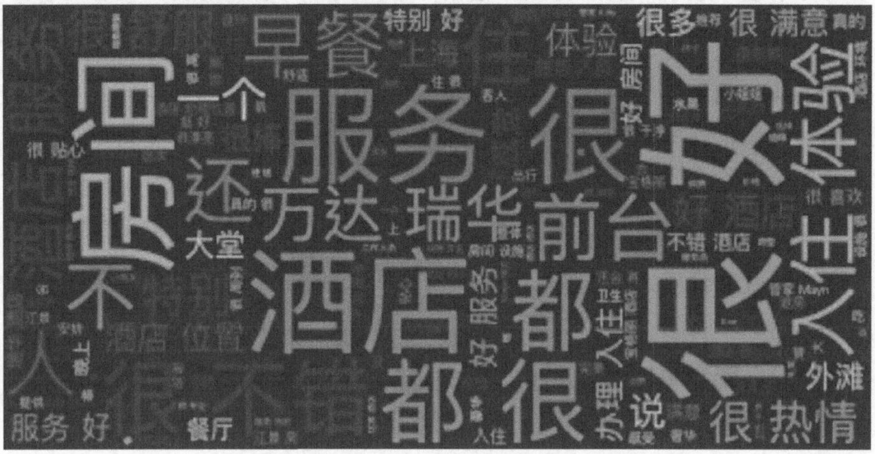

图3－17　豪华型酒店用户评论词云图

在酒店业中，不同类型的酒店吸引了各种不同类型的客户，每种类型的客户在其评论中关注的方面也各有不同。经济型酒店和豪华型酒店是两种主要的酒店类型。它们在吸引客人和提供服务方面存在着显著差异。让我们深入探讨这两种酒店类型的客人在评论时关注的关键方面。

首先，让我们关注经济型酒店的客人。这些客人通常更注重实惠和经济性。在他们的评论中，以下几个方面常常成为焦点：

①房间：经济型酒店的客人往往将房间视为关键因素之一。他们会评论房间的大小、舒适度和设施。因为对他们来说，在预算内获得一个舒适的住宿环境非常重要。

②卫生：卫生问题在经济型酒店客人的评论中占有重要地位。他们通常会强调房间和浴室的干净程度，毕竟卫生是住宿体验的核心要素之一。

③环境：这些客人也会关注酒店周围的环境。他们可能会评价酒店是否位于安静的地区，噪音水平是否可接受，以及周边地区是否安全。

④整洁程度：除了卫生，整洁程度也是经济型酒店客人关注的重要方面。大堂、走廊和公共区域的整洁程度会影响他们对酒店的印象。

⑤设施：尽管经济型酒店通常不提供豪华的设施，但客人仍然关心基本设

施的质量，如 Wi－Fi 连接、电视、冷暖气等。这些设施的可用性和性能对客人的满意度产生重大影响。

而对于选择豪华酒店的客人，他们寻求的是一种奢华和特殊的体验。在他们的评论中，以下几个方面通常成为焦点：

①服务：豪华酒店的客人非常注重酒店的服务质量。他们可能会强调礼貌的员工、个性化的服务和卓越的客户体验。对于这些客人，服务是酒店体验的核心。

②品牌：豪华酒店的品牌声誉在客人选择时非常重要。他们可能会选择知名度高、享有盛誉的酒店品牌，因为他们相信这些品牌会提供卓越的品质和一流的服务。

③体验：豪华酒店客人追求的是一个独特的、无与伦比的住宿体验。他们通常会评论酒店提供的特殊待遇、奢华的客房和令人惊叹的设施。

④酒店位置：酒店的地理位置也是他们关注的重要因素。他们可能会评论酒店是否位于市中心、风景秀丽的地方或者方便前往旅游景点。

总的来说，经济型酒店的客人更注重实用性和经济性，他们关注的是基础设施和服务的质量。而豪华型酒店的客人则更追求奢华、品牌和独特的体验。这两种类型的酒店各自吸引了不同类型的客户，并且在他们的评论中反映了这些不同的关注点，这对于酒店业界是极为重要的信息，可以帮助他们更好满足客户的需求并提高客户满意度。

3. 不同等级酒店的评分差异

当我们使用 Stata 进行描述性统计分析时，可以更深入了解不同等级酒店的评分差异，特别是经济型酒店和豪华型酒店之间的比较。这个分析有助于揭示两者在客户评价方面的显著特点。以下是使用相同的代码来分析这两个评分的描述性统计数据：

我们先分别计算了经济型酒店和豪华型酒店的平均评分和评分方差。这一步骤有助于我们深入了解两种类型酒店在评分方面的不同表现。

```
// 计算经济型酒店的平均评分和评分方差
summarize 经济型酒店评分,detail
```

表 3 - 3　　经济型酒店评分

经济型酒店评分				
Percentiles	Smallest			
1%	1		Obs	1325
5%	1		Sum of Wgt	1325
10%	2		Mean	4. 200679
25%	3. 7			
50%	5	Largest	Std. Dev.	1. 23104
			Variance	1. 51546
75%	5		Skewness	- 1. 444534
90%	5		Kurtosis	3. 86983
95%	5			
99%	5			

```
// 计算豪华型酒店的平均评分和评分方差
summarize 豪华型酒店评分,detail
```

表 3 - 4　　豪华型酒店评分

豪华型酒店评分				
Percentiles	Smallest			
1%	1. 7		Obs	5248
5%	4		Sum of Wgt	5248
10%	4. 7		Mean	4. 842092
25%	5			
50%	5	Largest	Std. Dev.	. 562918
			Variance	. 3168767
75%	5		Skewness	- 4. 733787
90%	5		Kurtosis	27. 56566
95%	5			
99%	5			

根据提供的数据分析，我们可以深入研究经济型和豪华型酒店在客户评分方面的关键趋势和差异。这对酒店业界和市场研究具有重要价值。

首先，我们关注了平均评分。豪华型酒店的平均评分（4.84 分）明显高于经济型酒店（4.20 分）。尽管这两个数值之间的差距可能看起来微不足道，但在客户满意度方面。这个差异却具有重要意义。较高的平均评分表明豪华型酒店在客人眼中可能提供了更出色的服务和体验。这可能包括更高水平的客户服务、更豪华的客房设施以及更精心策划的酒店体验。这些因素都对客人的整体评价产生了积极影响。

其次，评分标准差的分析也为我们提供了有价值的信息。经济型酒店的评分标准差较大，为 1.23；而豪华型酒店的评分标准差较小，为 0.56。这个差异反映出了两者之间的评分分布差异。在经济型酒店的情况下，评分具有更大的变化范围。这意味着一些客人可能给予较低的评分，同时有一些客人给予较高的评分。相比之下，豪华型酒店的评分分布更加集中，客人的评价普遍更为一致。这表明豪华型酒店在不同客户之间提供了更一致的体验，客人普遍对其满意度更高。

最后，在最低评分方面，两种类型的酒店都有相同的最低评分，即 1 分。这意味着无论是经济型还是豪华型酒店，都可能会面临一些负面评价或不满意的客户。然而，值得注意的是，最高评分都达到了 5 分，这表明客人普遍愿意给予较高的评分，无论是对于经济型酒店还是对于豪华型酒店。

总之，通过这些数据分析，我们可以清晰地看到经济型酒店和豪华型酒店在客户评分和满意度方面的差异。豪华型酒店在平均评分上略微领先，并且客户评价更为一致。这可能是由于其提供了高品质的服务和独特的体验。这些洞察对于酒店管理者来说非常宝贵，可以帮助他们更好理解客户需求，改进服务，制定更有效的市场策略，以提高客户满意度和竞争力。

三、探索酒店用户评论数据

探索酒店用户评论数据是一项重要的数据分析任务。它可以帮助我们了解用户对酒店的看法和评价。

1. 探索用户评分的分布情况

我们收集了 17811 条酒店用户评论相关的数据后，可以进行深入分析以获取关于用户特征和评论内容的洞察。我们先将数据导入 Stata 以进行后续分析。如果评分数据存储在名为“评分”的变量中，那么可以参照上文提到的代码导入数据。接下来，对用户对酒店的评分进行描述性统计，我们前面提到了使用 summarize 来了解评分的均值、标准差、最小值和最大值等统计量，在 Stata 中进行了相关代码的使用之后，我们得到了图 3-18 所示的数据来了解具用户评分的分布情况。

Variable	Obs	Mean	Std. Dev.	Min	Max
评分	17,811	4.76948	.6459118	1	5

图 3-18　用户酒店评分描述性统计

根据 Stata 的结果可以发现，样本中用户的平均评分较高，接近 4.77 分，这可能表明用户对酒店的整体评价比较积极。而且评分分布相对集中，评分标准差相对较小（约为 0.65），表示评分值相对稳定，大部分用户的评分分布在均值附近，没有太大的波动。评分的范围在 1 到 5 之间，涵盖了全部可能的取值。最低评分为 1，最高评分为 5，用户的评分取值范围较广。

以下代码将生成一个柱状图，用于展示评分的分布情况。在图 3-19 中，x 轴表示不同的评分，y 轴表示每个评分对应的频数。通过设置参数 width（0.1），我们可以调整柱子的宽度为 0.1，使图形更加清晰和易于解读。

```
histogram 评分,frequency width(0.1)title("评分分布")xtitle("评分")ytitle("频数")
```

这个柱状图可以帮助我们快速了解评分的整体分布情况，包括评分的范围和频率。通过视觉化呈现数据，结果如图 3-19 所示。

从柱状图和评分分布来看，我们可以观察到，评分主要集中在接近 5 分的区域，而且存在许多消费者直接给出了最高的 5 分评价。这种现象表明在收集

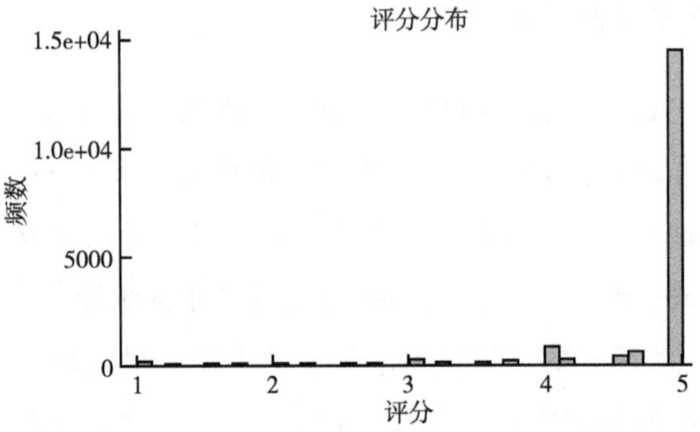

图 3－19　用户评分柱状图示例

的用户评论中，大多数用户对酒店的评价非常积极，他们倾向于给予较高的评分，可能有多种原因导致这种评分分布模式，后续可以探索背后原因。

2. 用户评论关注重点

用户评论通常侧重于特定关注点，其中包括了解用户在评论中提到的需求和问题。这些评论不仅反映了客户的感受，还可能包含对产品或服务的批评和投诉。通过识别并及时解决这些问题，用户评论成为一个宝贵的信息源，提供了有关产品设计和性能的重要见解。这些见解对于进行产品改进、确保产品更好地满足客户需求至关重要。

为了深入研究用户评论，我们采用了一种利用 Python 编程灵活性和第三方库的方法。首先，我们使用了 jieba 库对文本进行分词、去除停用词和符号，以突出关键词的重要性。接着，借助 WordCloud 库，我们创建了一个独特的词云图，设置了词云图的尺寸和背景颜色，以视觉化方式呈现关键词。最后，我们使用 matplotlib 库来制作和展示词云图，以便更清晰地呈现数据洞察。

这种方法充分发挥了 Python 编程的灵活性，使我们能够更好理解用户评论的主要趋势和关键词特征，而这是传统统计软件如 Stata 所无法提供的。通过这种可视化分析手段，我们能够更深入理解用户评论的本质，为数据分析提供了更具深度的见解。具体结果可以参考图 3－20。

通过分析词云图我们可以看到，用户评论中出现频率较高的关键词包括“很好”“方便”“干净”“服务”和“舒服”。这些高频词语揭示了消费者对于酒店体验的积极感受和满意程度。词语“很好”表明，许多消费者对酒店的整体印象是积极的，而“方便”可能暗示了酒店的便利性。此外，词语“干净”强调了酒店卫生状况的重要性。这可能是消费者对于舒适入住体验的关键考量之一。同时，词语“服务”和“舒服”也表明了消费者对于员工的服务态度和房间的舒适程度的重视。综合来看，这些高频词汇构建了一个正面的评论画面，暗示了酒店在多个方面取得了消费者的认可。我们可以根据词语的实际含义和上下文，强调消费者对于酒店体验的积极方面；也可以提及这些词语反映了用户关注的关键点，如整体印象、便利性、卫生、服务态度和舒适程度等。

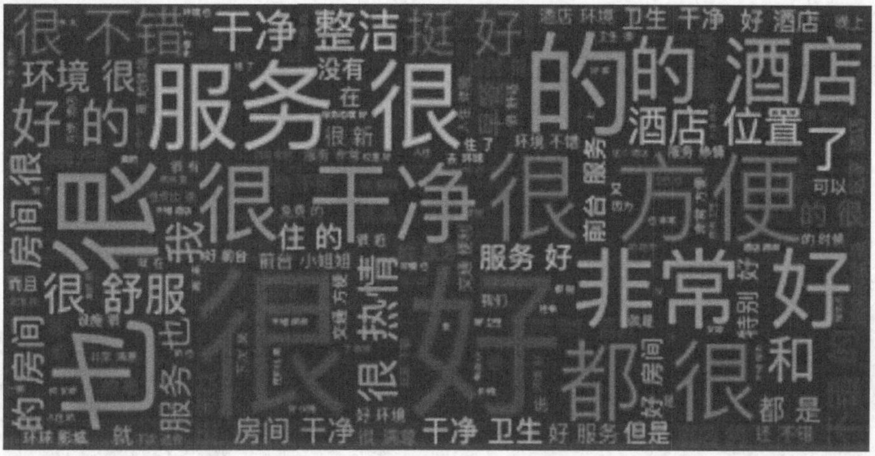

图 3－20　用户评论关注重点

3. 探索用户出行目的数据

通过对用户的出行目的进行统计分析，我们能够深入了解他们在什么情况下选择出行以及不同出行目的的分布情况。这个过程有助于揭示不同用户群体的需求和偏好，为业务决策和市场定位提供了宝贵的见解。

在使用 Stata 进行这种统计分析时，我们可以充分利用其数据分析功能。首先，需要导入相关的数据集，并使用适当的命令来计算每种出行目的的频数和分布情况。以下是一个示例代码：

```
// 导入数据
import delimited using "文件路径.csv",clear

// 统计非缺失值的出行目的
count if ! missing(出行目的)

// 制作出行目的的频数表
tab 出行目的
```

需要特别注意的是，在进行统计分析之前，通常需要进行数据清洗和预处理。这可能包括处理缺失值、处理异常值甚至进行文本处理，如去除特殊字符或进行分词操作，以确保统计结果的准确性和可靠性。

总之，通过统计用户的出行目的，我们可以获得有关用户行为和喜好的重要见解，有助于更好满足他们的需求、优化产品和服务、提高用户体验。这种数据驱动的分析过程对于制定战略决策和业务发展至关重要。

其结果如图 3－21 所示：

出行目的	Freq.	Percent	Cum.
"	1	0.01	0.01
代人预订	147	0.83	0.83
其他	1,800	10.11	10.94
商务出差	5,840	32.80	43.74
家庭亲子	3,486	19.58	63.32
情侣出游	2,270	12.75	76.07
朋友出游	2,904	16.31	92.38
独自旅行	1,357	7.62	100.00
Total	17,805	100.00	

图 3－21　出行目的的统计

当我们对用户的出行目的进行统计分析时，得到了一个丰富的数据集，从中我们可以获得以下关键信息：

①出行目的多样性：统计结果呈现了各种各样的出行目的，涵盖了代人预订、商务出差、家庭亲子、情侣出游、朋友出游和独自旅行等。这表明用户的出行动机和需求多样，反映了不同人群的生活方式和偏好。

②商务出差主导：商务出差成为最频繁的出行目的，占总出行次数的32.80%。这可能意味着许多用户在选择出行时，更多受到工作和商务需求的驱动。这可能包括参加会议、业务拓展、合作洽谈等。

③家庭和伴侣旅行：家庭亲子和情侣出游分别占总出行次数的19.58%和12.75%。这显示出用户更趋向于将出行作为家庭和伴侣间共度时光的机会，强调了休闲和情感体验的重要性。

④社交和个人体验：朋友出游和独自旅行出行目的分别占总出行次数的16.31%和7.62%。这反映出一部分用户在出行时注重社交体验，选择与朋友一同探索；而另一部分用户更看重个人独立和体验，选择独自旅行。

⑤代人预订和其他：代人预订和其他出行目的频数较低，分别占总出行次数的0.83%和10.11%。这可能代表一些用户在特定情况下进行代他人预订，以及一些较难分类的出行目的。

4. 探索用户出点评历史数据

分析用户在当前评论之前的点评历史是一项重要的任务。它有助于我们更全面了解用户的活跃度、忠诚度和行为模式。这些深刻的洞察可以为我们提供宝贵的信息，指导我们制定更加精确的营销策略、提供个性化的服务，并更好地满足用户的需求。

在进行这种分析时，我们可以 Stata 来实现。以下为代码示例：

```
* 导入数据
import delimited using "文件路径.csv",clear
* 提取点评数量
gen num_reviews_str = regexs(1) if regexm(点评历史,"([0-9]+)条点评")
* 将点评数量转换为数值
gen num_reviews = real(num_reviews_str)
* 描述性统计
summarize num_reviews
* 制作柱状图
histogram num_reviews,bin(10)title("点评数量分布")xtitle("点评数量")ytitle("频数")
```

在这个代码示例中，我们首先使用 regexm（　　）函数从点评历史这一列中提取出点评数量，并将提取出的字符串存储在 num_reviews_str 变量中。然后，我们使用 real（ ）函数将 num_reviews_str 转换为数值类型，存储在 num_reviews 变量中。接着，我们使用 summarize 命令进行描述性统计以及使用 histogram 命令制作柱状图。经过以上代码运行之后我们可以得到以下几个结果，首先图 3－22 展示的是描述性统计的结果。

Variable	Obs	Mean	Std. Dev.	Min	Max
num_reviews1	17,783	7.76202	15.85249	1	306

图 3－22　用户出点评历史数据描述性统计

从平均值和标准差来看，用户在当前评论之前的点评数量在大部分情况下集中在较小的范围内，但也存在一些异常值，即有部分用户点评数量较高。

接下来就是历史点评数量的可视化的过程，我们选择了柱状图来实现，正如图 3－23 所示。

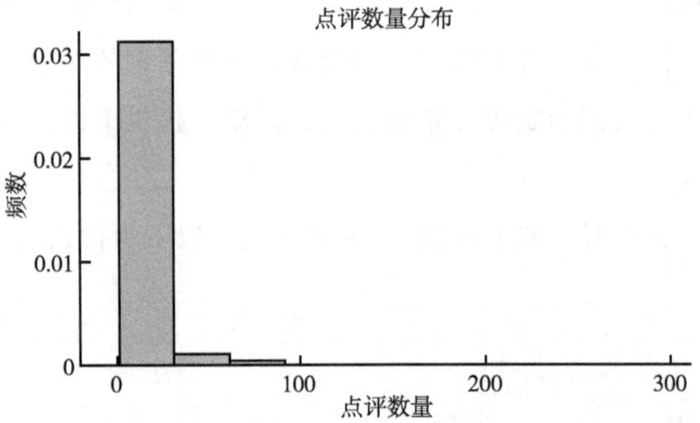

图 3－23　用户出点评历史数据柱状图

通过统计每位用户之前的点评数量，我们可以了解用户的活跃度。高频评论者可能是我们产品的重度用户。他们的反馈对于产品改进尤为重要。相反，低频评论者可能需要更多的鼓励和关注，以促使他们更积极地参与。通过跟踪用户的点评历史，我们可以分析用户的参与趋势。他们是否逐渐增加了点评的频率，还是在某个阶段之后逐渐减少了？这可以帮助我们了解用户参与的动态变化。高点评历史的用户可能在社区中具有一定的影响力。我们可以识别并与这些用户互动、建立更深入的关系，以及获得他们对产品的意见和建议。总之，分析用户在当前评论之前的点评历史可以帮助我们更好了解用户的活跃度、忠诚度和行为模式。

5. 酒店用户评论的 LDA 分析

对消费者用户评论进行主题分析是一种有益的方法，可以帮助了解用户关注的内容和兴趣。主题分析有助于从大量评论中提取出隐含的主题，从而揭示出用户对于酒店体验的关键关注点。以下是一些步骤和目标，通过主题分析来深入理解用户评论内容。

目前，文本主题挖掘领域最具代表性的模型是潜在狄利克雷分布（LDA）模型。LDA 模型，也称“三层贝叶斯概率模型”，基于以下基本思想：将“文档—主题”和“主题—词”表示为服从狄利克雷（Dirichlet）分布先验概率的多项分布。通过无监督学习算法，LDA 模型能够从文本数据中挖掘出隐含的主题信息，并以概率分布的形式为每篇文本分配主题。

LDA 主题抽取的效果与潜在主题个数有直接关系，研究者提出了多个确定最优主题数量的方法，如 Coherence 方法、最小困惑度算法及 HDP 算法等。经过比较分析，本书选取 Coherence 方法作为评价模型好坏的标准，选取 Coherence 值最大的模型的主题数目作为最佳主题数。

由于 LDA 模型在各个行业都受到广泛关注和深入研究，我们选择采用 LDA 模型进行酒店评论大数据的主题挖掘。这种选择可以帮助我们从大量的酒店评论中挖掘出隐含的主题，了解用户在评论中讨论的主要议题和关注点。

鉴于 Stata 软件没有特定的库或工具来执行主题分析，如 Latent Dirichlet Allocation（LDA），我们可以使用 Python 来进行这项分析。以下是在 Python 中执行主题分析的详细步骤：

（1）导入必要的 NLP 库和数据下载

```
import nltk
from nltk.corpus import stopwords
from nltk.tokenize import word_tokenize
from nltk.stem import WordNetLemmatizer
```

```
nltk. download('punkt')
nltk. download('stopwords')
nltk. download('wordnet')
```

这一部分代码首先导入了 Python 的 Natural Language Processing（NLP）库 nltk 以及从 nltk 库中导入必要的模块和资源。nltk.download（　　）用于下载 NLP 所需的数据资源，包括分词器（tokenizer）、停用词（stopwords）和词形还原器（lemmatizer）所需的数据。

（2）文本预处理函数

这个部分定义了一个名为 preprocess_text 的函数，用于对文本进行预处理。

```
def preprocess_text(text):
    # 分词
    words = word_tokenize(text.lower())

    # 去除停用词
    stop_words = set(stopwords.words('english'))
    words = [word for word in words if word not in stop_words]

    # 词形还原
    lemmatizer = WordNetLemmatizer()
    words = [lemmatizer. lemmatize(word) for word in words]

    return words
```

word_tokenize(text.lower()）将文本分词并转换为小写字母，以便进一步处理。停用词是常见但在文本分析中通常无关紧要的词语，通过使用 NLTK 的停用词列表，我们可以去除这些词。最后，使用词形还原器（lemmatizer）来将单词还原为其原始形式。

（3）加载和预处理文本数据

```
import pandas as pd

# 将数据加载到 DataFrame 中
data = pd.read_csv('/path/to/your/data.csv')
```

```
# 预处理文本
data['processed_text'] = data['comment_column'].apply(preprocess_text)
```

这一部分代码首先导入了 pandas 库，用于处理和操作数据。使用 pd.read_csv(　　) 函数将文本数据加载到一个名为 data 的 DataFrame 中，假设数据位于指定的 CSV 文件中。data ['comment_column'].apply(preprocess_text) 应用先前定义的 preprocess_text 函数，将文本数据进行预处理，并将结果存储在一个名为 processed_text 的新列中。

（4）创建 Gensim 词典和语料库

```
from gensim.corpora.dictionary import Dictionary
from gensim.models.ldamodel import LdaModel
from gensim.models import CoherenceModel

# 创建 Gensim 词典
dictionary = Dictionary(data['processed_text'])

# 创建 Gensim 语料库
corpus = [dictionary. doc2bow(text)for text in data['processed_text']]
```

这一部分代码导入了 Gensim 库的相关模块，用于主题建模。使用 Dictionary 类创建一个 Gensim 词典，将预处理后的文本数据传递给它。这个词典将用于将文本数据转换为词袋（bag of words）表示。创建 Gensim 语料库时，将每个文本数据转换为一个词袋形式的向量，这可以用于训练 LDA 模型。

（5）运行 LDA 模型

```
num_topics = 5 # 我们想要识别的主题数量
lda_model = LdaModel(corpus,id2word = dictionary,num_topics = num_topics)
```

这一部分代码定义了我们想要从文本数据中识别的主题数量。这里设置为 5。使用 Gensim 的 LdaModel 类，传递语料库、词典和主题数量来训练 LDA（Latent Dirichlet Allocation）主题模型。

（6）分析主题

```
topics = lda_model.print_topics(num_words = 6)
for topic in topics:
    print(topic)
```

在训练完 LDA 模型后，我们可以使用 print_topics 函数来打印主题及其关联的前 6 个词语。这有助于我们理解每个主题所代表的内容和词汇。

（7）评估模型

```
coherence_model = CoherenceModel(model = lda_model, texts = data['processed_text'],
dictionary = dictionary, coherence ='c_v')
    coherence_score = coherence_model.get_coherence()
    print(f'Coherence Score: {coherence_score}')
```

最后，这一部分代码用于评估 LDA 模型的性能。我们使用一致性分数（coherence score）来评估模型，以帮助找到最佳的主题数量。CoherenceModel 类从文本数据中计算一致性分数，并使用 get_coherence( ) 方法获取分数。分数越高表示模型的主题更有解释性和连贯性。

最终得出的结果如下表 3－5 所示：

表 3－5　　LDA 主题分析结果

主题	关键词及其贡献值
房间、餐饮	0.043（房间），0.021（很棒），0.021（早餐），0.015（喜欢），0.015（餐厅），0.011（很大）
服务、前台	0.043（服务），0.022（前台），0.020（热情），0.014（下次），0.012（体验），0.011（不错）
位置	0.030（方便），0.026（位置），0.021（附近），0.016（地理位置），0.015（位于），0.010（购物）
房间、服务及设施	0.039（房间），0.035（服务），0.033（不错），0.018（设施），0.015（方便），0.014（装修）
工作人员	0.014（员工），0.013（工作人员），0.012（房间），0.010（友好），0.009（所有），0.008（服务）

我们可以看到，它包含了不同主题下的关键词及其贡献值。这反映了用户在对酒店或住宿体验的评论中提到的不同方面。具体来说，第一个主题包括了与房间和餐饮有关的评论，其中用户提到了房间的大小、品质以及对餐厅或早餐的积极评价。第一个主题关注了酒店的总体服务质量，包括前台接待和员工的热情程度，用户还提到了整体体验和再次入住的考虑。第三个主题涉及酒店的地理位置和附近便利设施，用户评论中提到了酒店是否位于便捷的地理位置以及附近购物场所的情况。还有两个主题分别综合考虑了房间品质、服务水平和酒店设施的评价以及员工的表现和友好程度。

四、酒店机器人服务的使用

随着科技的不断进步，酒店业逐渐迎来了一个新的时代：酒店机器人的普及。在这个数字化和自动化的时代，越来越多的酒店开始引入机器人，以提升服务效率、增强用户体验，并为住客带来前所未有的互动体验。这种变革也在用户的消费体验、评论和评分中得以体现，下面我们将着重介绍酒店机器人的影响。

①创造独特体验：酒店机器人不仅仅是为了代替人类员工，更是为了创造独特的住宿体验。从自助办理入住、送餐服务到导览解说，机器人为用户带来了一种新颖的互动和娱乐体验。住客对于这种科技的新鲜感和创新性可能会在评论中得到体现，这会对酒店的声誉产生积极影响。

②提升服务效率：酒店机器人能够在短时间内完成多项任务，从而提高服务效率。无论是快速送餐、整理客房，还是提供实时信息，机器人能够在不同方面减少用户的等待时间，从而改善用户体验。用户可能会在评论中表达对于服务高效性的满意，这将对其他潜在客户产生吸引力。

③解决语言障碍：在国际旅游中，语言障碍常常成为住客与酒店员工沟通的问题。酒店机器人通过多语言翻译和智能对话功能，能够更轻松地与来自不同文化背景的客人交流。这种沟通便捷性可能会在用户评论中得到赞扬。

④个性化服务：通过分析客人的行为和偏好，酒店机器人能够为每位客人提供更加个性化的推荐和服务。这种个性化体验能够引起住客的共鸣，使他们感受到自己受到了特别关注，进而在点评中表达满意度。

然而，尽管酒店机器人的普及为消费者带来了许多优势，但也可能伴随一些挑战。一些客人可能会对机器人的故障或操作不熟悉表示不满，或者担心机器人取代了人类员工的工作机会。因此，酒店需要在引入机器人时综合考虑这些因素，以确保用户体验的全面提升。

总之，酒店机器人的普及对用户消费体验产生了深远的影响。这种影响会直接体现在消费者的评论和评分之中。随着科技的不断进步，酒店业将不断探索如何在机器人与人类服务之间取得平衡，以提供更加优质的住宿体验。

1. 机器人评论评分的探索

基于之前获取的酒店用户评论数据，我们对数据进行了详尽的分析和分类，将其分为两个主要部分：包含酒店机器人的评论和不包含酒店机器人的评论。这种分类方式为我们提供了更深入的视角，有助于我们深入探索酒店机器人在用户体验中的真实影响。

我们先将重点关注提到酒店机器人的评论，并对其对应的酒店评分进行了描述性统计，以获取评分的整体情况，我们得到了以下结果如表 3 – 6 所示：

表 3 – 6　酒店机器人对应酒店评分描述性统计

Variable	Obs	Mean	Std. Dev.	Min	Max
评分	2153	4. 878124	. 4398481	1	5

根据这些评论数据的平均评分接近 5 分，标准差相对较低，这可能表明大多数用户对酒店机器人的评价较高，整体体验较为积极。然而，仍然存在一些极低的评分，可能代表有一小部分用户对机器人的服务体验不太满意。

2. 探究酒店机器人使用是否在消费者评分中呈现出明显差异

我们对提到酒店机器人的评论所对应的酒店评分进行了描述性统计。我们将评分数据分为两组，一组是带有机器人评论的评分，命名为“评分 1”；另一组是没有机器人评论的评分，命名为“评分 0”。这个细分的做法使我们能够更精细地研究酒店机器人的影响。

接着，我们可以使用统计方法来比较这两组评分数据，以了解酒店机器人的使用是否在消费者评论中体现出明显的差异，以及这种差异是否对酒店的整体评分产生影响。我们选择了使用 t 检验（Student's t-test）来进行分析。这是一种常用于比较两组样本均值是否存在显著差异的方法。

具体而言，我们使用了独立样本 t 检验来比较带有机器人评论的评分组和没有机器人评论的评分组之间是否存在显著的评分差异。接下来我们用 t 检验进行分析 t 检验（Student's t-test）是一种用于比较两组样本均值是否存在显著差异的统计方法。它最早由威廉·赖特·斯图登特（William Sealy Gosset），也称“学生”（Student），在 1908 年开发。t 检验可以用于以下情况：独立样本 t 检验：用于比较两个独立的样本均值是否存在显著差异。这种情况适用于两个不同的群体或条件的比较。配对样本 t 检验：用于比较同一组样本在不同条件下的均值差异。这种情况适用于同一组人或物体在两个不同时间点或条件下的比较。t 检验的基本原理是比较样本均值之间的差异是否大到足以认为这种差异不仅仅是由随机因素引起的。这个差异大小是用 t 统计量来表示的，而 t 统计量又依赖于样本的均值、标准差和样本大小。当两个样本的样本量不一致时，传统的独立样本 t 检验在方差齐性假设下可能会受到影响。在这种情况下，我们可以考虑使用 Welch's t 检验，它对样本量不一致和方差不等的情况更具有鲁棒性。Welch's t 检验的基本思想是使用样本的均值、标准差和样本量来计算 t 统计量，而不需要假设两个样本的方差相等。这使 Welch's t 检验更适用于不同样本量和不同方差的情况。

由于两组样本的样本量可能不一致且方差可能不等，我们采用了 Welch's t 检验，这种方法更适用于不同样本量和不同方差的情况。

通过执行这些分析，我们能够更详细了解酒店机器人的使用是否会在消费者评论中引起明显的差异，以及这种差异是否会影响整体评分。这种分析有助于提供更准确的见解，指导酒店在改进服务和用户体验方面作出更有针对性的决策。

代码如下：

```
ttest 评分 1 = 评分 0,unpaired unequal
```

根据我们的数据进行 t 检验之后我们得到了图 3 - 24 的结果。

```
. ttest 评分1 = 评分0, unpaired unequal

Two-sample t test with unequal variances
------------------------------------------------------------------------------
Variable |     Obs        Mean    Std. Err.   Std. Dev.   [95% Conf. Interval]
---------+--------------------------------------------------------------------
   评分1 |    2153    4.878124    .0094794    .4398481    4.859534    4.896713
   评分0 |   15651    4.754431    .0053401    .6680619    4.743964    4.764898
---------+--------------------------------------------------------------------
combined |   17804    4.769389    .0048416    .6460226    4.759899    4.778879
---------+--------------------------------------------------------------------
    diff |            .1236925      .01088                 .102361     .145024
------------------------------------------------------------------------------
    diff = mean(评分1) - mean(评分0)                              t =  11.3688
Ho: diff = 0                     Satterthwaite's degrees of freedom =  3683.56

    Ha: diff < 0                 Ha: diff != 0                 Ha: diff > 0
 Pr(T < t) = 1.0000         Pr(|T| > |t|) = 0.0000          Pr(T > t) = 0.0000
```

图 3-24　t 检验结果

根据我们的分析，我们发现在有机器人评论和无机器人评论之间存在显著的评分差异。具体来说，我们对两组评论进行了评分平均值的比较。在有机器人评论中，评分的平均值为 4.878124，而在无机器人评论中，评分的平均值为 4.754431。这两个平均值之间的差异约为 0.1236925。

通过进行 t 检验，我们得到的 p 值非常接近于 0。这意味着这种评分差异不太可能是由随机因素引起的。在统计学上，当 p 值接近于 0 时，我们通常认为有足够的统计显著性来拒绝零假设。在这种情况下，零假设是这两组评论的评分均值相等。因为我们拒绝了零假设，所以我们可以得出结论：有机器人评论和无机器人评论之间的评分均值存在显著差异。

这一结果表明，酒店机器人的引入似乎对用户的评价产生了实质性的影响，使有机器人的评论整体评分更高。这可能暗示了用户对酒店机器人所提供的服务和互动的正面回应，这些积极的体验反过来提高了他们对整个酒店经验的评价。因此，酒店可能会受益于进一步探索和提升酒店机器人的角色和功能，以改善客户满意度和整体评分。这一结论对于制定酒店策略和改进客户体验非常重要。

3. 方差分析的拓展

当我们进行统计分析时，特别是在比较多个组的均值是否存在显著差异时，t 检验已经展示了其有效性，但有时候我们需要更多的灵活性和深度，这就是方差分析（Analysis of Variance，ANOVA）派上用场的地方。ANOVA 是一种统计方法，用于比较多个组之间的均值是否存在显著差异。不同类型的 ANOVA 适用于不同的研究设计和数据情况。在这里，我们将深入探讨几种常见的 ANOVA 类型以及如何在 Stata 中执行它们。

（1）单因素方差分析（One-Way ANOVA）

单因素方差分析（One-Way Analysis of Variance，One-Way ANOVA）是一种强大的统计方法，用于比较多个（两个以上）组之间的均值是否存在显著差异。这种方法适用于一个自变量具有多个水平的情况，这些水平可以代表不同的处理、条件、类别等。单因素方差分析的核心概念是通过比较组内的变异性和组间的变异性来判断是否有显著的均值差异。

在单因素方差分析中，先将数据划分为多个组，每个组对应于自变量的一个水平。然后，通过计算每个组的均值和方差来量化组内的变异性和组间的变异性。这些方差的比值被称为 F 值，计算方式是组间均方除以组内均方。如果 F 值明显大于 1，就表明组间的变异性显著大于组内的变异性，这暗示着至少有一组的均值与其他组不同。

单因素方差分析的关键假设包括：

①各组样本来自于正态分布总体，这是对数据分布的基本假设。

②各组的方差相等，即满足方差齐次性假设。这意味着不同组的方差应该大致相等，否则可能需要进行方差齐次性检验或修正。

③观察值之间是相互独立的，这是独立性假设，表示每个观察值都不受其他观察值的影响。

执行单因素方差分析的 Stata 命令如下：

```
oneway dependent_variable independent_variable
```

在这个命令中，dependent_variable 代表因变量，independent_variable 代表自变量。执行该命令后，Stata 将输出方差分析的结果，包括组内平均平方（Mean Square Within）、组间平均平方（Mean Square Between）、F 值、p 值等。如果希望进行进一步的多重比较，例如使用 Tukey HSD 方法来确定具体哪些组之间存在显著差异，可以在命令中添加 tukey 选项，如下所示：

```
oneway dependent_variable independent_variable,tukey
```

（2）双因素方差分析（Two - Way ANOVA）

双因素方差分析（Two - Way Analysis of Variance，Two - Way ANOVA）是一种统计方法，用于分析两个自变量（也称“因素”或“因子”）对因变量的影响是否显著，以及这两个自变量之间是否存在交互作用。这种分析适用于同时研究两个因素对因变量的影响，并且探讨这两个因素之间是否相互影响。

在双因素方差分析中，通常有两个自变量，每个自变量都有两个或更多的水平。这些水平代表了不同的处理、条件、类别等。主要的目标是确定这两个因素是否显著地影响因变量，并且是否存在这两个因素之间的交互作用。其中关键概念包括：组间变异，表示不同因素水平之间的差异，即不同组之间的均值之间的差异；组内变异表示同一因素水平内观测值之间的差异，即在同一组内的数据变化。

双因素方差分析的基本假设包括：

①各组样本来自正态分布总体，这是对数据分布的基本假设。

②各组的方差相等，即满足方差齐次性假设。

③观察值之间是相互独立的。

④没有双因素之间的交互作用，这是指两个因素对因变量没有共同的影响。

执行双因素方差分析的 Stata 命令如下：

```
anova dependent_variable factor1 factor2
```

在这个命令中，dependent_variable 代表因变量，factor1 和 factor2 代表两个自变量。执行该命令后，Stata 将输出双因素方差分析的结果，包括组内平均平方（Mean Square Within）、组间平均平方（Mean Square Between）、F 值、p 值等。

如果希望进行进一步的多重比较，例如使用 Tukey HSD 方法来确定具体哪些水平存在显著差异，那么可以使用 contrast 命令，如下所示：

```
contrast factor1,tukey
```

这将输出有关 factor1 的多重比较结果，帮助识别具体哪些水平之间存在显著差异。

（3）Kruskal-Wallis 检验

Kruskal-Wallis 检验是一种非参数统计方法，用于比较两个或更多独立样本的中位数是否存在显著差异。与方差分析不同，Kruskal-Wallis 检验不依赖数据满足正态分布或方差齐次性假设，因此适用于更广泛的数据情况。关键概念也包括组间变异和组内变异，上文已经提及并解释了。

Kruskal-Wallis 检验的基本思想是将所有组的数据合并成一个整体，然后通过比较各组的数据排名来判断不同组之间是否存在显著差异。如果各组的中位数之间的差异显著，那么 Kruskal-Wallis 检验的结果将表明至少一个组的中位数与其他组不同。

Kruskal-Wallis 检验的假设包括：

①各组样本来自同一总体分布，即各组的中位数相等。

②观察值之间是相互独立的。

执行 Kruskal-Wallis 检验的 Stata 命令如下：

```
kruskal dependent_variable,by(group_variable)
```

在这个命令中，dependent_variable 代表因变量，group_variable 代表分类变量，表示不同的组。执行该命令后，Stata 将输出 Kruskal-Wallis 检验的结果，包括统计量（通常称为 H 值）和 p 值。

（4）重复测量方差分析（Repeated Measures ANOVA）

重复测量方差分析（Repeated Measures Analysis of Variance，Repeated Measures ANOVA）是一种统计方法，用于比较同一组个体在不同时间点或条件下的多次测量数据是否存在显著差异。它适用于研究一个或多个因素对同一组个体在不同时间或条件下的数值型测量结果是否产生显著影响。关键概念在涉及组间变异和组内变异的基础上，还考虑了个体是实验中的重复测量单位，因为同一组个体在不同的时间或条件下进行多次测量。

重复测量方差分析的基本思想是将测量结果分解为不同来源的变异，包括组内变异和组间变异。组内变异是指同一组个体在不同时间或条件下的测量值之间的变异，而组间变异是指不同组之间的变异，即不同时间或条件下的均值之间的差异。通过比较这两种变异，我们可以判断因素是否显著影响测量值。

重复测量方差分析的假设包括：

①各组样本来自正态分布总体。

②各组的方差相等（方差齐次性假设）。

③观察值之间是相互独立的。

④个体间的测量值之间存在相关性，通常是因为同一组个体在不同时间或条件下进行多次测量。

执行重复测量方差分析的 Stata 命令如下：

```
mixed dependent_variable time_variable,by(group_variable)repeated(time_variable)
```

在这个命令中，dependent_variable 代表数值型因变量，time_variable 代表不同时间点的变量，group_variable 代表分组变量。执行该命令后，Stata 将输出重复测量方差分析的结果，包括统计量（通常是 F 值）和 p 值。

如果重复测量方差分析的结果显著，表明不同时间点或条件之间的均值存在显著差异，可能会希望进行后续的多重比较来确定具体哪些时间点或条件之间存在显著差异。这通常涉及使用适当的多重比较方法（如 Bonferroni 校正或 Tukey HSD 方法），以探索组间的具体差异。重复测量方差分析有助于研究同一组个体在不同时间或条件下的变化趋势和影响因素。

4. 分析涉及机器人的评论内容

当想要分析提及机器人的评论内容时，我们可以通过以下代码进行处理。首先，这段代码会读取文本内容；其次，使用 jieba 库进行中文分词，同时去除了停用词（使用百度停用词表）；最后，它会输出处理后的文本内容，让我们能够进一步分析提到机器人的评论所表达的内容：

```
import jieba

# 读取文本文件内容
with open('/Users/aaaaastro/Desktop/评论内容.txt','r',encoding ='utf-8')as file:
  text = file.read()
# 分词并去除停用词
def process_text(text):
  # 加载停用词列表
  stop_words = set()
  with open('/Users/aaaaastro/Desktop/baidu_stopwords.txt','r',encoding ='utf-8') as
stop_file:
      for line in stop_file:
        stop_words.add(line.strip())

  # 使用 jieba 进行分词
  words = jieba.cut(text)

  # 去除停用词和符号,只保留有意义的词汇
  cleaned_words = [word for word in words if word.isalnum()and word not in stop_words]
  return''.join(cleaned_words)

processed_text = process_text(text)
print(processed_text) # 输出处理后的文本
```

在对评论内容进行分词之后，我们可以进一步将分词结果制作成词云图，以更加直观呈现关键词的分布情况。通过观察词云图，我们可以快速了解哪些词汇在评论中出现频率较高，从而更好理解用户对酒店机器人的评论内容。将词云图与之前的评论分析结合起来，我们可以得出更全面的结论，词云图如图 3－25 所示：

在生成的词云图中，我们会注意到一些名词和关键词的显著性更高，如“机器人”“智能化”“方便”以及“智能家居”。这些词汇在词云图中可能会呈现更大的字体，说明它们在评论内容中的出现频率相对较高。这种视觉效果可以帮助我们更直观地捕捉用户评论中的重点内容。当我们观察这些明显的关键词时，我们可以进一步分析这些词汇出现的上下文，了解用户对于酒店机器人的看法。例如，用户可能会提及酒店的“智能化设施”“方便的服务”“智

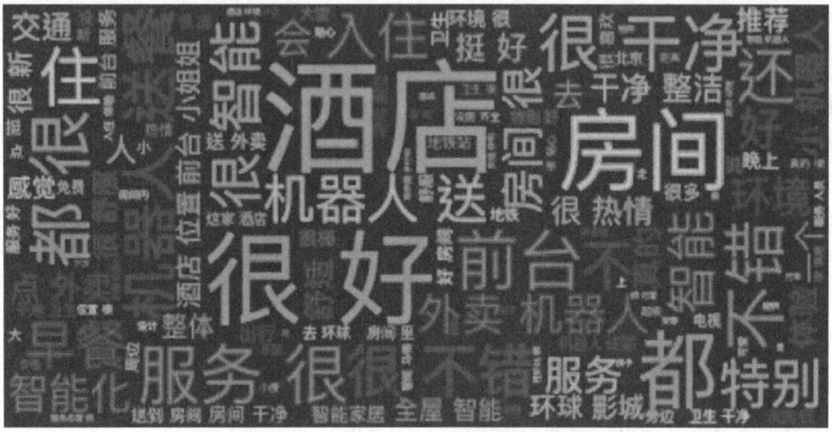

图 3 - 25　有关酒店机器人评价的词云图

能家居设备”等。这些词汇的高频出现可能反映了用户对酒店机器人和智能化服务的积极评价。

5. 分析带机器人评论的出行目的分布

通过对带有机器人的评论进行出行目的分布分析，可以更深入了解哪些出行目的的群体更关心酒店机器人的使用，为酒店提供更精准的服务和优化机器人的功能。以下是在 Stata 中进行这项分析的代码：

```
import delimited "文件路径",delimiter(comma) encoding(UTF-8) clear
count if ! missing(出行目的)
tab 出行目的
```

可以得到以下结果如图 3 - 26：

商务出差的评论数量占总评论数的比例较高，为 23.83%。这可能意味着在商务出差的背景下，用户对于酒店机器人的服务质量和方便性有较高的期望和关注，因为商务旅行通常需要高效的服务和便捷的体验。家庭亲子的评论数量占总评论数的 25.78%，这一比例显示了在家庭亲子旅行的情境中，用户对于酒店机器人的使用情况表现出较高的关心。这可能是因为家庭旅行通常涉及儿童，而儿童对新鲜事物和科技的好奇心较高，因此他们更可能对酒店机器人产生浓厚的兴趣。

出行目的	Freq.	Percent	Cum.
代人预订	6	0.28	0.28
其他	182	8.45	8.73
商务出差	513	23.83	32.56
家庭亲子	555	25.78	58.34
情侣出游	308	14.31	72.64
朋友出游	397	18.44	91.08
独自旅行	192	8.92	100.00
Total	2153	100.00	

图 3-26　带机器人评论的出行目的分布

在家庭亲子旅行中，家长可能希望酒店机器人能够为孩子们带来愉快的体验，如与机器人的互动游戏、送餐服务或者引导导览等。孩子们可能会对机器人的智能化技术产生兴趣，因此他们的家长也会更加关注酒店机器人的使用情况。这也可能是家庭亲子旅行中的一个亮点，为家庭提供了与孩子们一起创造美好回忆的机会。

6. 探究提及机器人评论中的 competence 与 warmth

（1）酒店机器人的拟人化程度

酒店机器人的拟人化是指将机器人赋予一些拟人化特征和行为，使其更像人类，以增强与人类之间的交互和沟通。这种拟人化可以通过外表、语音、行为和情感等多种方式来实现。拟人化的目标是提高机器人与人类的互动体验，增加用户的舒适感和满意度。目前主要研究酒店机器人的拟人化的理论基础是基于很多模型实现的，其中最为常用的一种就是温暖性与竞争力模型。

温暖性与竞争力模型是一种社会认知模型，通常用于描述和理解人们如何评价和感知他人或实体（包括机器人）的特质和行为。该模型将这种评价分为两个基本维度：温暖性（Warmth）和竞争力（Competence）。这两个维度在社交交往中起着重要作用，影响人们的态度、感情和行为。以下是对这两个维度的详细解释：

① 温暖性（Warmth）：

- 温暖性指的是一个个体或实体在社交互动中表现出的亲和力、亲切感、友好度和善意。具有高温暖性的个体或实体通常会被认为是温和、友善、值得信任的，他们可能更容易引起他人的好感。

• 温暖性还包括对他人的关怀、理解和同情心。一个具有高温暖性的个体或实体可能会表现出对他人的尊重和关心，这可以促进积极的社交互动。

• 机器人或虚拟实体在这个维度上的表现通常涉及到表情、语调、互动方式以及对用户情感的理解和回应。一个温暖性较高的机器人可能更容易与用户建立情感联系。

② 竞争力（Competence）：

• 竞争力是指一个个体或实体在特定领域内的能力、知识、技能和表现。具有高竞争力的个体或实体通常被认为是有能力的、可信赖的，他们可能更容易在特定任务或领域中获得成功。

• 这个维度与能力、自信和专业性有关。一个具有高竞争力的个体或实体通常表现出在特定情境下能够胜任的特质。

• 机器人或虚拟实体在这个维度上的表现通常涉及到任务执行、问题解决、知识传递和专业性。一个竞争力较高的机器人可能更容易被用户接受，特别是在需要执行特定任务或提供专业建议的情况下。

这两个维度不仅可以独立评估，还可以相互影响。例如，一个机器人可以在竞争性任务中表现出高度的能力，但如果缺乏温暖性，用户可能仍然不愿意与它互动。因此，在设计和评估拟人化机器人时，研究人员和设计师通常会考虑如何平衡温暖性和竞争力，以创造更符合用户期望的互动体验。比如，在评论中提到的“很好，多次入住，服务超贴心！给小朋友送了儿童手表礼物和糖果，小家伙很喜欢，店里还有机器人送餐，宝宝围着机器人转了几圈很新奇，早餐也可以！还会继续多住几天”中，“店里还有机器人送餐”：这部分描述强调了机器人的送餐功能，表明酒店机器人在提供服务方面表现出高效和准确；同时，“宝宝围着机器人转了几圈很新奇”：这部分描述强调了机器人给小朋友带来的新奇和有趣的体验，表明酒店机器人能够与小朋友建立友好的互动，营造温馨和愉快的氛围。

（2）分析评论中有关 Competence 与 Warmth 的内容

① 分句：

根据之前收集到的用户评论内容，我们可以使用 Python 来对这些评论进行处理，以更好组织并便于后续分析。具体步骤如下：

首先，我们将每个用户评论拆分成多个句子，这一步骤可以通过使用自然语言处理工具，如 NLTK 库中的 sent_tokenize 函数来实现。这有助于将长篇评论分解成更小的句子单元，以便更仔细审查和分析，其次，我们将每个句子进一步分成短句。这有助于进一步细化评论的内容。同样，我们可以借助 sent_tokenize 函数来完成这一步骤，将每个句子拆分成更小的短句。为了方便区分来自相同评论的句子，我们可以给每个句子标上相同的号码，以明确它们来自同一评论。这个号码可以是评论的唯一标识符或索引，确保句子之间的关联性得以保留。最后，我们可以去掉句子中的停用词，这些停用词通常是一些常见的词语，如“的”“是”“在”等，它们往往不包含重要信息，去除它们有助于提高后续分析的准确性和质量。这一步骤可以提高对评论的理解和挖掘有意义信息的能力。

我们利用 python 编写代码如下：

```
import pandas as pd
import nltk
from nltk.tokenize import sent_tokenize
from nltk.corpus import stopwords
```

这一部分导入了所需的 Python 库。pandas 库用于处理数据，nltk 库（Natural Language Toolkit）是自然语言处理工具包，用于文本处理和分析。

```
data = pd.read_csv('comments.csv')
comments = data['comment_column']
```

我们使用 pandas 库来读取名为 comments.csv 的 CSV 文件，假定该文件包含评论数据，其中评论位于名为 comment_column 的列中。

```
processed_reviews = []
for i,comment in enumerate(comments):
    sentences = sent_tokenize(comment) # 分句
    for j,sentence in enumerate(sentences):
        short_sentences = nltk.sent_tokenize(sentence) # 分成短句
        for k,short_sentence in enumerate(short_sentences):
```

```
        labeled_sentence = f"评论{i+1} 句子{j+1} 短句{k+1}：{short_sentence}" #
标号句子
        processed_reviews.append(labeled_sentence)
```

这一部分对评论进行了分句、分成短句和标号句子的处理。enumerate（comments）循环遍历所有评论。sent_tokenize（comment）将每个评论分成句子。nltk.sent_tokenize（sentence）将每个句子进一步分成短句，并为每个句子添加标号以表示其来自哪个评论、句子和短句。

```
stop_words = set(stopwords. words("chinese")) # 中文停用词表
filtered_reviews = []
for sentence in processed_reviews:
    words = nltk. word_tokenize(sentence)
    words = [word for word in words if word. lower() not in stop_words]
    filtered_reviews. append ("". join (words))
```

首先，这一部分创建了一个包含中文停用词的集合。其次，对每个标号句子进行了分词，再次，过滤掉包含在停用词集合中的词语。最后，将处理后的词语重新组合成句子，并将这些句子存储在 filtered_reviews 列表中。

```
for sentence in filtered_reviews:
    print (sentence)
```

这一部分简单地打印了处理后的评论，将它们逐行显示在控制台上，以供查看和进一步分析。

完成分句之后的示例：

10. 感受不错 有个小机器人 很好玩
10. 还可以人脸识别开门
10. 值得入住
11. 离 8 号线西藏北路地铁站两个路口左右
11. 挺近的

② 提取句子：

我们将进行筛选操作，目标是挑选出包含关于酒店机器人的描述的短句。这个步骤是关键的，因为我们希望集中关注那些与酒店机器人相关的评论部分，以便更深入了解用户对它们的看法和反馈。

我们首先根据一些研究酒店机器人的文献和有关酒店机器人的评论，我们整理一些酒店机器人评论的关键词，我们将这些关键词整理出来之后用于筛选有关酒店机器人的评论，我们将词语分为以下几类如表 3－7：

表 3－7　　有关酒店机器人的评论的关键词

类型	关键词
效率和能力	高效、准确、速度快、强大、智能、技术先进
服务和功能	送餐、外卖、导航、信息提供、语音识别、自助办理、定制服务、娱乐功能
外观和设计	外表设计、外观吸引人、可爱、时尚、现代化、创意设计
互动和友好性	友好、亲切、温馨、可亲、有趣、互动性、礼貌、礼仪
用户体验	贴心、顺畅、舒适、便捷、愉快、好玩、喜欢、满意
问题和改进	故障、问题、改进、不足之处、建议、需要提高
情感和评价	喜欢、爱、满意、不满意、开心、失望、惊喜、高兴

我们可以基于上述关键词使用 Python 进行句子的筛选。这个过程可以分为以下步骤：①需要读取包含评论的数据源，通常是一个 CSV 文件或数据库中的表格数据。②我们需要定义一个关键词列表，其中包括我们要用来筛选句子的词汇。③我们将评论文本分割成句子，因为评论可能包含多个句子，我们需要将它们拆分成独立的句子以便于筛选。④我们对于每个句子，都会检查是否包含关键词。如果句子中包含任何一个关键词，我们将其保留下来，否则将其排除。筛选后的句子将被保存到一个新的数据结构，通常是一个列表或 DataFrame，以备后续使用。⑤我们可以对这些筛选后的句子进行分析、可视化或应用，以获取有关酒店机器人的洞察和信息。这个过程有助于提取与关键词相关的评论内容，以更深入理解用户的看法和反馈。具体代码如下：

```
import pandas as pd
import re

# 读取包含评论的 CSV 文件
data = pd.read_csv('comments. csv')
```

```
# 定义关键词列表
keywords = ["智能","方便","好用","科技","送餐","外卖","可爱","好玩","喜欢","小孩子","宝宝","有趣","舒适","贴心","温馨","机器人"]

# 用于存储筛选后的句子
filtered_sentences = []

# 遍历评论
for comment in data['comment_column']:
    # 分句
    sentences = re.split(r'[。!?]',comment)
    for sentence in sentences:
    # 判断句子中是否包含关键词
    if any(keyword in sentence for keyword in keywords):
        filtered_sentences.append(sentence.strip())

# 打印筛选后的句子
for sentence in filtered_sentences:
    print(sentence)
```

提取出的句子示例如下：

12. 有配备机器人配送
15. 小姐姐就用机器人给我送上来了一个
15. 机器人很可爱
22. 还有可爱的小机器人送外卖
27. 还有机器人送餐挺可爱的
28. 特别喜欢这个小机器人

当进行句子筛选后，可能会出现一些问题，其中一些句子可能与服务有关，但并非由酒店机器人提供。为了确保后续的数据分析准确性，我们需要进行一些手动处理和验证。这个手动处理的过程通常包括人工审核、人工操作员或分析人员需要仔细阅读每个句子，并判断它是否与酒店机器人相关。在审核时，句子可以被标记或分类，如与酒店机器人相关、与其他服务相关或不相关或模糊等。对于那些被判定为与酒店机器人无关或模糊的句子，可以选择将其

从数据集中删除，以确保数据的准确性。

③ 有监督的机器学习：

利用有监督的机器学习的方式来为我们划分好的短句进行打标签，我们选择了 500 个短句首先打标签放入训练集进行预测模型的训练。我们将带有 competence 的关键词的短句打标签做 1，将带有 warmth 关键词的短句打标签为 0。然后，根据训练结果对所有的带有机器人评论的短句进行预测。

首先，导入必要库。

```
import numpy as np
import pandas as pd
from sklearn import metrics
from sklearn.ensemble import RandomForestClassifier
from sklearn.model_selection import train_test_split
from sentence_transformers import SentenceTransformer
```

其次，通过 pd.read_excel 函数从 Excel 文件中读取数据。数据包含两列：第一列包含评论短句（col1），第二列包含与这些评论相关的标签（col2）。

```
df = pd.read_excel('data_forest.xlsx').dropna()
col1 = df.iloc[ :,0].astype(str).tolist()
col2 = df.iloc[ :,1].values.flatten()
```

compute_emb 函数负责将评论短句转换为向量表示。它使用了预训练的 Sentence-BERT 模型（"distiluse-base-multilingual-cased"），将每个短句转换为嵌入向量。这些向量存储在 sentences_vector 中。custom_labels 列表根据评论文本中是否包含关键词“competence”来分别打上标签 1（与酒店机器人的能力相关）或 0（与酒店机器人的温暖和友好性相关）。

```
sentences_vector = compute_emb(col1)
custom_labels = [1 if "competence" in sentence else 0 for sentence in col1]
```

使用 train_test_split 函数，数据集被分成训练集（Xtrain，Ytrain）和测试集（Xtest，Ytest），其中 80% 的数据用于训练，20% 用于验证。

```
Xtrain,Xtest,Ytrain,Ytest = train_test_split(sentences_vector,custom_labels,train_size =0.8,
test_size =0.2,random_state = None,shuffle = True,stratify = None)
```

再次，创建了一个随机森林分类器（RandomForestClassifier），并使用训练集来训练模型。模型将学习如何根据短句的向量表示来预测标签（即与“competence”相关或与“warmth”相关）。

```
rfc = RandomForestClassifier(n_estimators = 200,criterion ='gini',max_depth = None,
min_samples_split =2,min_samples_leaf =1,min_weight_fraction_leaf =0.0,max_features ='sqrt',
max_leaf_nodes = None,min_impurity_decrease =0.0,bootstrap = True,oob_score = False,
n_jobs = None,random_state = None,verbose =0,warm_start = False,class_weight = None,
ccp_alpha =0.0,max_samples = None)
rfc = rfc.fit(Xtrain,Ytrain)
```

模型对测试集中的评论进行预测，并计算了多个评估指标，包括准确率、召回率、精确率、F1 值以及 ROC AUC 分数。这些指标用于评估模型在预测评论相关性方面的性能。

```
val_predictions = rfc.predict(Xtest)
```

又次，将模型的验证结果写入文本文件“forest_result1.txt”中，包括各种评估指标和每个评论的预测标签。

```
with open('forest_result1.txt','w',encoding = "utf-8") as f:
  f.write(f"验证集准确率:{str(val_acc_score)}\n")
  f.write(f"验证集召回率:{str(val_recall_score)}\n")
  f.write(f"验证集精确率:{str(val_pre_score)}\n")
  f.write(f"验证集 F1:{str(val_f1_score)}\n")
  f.write(f"验证集 ROC_AUC:{str(val_roc_auc_score)}\n")
  for i in val_predictions:
  f.write(str(i) +'\n')
```

最后，我们对这组未标记的评论，使用相同的文本转换方法（如 Sentence-BERT）将它们转换为向量表示。确保使用与训练时相同的文本转换工具和方法。将转换后的未标记评论数据输入训练好的模型中，使用 predict 方法来预测每个评论的标签。模型将返回 1 或 0，表示评论与“competence”或“warmth”的相关性。

```
# 读取未标记评论数据(假设数据在一个名为'unlabeled_data.xlsx'的 Excel 文件中)
unlabeled_data = pd.read_excel('unlabeled_data.xlsx')['comment_column'].astype(str).
tolist()

# 将未标记评论转换为向量
unlabeled_vectors = compute_emb(unlabeled_data)

# 使用模型进行预测
predicted_labels = rfc.predict(unlabeled_vectors)

# 输出预测结果
for i,comment in enumerate(unlabeled_data):
  if predicted_labels[i] == 1:
    print(f"评论{i+1}:{comment}与'competence'相关")
  else:
    print(f"评论{i+1}:{comment}与'warmth'相关")
```

第四节　在线旅游平台酒店模块的拓展分析

一、不同平台上的使用与部分分析

我们使用不同平台的数据来进行更进一步分析，利用 Tripadvisor 的酒店评论进行拓展性分析，我们爬取了 Tripadvisor 的酒店评论来进行。

1. Tripadvisor 的介绍

TripAdvisor 是一个全球知名的旅行网站和移动应用程序。它旨在为旅行者提供全面的旅行信息和建议。这个平台涵盖了酒店、住宿、餐厅、美食、景点和旅游活动的各个方面。旅行者可以在 TripAdvisor 上查找并比较各种酒店和住宿的价格、评论和照片，以找到最合适的住宿选项。此外，用户还可以浏览餐厅的菜单、用户评价和照片，以寻找美食热点和独特的餐饮体验。TripAdvisor 还提供了各种旅游活动和景点的详细信息，包括博物馆、历史遗迹和自然公园等，以帮助旅行者规划他们的旅行日程。此外，用户生成的点评和评级也是 TripAdvisor 的重要特点，这些点评提供了真实的旅行经验和建议，对其他旅行者非常有帮助。平台还提供规划工具，允许用户创建个性化的旅行日程，并与其他旅行者互动，分享旅行计划和建议。总的来说，TripAdvisor 是一个强大的旅行规划工具。它通过用户生成的内容和广泛的旅行信息，帮助人们做出明智的旅行决策，发现新的旅行目的地，尝试不同的美食，并与其他旅行者分享他们的经验。

TripAdvisor 的酒店板块是一个旅行信息的宝库，旨在帮助旅行者寻找和选择最适合他们需求的酒店和住宿。用户可以通过该板块轻松地搜索、比较和筛选酒店选项，根据目的地、入住和退房日期来定制他们的搜索。每家酒店都拥有详细的信息页面，其中包含照片、价格、地址、联系方式和设施等丰富内容，使用户可以全面了解酒店的特点。然而，最令人信赖的部分在于用户点评和评级。这些点评提供了其他旅行者的真实经验和意见，帮助用户更好地评估酒店的质量和服务。此外，TripAdvisor 还提供价格比较功能，让用户可以看到不同在线旅行代理和酒店预订网站上的价格，以便找到最具竞争力的报价。地图和位置信息也非常方便，用户可以查看酒店在目的地的准确位置以及周边的景点和餐厅。酒店板块还允许用户使用规划工具创建旅行计划，将酒店添加到收藏夹中，以备将来参考。总而言之，TripAdvisor 的酒店板块是旅行规划的不可或缺的工具，为旅行者提供了全面的信息，帮助他们在全球范围内找到理想的住宿，作出明智的决策，并享受更愉快的旅行体验。

2. TripAdvisor 评论的情感分析与主题分析

对 TripAdvisor 评论进行情感分析是一项有趣的任务，它可以帮助我们了解用户对特定产品、服务或地点的感受。在这个过程中，我们使用了 Python 中的 TextBlob 库，该库允许我们轻松地对文本进行情感分析。

我们先收集了 TripAdvisor 上的用户评论，再将这些评论传递给 TextBlob。TextBlob 将评论文本转换为可分析的数据，并计算出情感分数。情感分数是一个介于 -1 和 1 之间的值。它表示评论的情感极性。具体来说：当情感分数为正时，表示评论具有积极情感，用户可能对体验感到满意或高兴。当情感分数为负时，表示评论具有消极情感，用户可能对体验感到不满或失望。当情感分数接近零时，表示评论是中性的，用户可能没有表达出明显的情感倾向。

这种情感分析方法可以用于快速了解大量评论的情感倾向。例如，当分析酒店、餐厅或旅游景点的评论时，可以帮助管理者了解客户的满意度和改进点。前面的内容已经提到了如何利用 python 进行情感分析的内容，然后我们得到了评论对应的情感分数和情感倾向，我们得出的部分结果展示如表 3 - 8 所示：

表 3 - 8　　Tripadvisor 评论示例

comments	contribution	helpful	date	sentiment	sentiment - score
Jhona M. and Marlon were the best and gave the best service! I appreciate their happy and accommodating personalities. A great way to be welcomed in from the big city. Definitely will come again! Best experience yet	3 contributions	2 helpful votes	Date of stay: June 2023	positive	0.7906

续表

comments	contribution	helpful	date	sentiment	sentiment – score
Great place in Times Square. Walking distance to shows, restaurants, etc. Very impressed with the hotel, staff and amenities. Exceeded expectations by a mile. The Staff, including, but not limited to Michelle, Troy, Ismar and Levin were outstanding. They couldn't do enough for us. When we were leaving, they walked us out to the front and found our scheduled car to the airport. Again, way beyond expectations! Will try to used Margaritaville hotels whenever possible. J and L	1 contribution	1 helpful vote	Date of stay: May 2023	positive	0.9642
Our stay was amazing. From the time that we checked in with Troy who made sure we had a great room with a view and so much more. Lee made sure we knew the best places to go and eat. Robert made sure we was good and knew how to get where ever we need to go. Also check out all the bars and restaurant both Alicia and Chris took good care of us and the drinks were off the chain. We most definitely will be back. Thank you all for making out first trip to NY one for the books.	2 contributions		Date of stay: May 2023	negative	-0.6529

重复了之前的主题分析之后，我们得出在之前进行讨论的主题分析，利用前面提到的命令，我们可以进行简单的分析，得出了以下结果：

Topic 1：0.008 * "room" +0.008 * "make" +0.008 * "sure" +0.008 * "u" +0.008 * "best" +0.008 * "hotel" +0.008 * "modern" +0.008 * "go" +0.008 * "get" +0.008 * "good"

Topic 2：0.008 * "make" +0.008 * "room" +0.008 * "u" +0.008 * "go" +0.008 * "hotel" +0.008 * "sure" +0.008 * "could" +0.008 * "confuse" +0.008 * "pool" +0.008 * "modern"

Topic 3：0.008 * "make" +0.008 * "hotel" +0.008 * "room" +0.008 * "sure" +0.008 * "go" +0.008 * "could" +0.008 * "clean" +0.008 * "best" +

0.008 * "take" + 0.008 * "good"

Topic 4：0.050 * "great" + 0.027 * "location" + 0.027 * "way" + 0.027 * "back" + 0.027 * "city" + 0.027 * "come" + 0.027 * "new" + 0.027 * "go" + 0.027 * "accommodate" + 0.027 * "ensure"

Topic 5：0.023 * "hotel" + 0.023 * "location" + 0.023 * "best" + 0.023 * "staff" + 0.023 * "good" + 0.023 * "drink" + 0.023 * "thank" + 0.023 * "walk" + 0.023 * "definitely" + 0.023 * "bar"

这些主题提供了有关评论的关键见解：

①主题 1 关键词：room、make、sure、u、best、hotel、modern、go、get、good。

这个主题似乎与客房和住宿条件有关，提到了房间、酒店、现代化和好。这可能反映了客人对酒店客房和住宿设施的评价。他们可能讨论了客房的整洁程度、舒适性和现代化程度，以及酒店的整体质量。

②主题 2 关键词：make、room、u、go、hotel、sure、could、confuse、pool、modern。

这个主题强调了制造、房间、酒店、混淆和游泳池，似乎提到了客人对房间和设施的感受。客人可能分享了他们在房间或酒店设施方面的经历，包括可能存在的混淆或问题。

③主题 3 关键词：make、hotel、room、sure、go、could、clean、best、take、good。

这个主题似乎与清洁和酒店条件有关，提到了清洁、酒店和好。这可能反映了客人对酒店卫生和条件的评价。他们可能讨论了酒店的整洁程度、服务质量和是否提供最佳体验。

④主题 4 关键词：great、location、way、back、city、come、new、go、accommodate、ensure。

这个主题强调了地点、城市和服务，提到了回归、城市和服务。客人可能分享了他们对酒店位置的印象以及他们在城市中的体验。他们可能也提到了酒店为他们提供的服务和如何确保客人的满意度。

⑤主题 5 关键词：hotel、location、best、staff、good、drink、thank、walk、definitely、bar。

这个主题似乎与酒店、位置和员工有关，提到了酒店、员工和饮品。客人可能分享了他们对酒店位置的喜爱以及对员工友好和服务质量的评价。他们也可能提到了在酒店的餐饮场所享用的饮品。

最后，通过结合主题分析和情感分析，我们能够深入研究持有负面情感的评论所关注的主要内容。这种方法能够帮助我们识别出在客户体验中引发不满情感的特定主题或因素，从而为改进产品、服务或业务提供有针对性的建议和解决方案。通过深入分析这些关键主题，企业可以更好满足客户需求，提高客户满意度，并增强市场竞争力。

我们先采取了一个关键步骤，即筛选出含有负面情感的评论内容，这有助于我们集中精力分析不满意的方面。随后，我们将这些具有负面情感的评论内容单独提取并储存在一个 CSV 文件中，以便进行后续的主题分析。

根据前面提到的代码可以看出来：

Topic 1：0.004 * "hotel" + 0.004 * "elevator" + 0.004 * "room" + 0.004 * "never" + 0.004 * "resort" + 0.004 * "staff" + 0.004 * "go" + 0.004 * "one" + 0.004 * "let" + 0.004 * "pool"

Topic 2：0.004 * "hotel" + 0.004 * "room" + 0.004 * "elevator" + 0.004 * "go" + 0.004 * "staff" + 0.004 * "resort" + 0.004 * "never" + 0.004 * "friendly" + 0.004 * "one" + 0.004 * "fire"

Topic 3：0.004 * "elevator" + 0.004 * "hotel" + 0.004 * "room" + 0.004 * "never" + 0.004 * "resort" + 0.004 * "go" + 0.004 * "take" + 0.004 * "pool" + 0.004 * "friendly" + 0.004 * "mind"

Topic 4：0.004 * "room" + 0.004 * "hotel" + 0.004 * "elevator" + 0.004 * "never" + 0.004 * "resort" + 0.004 * "staff" + 0.004 * "go" + 0.004 * "pool" + 0.004 * "friendly" + 0.004 * "take"

Topic 5：0.024 * "room" + 0.024 * "elevator" + 0.024 * "hotel" + 0.015 * "resort" + 0.015 * "never" + 0.012 * "go" + 0.012 * "staff" + 0.010 * "mind" + 0.010 * "take" + 0.010 * "fire"

Topic 6：0.004 * "elevator" + 0.004 * "room" + 0.004 * "hotel" + 0.004 * "never" + 0.004 * "resort" + 0.004 * "staff" + 0.004 * "fire" + 0.004 * "pool" + 0.004 * "one" + 0.004 * "go"

我们可以得出以下结论：主题1似乎集中在酒店设施和电梯的问题上，这与一些评论中提到的“30人排队等电梯”和“恶劣的客户”等问题相关。这表明一些客人对酒店设施和电梯的体验感到不满意。主题2包含了与酒店设施、员工友好度以及一些价格相关问题的关键词，与一些评论中提到的“电梯慢”“度假村费用高昂”“员工友好”相关。这显示出一些客人对酒店的设施和服务有一些疑虑。主题3强调了火警门、楼梯、厨房和电梯的关键词，这与一些评论中提到的火警门被保持打开、与厨房相关的火警门以及电梯问题相关。这表明一些客人关注酒店的安全和设施维护。主题4似乎与酒店设施、电梯、员工友好度以及价格相关的问题有关，与一些评论中提到的“电梯不来”“房间没有打扫”和“餐厅服务慢”等问题相关。这显示出一些客人对酒店的服务和设施有不满意的经历。主题5包括与客房、电梯、酒店、度假村、前台等相关的关键词，与一些评论中提到的“房间价格昂贵”和“电梯等待时间长”等问题相关。这反映了一些客人对酒店客房和电梯等方面的感受。主题6与火警门、楼梯、厨房、电梯和游泳池等相关的关键词有关，与一些评论中提到的“电梯体验需要改进”和“考虑走楼梯更快”相关。这表明一些客人关注酒店的设施和便利性。

二、在线旅游平台未来的研究探究

在线旅游平台的研究领域是非常广泛和富有挑战性的，虽然我们进行了一些初步的探索和分析，但仍有许多有待深入研究的方向。以下是一些未来研究方向的扩展，可以帮助我们更全面地理解和改进在线旅游平台：

（1）评论内容的机器学习分析

对评论内容进行机器学习分析是一个关键方向。这包括使用自然语言处理（NLP）技术（如情感分析、主题建模和评论分类），以识别评论中的特征和趋势。这有助于酒店管理层更好地理解客户反馈和需求。

（2）社交媒体分析

考虑在社交媒体平台上的用户反馈也是一个重要的研究方向。通过分析社交媒体上的讨论和分享，可以获取更广泛的见解，了解口碑对酒店或度假村的影响。这有助于酒店在社交媒体上建立积极的品牌形象。

（3）可解释性人工智能（AI）

开发可解释性 AI 模型是一个关键的技术挑战。这些模型能够解释其决策和建议的依据，使酒店管理层能够更好理解模型的运作方式。这对于制定基于 AI 的策略和改进客户体验至关重要。

（4）数据隐私和安全性

随着数据在在线旅游平台上的广泛应用，数据隐私和安全性问题变得愈发重要。未来研究可以关注如何保护客户的个人信息，并开发更安全的数据存储和传输方法。

（5）可持续旅游

随着可持续旅游的兴起，未来研究可以探讨在线旅游平台如何促进可持续旅游选择和实践。这包括推广环保酒店和旅行方式的信息。

（6）客户体验设计

进一步研究如何改善在线旅游平台的用户界面和用户体验，以使其更易于导航和使用，将是一个重要的方向。这将有助于提高客户满意度和平台的竞争力。

（7）数据分析和预测

利用高级数据分析和预测模型，可以更好地预测需求、价格波动和市场趋势。这对于酒店管理和定价策略的制定非常关键。

总之，在线旅游平台的研究领域涵盖了广泛的主题，从技术创新到客户体验和可持续性。深入研究这些方向将有助于提高在线旅游行业的效率、客户满意度和可持续性。

第四章

餐馆平台评论图片和文本数据综合分析

第一节 餐馆平台概述

随着移动互联网和社交媒体的崛起，餐饮行业在过去几年中发生了翻天覆地的变化。餐馆平台如 Yelp、大众点评等在这个过程中起到了关键作用。餐馆平台的兴起源于对消费者点评和建议的需求。过去，人们往往通过口碑传播获得餐厅信息，但这种方式有限且不准确。随着移动应用的普及，用户开始寻找一个方便的平台来分享他们的用餐体验，这种需求催生了餐馆平台的兴起。

一、国内外餐馆平台发展现状

国内，大众点评（Dianping）作为中国领先的餐饮平台，成立于 2003 年。它最初仅提供餐馆点评，但逐渐拓展到酒店、娱乐等领域。大众点评为用户提供了全方位的功能，包括用户评论、商家信息、优惠券等，对人们的用餐决策产生了深远影响。美团（Meituan）是另一家在国内崭露头角的综合性生活服务平台。虽然以外卖服务起家，但美团也拥有强大的餐馆点评板块。用户可以在美团上查找餐馆信息、点评和评分，还可以通过平台预订餐厅、享受优惠等。随着移动支付的普及，支付宝和微信支付等支付平台也加入了餐饮领域。支付宝推出了“口碑”功能，允许用户通过支付宝扫码点餐、预订餐厅，并享受相应的优惠。微信支付也通过“微信支付点餐”等功能提供了类似的服务。这些支付平台的加入进一步促进了移动支付在餐饮行业的普及，也使得用户的用餐体验更加便捷。

而在国际舞台上，Yelp 于 2004 年创立，是美国最知名的餐馆点评平台之一。它以其庞大的用户社区和真实的用户评论而闻名。除了提供餐馆点评，Yelp 还为用户提供在线预订、外卖等服务，以满足用户多样化的需求。此外，TripAdvisor 最初专注于旅游行业，但其餐饮评论逐渐成为核心业务之一。用户可以在这个平台上分享全球范围内的餐厅体验，尤其吸引了国际旅行者的关注。而 OpenTable 则专注于餐厅预订服务，从 1998 年创立至今，OpenTable 已成为美国最大的餐厅预订平台之一。用户可以通过 OpenTable 在线预订餐厅，还可以查看其他用户的点评和评分，从而决定去哪里用餐。这种一站式的服务为用户提供了更便捷的用餐体验。Zomato 则在印度等地崭露头角，成为了国际餐馆平台市场的竞争者之一。类似于大众点评，Zomato 提供了餐厅点评、评分和照片，用户可以在平台上查找餐厅信息，并了解其他用户的用餐体验。随着其业务范围的扩展，Zomato 也提供外卖、预订等功能，满足用户多样化的需求。

近年来，国内餐馆平台在移动互联网和社交媒体的浪潮下取得了蓬勃发展，成为了餐饮行业的重要一环。这些平台以其丰富的功能和用户友好的界面，极大改变了消费者在选择餐馆和用餐时的习惯。

二、餐饮平台发展趋势

餐饮平台在移动互联网和社交媒体的大潮中持续蓬勃发展，未来的发展趋势呈现出多样性和前所未有的创新。

1. 科技驱动的创新

随着人工智能（AI）、大数据和物联网技术的不断进步，餐饮平台将越来越注重技术的应用。个性化推荐系统将变得更加智能化，根据用户的口味、历史偏好和地理位置，提供更精准的餐厅推荐。虚拟现实（VR）和增强现实（AR）技术有望改变用餐体验，通过虚拟菜单、实时展示菜品等方式，丰富用户感官体验。智能点餐系统也将逐渐普及，消费者可以通过扫码、语音或手机应用点餐，提高用餐的便捷性。

2. 无接触服务的兴起

疫情的影响加速了无接触服务的兴起。移动支付、在线订餐和外卖服务变得更加普遍，用户可以通过手机完成点餐、支付和外卖订单。这种趋势将继续延伸，餐饮平台将探索更多无接触服务的创新（如自助取餐柜、无人机送餐等），以满足用户对安全、便捷的需求。

3. 可持续餐饮和健康关注

可持续餐饮和健康意识在消费者中不断增强。餐饮平台将越来越关注提供可持续食材和健康菜品的信息。消费者可能会通过平台了解餐厅的食材来源、营养价值等信息，以做出更加健康和环保的选择。这也将鼓励餐厅探索更多创新的菜品搭配和烹饪方式。

4. 社交与互动的强化

餐饮平台不仅是点评和预订的场所，它们将更加强调社交和互动。用户可以在平台上分享用餐照片、写下用餐体验，与其他用户互动。一些平台还可能提供用户之间的社交功能，如关注其他用户、点赞评论等，从而营造更加活跃的社区氛围。

5. 全球化和本地化并重

随着国际旅行的增加，用户对于全球餐饮信息的需求也在上升。因此，餐饮平台将不仅关注本地餐厅信息，也会提供全球范围内的点评和推荐。但与此同时，本地化依然重要，平台需要考虑不同地区的文化、口味和习惯，以满足不同用户群体的需求。

6. 品牌与体验的融合

餐饮平台将不仅提供信息，还将致力于为用户创造全面的用餐体验。品牌和体验的融合将成为平台的一大发展趋势。餐厅可以通过平台展示独特的故事、特色菜品，从而塑造独特的品牌形象，吸引更多消费者的关注。

三、餐饮平台在线评论的发展

在线餐饮行业的蓬勃发展也使在线评论逐渐被应用，在线评论成为了一种非常重要且受消费者认可的口碑。在线评论在消费者购买活动以及商家对店铺的营销活动过程中都发挥着显著的作用。在线评论是个人在实际做出购买和体验后对购买产品或服务本身进行的关于个人的评价与信息的阐述。江彦等指出消费者拥有对消费的商品、服务从而产生的高情感强度，则会产生在评论网站上分享消费体验的高意愿。在线评论给予了消费者更多的分享机会，消费者可以结合自身体验分享关于购买的食物、服务、环境等的各种信息。潜在消费者相比于从商家展示的页面发现产品信息。他们会认为来自历史消费者的评价所包含的信息更真实也更多，所以来自在线评论的信息容易获得潜在消费者的信任。

在线餐厅评论会对餐饮行业的消费者的后续决策产生影响，消费者在购买时在线评论被认为是一个获取信息的来源。通常在线评论的类型包括文本评论、图片评论、视频评论等形式。社交媒体上出现的文字评论能够提高用户对信息质量的感知，并且产品图片信息和文本信息同时出现时，用户会记住关于产品的更多的信息，并认为更容易记住。图片评论作为用户生成内容的一部分也变得尤为重要。

四、了解餐馆评论数据

本章主要选取 yelp 平台上美国费城的餐馆评论文本和图片数据进行分析。文本的部分数据如表 4－1 所示。其中，Business_name 表示餐馆名称；businesses_review_count 表示截至爬虫日餐馆总计评论数量；userId 表示评论的用户 id；user.friendCount表示评论用户的朋友数量；user.photoCount 表示用户总计发布的图片数量；user.reviewCount 表示用户总计发布的评论数量；user.eliteYear 表示 2023 年用户是否拥有平台的 elite 身份；comment.text 表示评论内容；localizedDate 表示评论的发布时间；rating 表示该评论的评分；totalPhotos 表示该评论的图片数量；feedback.counts.useful、feedback.counts.funny、feedback.counts.cool 分别表示用户对该评论有用性、有趣性和酷性的反馈计数。

图片数据与文本同时爬取下来，我们选择保存方式为文件夹 1 为地区名（即费城），文件夹 1 下设二级文件夹 2 为店铺名称（即 Business_name），文件夹 2 下设三级文件夹 3 为评论的用户 ID （即 userId）。这样保存为便捷后续图片数据与文本数据的匹配。

表 4-1　　美国费城部分餐馆部分评论文本数据

Business_name	businesses_review_count	userId	user.friendCount	user.photoCount	user.reviewCount	user.eliteYear
Barbuzzo	3147	k0v1tG5Tu9eXirZwomtoXw	283	67	58	2023
Barbuzzo	3147	wTggtNM6ZaZ5InH09FQaTQ	346	57	24	
Chubby Bowls	18	L2wya1xJQFG4BBunz43gKQ	153	211	50	2023
Chubby Cattle	1431	SaYctOj-v2LNNkD4EXtZUA	402	1668	677	2023
Chubby Cattle	1431	3wVSwirz80_gXRcIBhD4Cw	132	2209	635	2023
Glory Beer Bar & Kitchen	253	-j3_QinwoXBj1vgKiArTag	8	67	55	
JG SkyHigh	216	HkXYqaEqmV6uB20esEmjBA	1	2	73	
JG SkyHigh	216	jtb5-3GYQf7gYFN31jg1Rg	89	568	430	2023

comment. text
This place has limited seating so be prepared to wait if you do not have a reservation. We got the grilled octopus, which is a must! It was perfectly cooked, light, and refreshing. We basically licked the plate clean. The asparago pizza with the egg in the middle was so goood. I don't usually eat the crust but I ate the whole slice. The bread is so gooooooooood. This place is dimmed romantic lighting and there is little walking space so if you get claustrophobic easily, I would opt for outside seating.
Decent place in Philly, right down the road from the Convention Center. Came here during a conference two times in two days. The food is reliable and pretty flavorful. The pizzas are fresh out of the oven and a perfect size for one person, with leftovers to take home. The meatballs were a nice shareable appetizer. Ambiance in the restaurant was cozy, with dim lighting and candlelit tables. Would come again next time I'm in the area!
I've been a connoisseur of wagyu beef lately, it literally melts in your mouth. So I've been hearing about this new place in chinatown offering wagyu pho, you know I had to try it. Brought it home and ohh yes, the meat thinly sliced ahhh so fatty-licious good. I only wished they had a large option so I can have double the meats and noodles, think protein and carbs.
We came here to celebrate our friends' birthdays back in November and brought a couple bottles of wines to celebrate. I called in advance to make sure they were BYOB and was told there is $10 corking fee. When we arrived, I asked our server if he could put the birthday cake in the fridge and bring it out at the end for us, and he agreed to. After some time, our friends finally arrived and we began ordering foods to cook in our individual hot pots. It was then our server informed us that one of the stoves cooked a little slower than the others. We didn't realize how defective this one stove was, until later. During the entire time we ate, our friend's pot never came to a rolling boil. It didn't matter how high he turned up the heat. This really upset us because it was his birthday, and he basically had to sit there and watch us eat while his food was barely getting cooked. For some of these items, you really got to make sure they are completely cooked before you eat them.

续表

We brought this to the manager's attention, and unfortunately, he was unable to do anything about the defective stove. Instead, the manager comped our friend's meal and a few other dishes we ordered. They also waived the corking fee as well. Other than the defective stove, service was pretty good. Our server was great and checked on us regularly to make sure everything was okay. The entire staff even came out and broke out in song when the birthday cake was brought out. It would've been nice if our friend's stove worked, but we appreciate everything the manager and the staff did to right the situation and make our experience at Chubby Cattle a good one.
Expensive but the meat was delicious. Oddly felt the whole restaurant could do with a nice cleaning - parts were dusty and needed wiped down around our table's conveyer belt. I stuck to basic dishes, but the grungy - vibes didn't exactly inspire me to branch out on their exotic food offerings. Overall fun, delicious and would return.
Wow, Central Philly has really excellent restaurants! This is my second meal in Philly and it did not disappoint! I had a sour beer and the chicken pot pie. The waiter spoke to me for a few minutes about my beer preferences and then reappeared with tasters of three different beers. All delicious. In the end I went with a delicious sour! And I cannot rave enough about the chicken pot pie. Often pot pies lack flavor but seriously, not this one. It was so flavorful! So good. Highly recommend!
What an amazing night! Could not ask for a better place to spend my anniversary. The view is amazing. The staff is attentive and amazing. The food is spectacular. Specialty drinks is a must. Ask Juan to make you " the old boy" I would give this place 10 stars.
Late entry from dinner in 11/2019 - service was impeccable for our group of 7. Food was delicious and beautifully plated from start to finish. Looking forward to dining here again!

localizedDate	rating	totalPhotos	feedback.counts.useful	feedback.counts.funny	feedback.counts.cool
2023/5/24	4	3	0	0	0
2023/4/28	4	2	0	0	0
2023/4/7	5	1	3	0	0
2023/1/10	4	3	13	5	10
2023/1/17	3	1	2	0	0
2019/10/28	5	1	2	0	1
2021/11/5	5	1	1	1	1
2021/3/21	5	6	2	1	3

五、实现餐馆评论图片数据分析的步骤和流程

图片分析重点完成两项任务：一是图片目标检测。通过对过往文献研究我们发现在餐馆图片评论中有四个要素需要重点关注，分别是食物、餐馆环境、

人和菜单，因此我们的目标检测需要测量评论者的图片中包含这四要素的种类和数量。下面章节中，利用 yolov5 深度学习模型进行目标检测。二是图片美学值计算。通过 NIMA 深度学习模型计算每张评论图片的美学值。

（1）利用 python 对 yelp 美国费城餐馆的评论图片和文本数据进行爬取。

（2）使用 yolov5 深度学习算法进行评论图片的目标检测。

（3）使用 NIMA 深度学习算法进行评论图片的美学值计算。

（4）对得到的图片数据进行简单处理，进行数值标准化、去中心化、取出空缺值等。

（5）将图片数据与文本数据进行匹配。

（6）运用 Stata 探索评论图片的视觉信息、评论文本信息对评论有用性的影响。

六、探索餐馆评论文本对评论有用性影响的步骤和流程

文本分析选择 4 个与文本相关的数据：

一是文本长度，使用评论文本包含的词数衡量。

二是文本的可读性，使用公式：

$$Readability(ARI) = 4.71\left(\frac{number\ of\ character}{number\ of\ words}\right) + 0.5\left(\frac{number\ of\ words}{number\ of\ sentences}\right) - $$

21.43 进行计算。

三是评论情感，使用 LIWC 软件进行情感强度得分的计算。

四是评论等级，即评论页面显示的评论星级。

主要步骤如下：

（1）利用 python 对 yelp 美国费城餐馆的评论图片和文本数据进行爬取。

（2）对评论数据进行数据清洗，删除空缺值等操作。

（3）使用 LIWC 进行文本长度和情感强度计算。

（4）使用 Excel、python 等工具进行其他变量的计算。

（5）将图片数据与文本数据进行匹配。

（6）运用 Stata 探索评论图片的视觉信息、评论文本信息对评论有用性的影响。

第二节　获取餐馆产品评论数据

要分析餐馆平台的评论本文和图片数据，首先要对评论数据进行采集。本章节随机选择美国费城几个餐馆作为例子，利用 python 和 Yelp API 进行数据爬取。

一、了解 Yelp API 爬虫的基本方法

前面章节已经介绍过 python 爬虫的几种方式。在本章节，我们使用 Yelp API 获取网络数据，Yelp 提供了多个 API 端点，用于获取不同类型的数据，下面我们将详细介绍使用 Yelp API 进行餐馆评论数据爬虫的详细步骤以及 Yelp API 部分参数的详细解释。

1. 步骤一：获取 API 密钥

①注册 Yelp 开发者帐户：如果你还没有 Yelp 开发者帐户，首先需要在 Yelp Developer Dashboard 上（https://www.yelp.com/developers/v3/manage_app）注册一个帐户。

②创建一个新的应用程序：登录后，在 Dashboard 中创建一个新的应用程序。为应用程序提供名称、描述和其他相关信息。

③获取 API 密钥：创建应用程序后，你将在应用程序的详情页面找到分配给你的 API 密钥。这个密钥将在后续的 API 请求中使用。如图 4 - 1 所示的页面。

示例代码：

```
# 将 YOUR_API_KEY 替换为你在 Yelp Developer Dashboard 获得的 API 密钥
api_key = "YOUR_API_KEY"
```

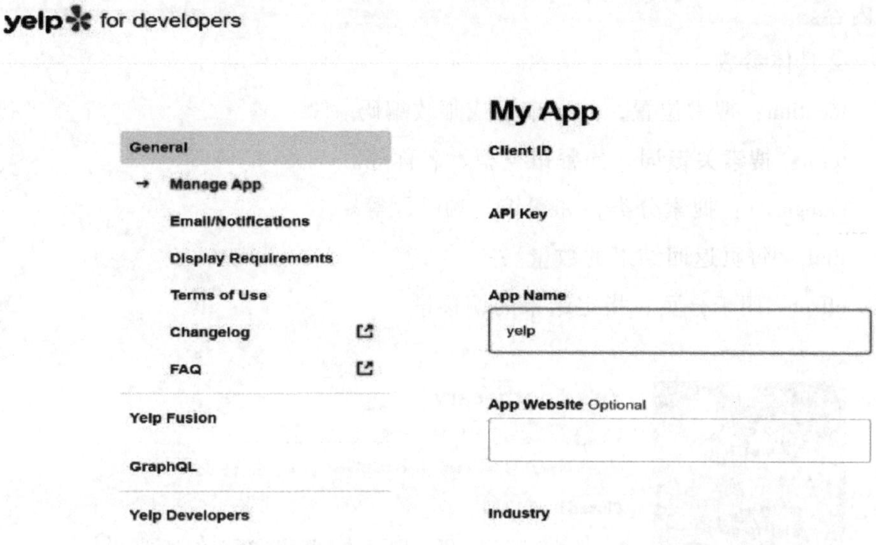

图 4－1　Yelp Developer Dashboard

2. 步骤二：选择合适的 API 端点

Yelp API 提供了多个端点，用于获取不同类型的数据。根据不同需求选择合适的端点来获取餐馆评论数据。下面我们简单介绍 Yelp API 提供的部分端点，更详细的信息可以关注 Yelp developer 官方网站，如图 4－2 所示。

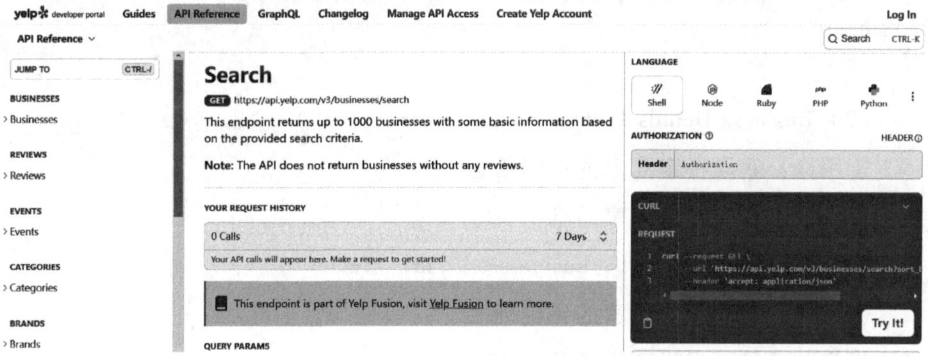

图 4－2　Yelp developer 界面

（1）Business Search Endpoint（businesses/search）

①用途：用于搜索商家列表（如餐厅星级、总评论数等），即图 4－3 所

示内容。

②具体参数：

location：搜索位置，如城市名或邮政编码。

term：搜索关键词，如餐馆类型、名称等。

categories：搜索分类，如餐馆、咖啡厅等。

limit：每页返回结果的数量。

offset：用于分页，指定结果的偏移量。

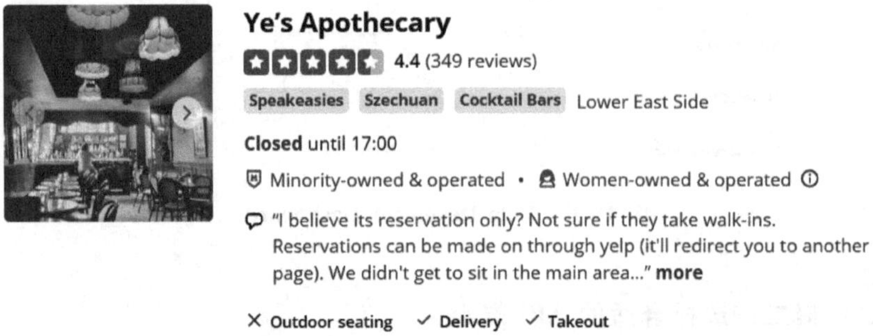

图 4-3　yelp 平台某餐厅界面

示例请求：

```
GEThttps://api.yelp.com/v3/businesses/search?location = Philadelphia&term = Restaurant&
limit = 10
```

（2）Business Details Endpoint（businesses/ {id}）

①用途：获取特定商家的详细信息。

②参数：需要提供商家的唯一 ID。

（3）Reviews Endpoint（businesses/ {id} /reviews）

①用途：获取特定商家的评论列表。

②参数：需要提供商家的唯一 ID。

示例请求：

```
GET https://api.yelp.com/v3/businesses/BUSINESS_ID/reviews
```

(4) Autocomplete Endpoint (autocomplete)

①用途：用于自动补全搜索建议。

②参数：text（搜索关键词）。

(5) Event Search Endpoint (events)

①用途：搜索特定位置的商家活动。

②参数：

location：搜索位置。

start_date：活动开始日期。

示例请求：

```
GET https://api.yelp.com/v3/events?location=Los%20Angeles&start_date=2023-08-01
```

3. 步骤三：构建请求 URL

使用 Python 的 requests 库，构建请求 URL，组合基本 URL 和特定端点，如 https://api.yelp.com/v3/businesses/search。添加查询参数，如 location（城市）、term（搜索关键词）等。

示例：

```
#设置 API 密钥和商家的唯一ID
api_key = "YOUR_API_KEY"
business_id = "BUSINESS_ID"
#构建请求 URL
url = f"https://api.yelp.com/v3/businesses/{business_id}/reviews"
```

4. 步骤四：设置请求头

在使用 Yelp API 进行请求时，需要在请求头中提供你的 API 密钥以便 Yelp 服务器能够识别你的应用程序并授予你访问权限。在请求头中添加 Authorization 标头，值为“Bearer YOUR_API_KEY”，其中 YOUR_API_KEY 是从 Yelp Developer Dashboard 获取的 API 密钥。Authorization 标头主要是授权标头用于将 API 密钥传递给 Yelp API 来验证自己的应用程序。

示例：

```
headers = {
    "Authorization": f"Bearer {api_key}"
}
```

5. 步骤五：发送请求

在这一步中，我们使用 Python 的 requests 库中的 get（　　）函数发送一个 HTTP GET 请求到 Yelp API。这个请求将包含我们构建的请求 URL 和设置的请求头，以及其他可能需要的参数。

示例：

```
# 发送请求
response = requests.get(url,headers = headers)
```

6. 步骤六：解析相应数据

在这一步中，我们将使用 response.json（　　）方法将从 Yelp API 获取的 JSON 数据解析为 Python 字典。这将使我们能够访问和提取评论数据等信息。

示例：

```
# 解析响应数据为 Python 字典
data = response.json()
```

以上是数据获取的主要步骤，其余是在获取数据后进行处理、储存和错误关键，用来确保成功获取并有效利用所需信息。

7. 步骤七：循环获取数据

如果你想要获取多个商家的评论数据，你可以在商家列表的循环中构建每个商家的评论请求。通过调整商家 ID，你可以在同一个循环中获取不同商家的数据。这使你可以遍历多个商家并逐一获取评论数据。

8. 步骤八：处理分页

Yelp API 的响应可能会分页返回数据，通过检查响应中 total 和 pagination 信息，可以判断是否还有更多数据需要获取。如果有多个页面的数据，可以使用 offset 参数来获取下一页的数据。确保能够迭代地获取所有页的数据。

9. 步骤九：处理错误

在向 Yelp API 发送请求时，可能会出现各种错误，如网络连接问题、API 错误等。为了确保爬虫健壮性，可以使用 try 和 except 语句捕获请求时可能发生的异常。这样，即使出现错误，爬虫也能够恢复并继续进行。

10. 步骤十：数据存储

一旦成功获取了评论数据，就可以将其存储在适当的数据存储中，如本地文件（如 CSV 或 JSON）或数据库。数据存储的方式取决于个人需求，可以选择最适合特定方式来保留这些有价值的评论数据。

二、任务实现

1. 导入所需的 python 库

这里我们导入“csv”“os”“re”“time”“numpy”“requests”“lxml”库。“csv”允许读写 CSV 文件（逗号分隔值文件），它在处理表格数据方面非常有用。我们的数据以 csv 格式储存，因此需要导入 csv 库。“os”提供许多与操作系统交互的功能，如创建目录、文件操作等。“re”是正则表达式库，用于文本匹配和处理，可以用于复杂的字符串操作。“time”允许我们控制时间，如添加延迟等等。“numpy”是科学计算库，用于进行数值操作，特别是数组和矩阵计算。“requests”用于发送 HTTP 请求，从网络上获取数据。在本代码中，它被用来从 Yelp API 获取数据。“lxml”用于解析 XML 和 HTML 的库，在本代码中，用于解析 HTML 页面。

2. 创建文件

这部分代码定义了一个文件名，并创建了一个 CSV 文件。使用 open（　　）函数以写入模式打开文件，并设置编码为 utf－8－sig 以处理 Unicode 字符。然后创建了一个 CSV 写入器对象（writer），用于将数据写入文件。接着，写入了 CSV 文件的表头（列名），包括了我们感兴趣的各个字段。这个表头将在文件的第一行进行记录，以便在后续的数据写入中有所参考。

代码 4－1 创建文件

```
file_name = "reviews_Philadelphia.csv"
with open(file_name,mode ='w',newline ='',encoding ='utf-8-sig') as f:
  writer = csv.writer(f)
  # 写入表头
  writer.writerow(
     ['businesses_name','businesses_review_count','image_url','userId',
          'user.friendCount','user.photoCount','user.reviewCount','user.eliteYear',
    'comment.text','localizedDate','localizedDateVisited','rating','photos',
    'totalPhotos','feedback.counts.useful',
    'feedback.counts.funny',
    'feedback.counts.cool'])
```

3. 定义变量和常量

这部分代码定义了一些变量和常量，用于控制请求、URL 和代理设置。“limit”表示每一页显示的商家数量限制，我们在这里先设 50 家。“base_url”是 Yelp 网站的基本 URL，用于构建完整的 URL。“img_url”是 Yelp 商家图片的基本 URL，也用于构建完整的图片 URL。“proxies”代理设置，用于将请求通过代理服务器发送。这在需要绕过网络限制或保护隐私时很有用。

代码 4－2 定义变量和常量

```
limit = 50
base_url = "https://www.yelp.com"
img_url ='https://www.yelp.com/biz_photos/'
```

```
proxies = {
    "http":"http://127.0.0.1:10809",
    "https":"http://127.0.0.1:10809",
}
```

4. 进行 Yelp API 请求

在这部分代码中，我们进行了第一个 Yelp API 请求。"url1"是一个完整的 Yelp API 请求 URL，用于在费城搜索餐馆。"headers"是 HTTP 请求头，其中包含了接受 JSON 数据的信息和授权令牌。通过一个循环，我们尝试进行 API 请求。如果发生异常，就打印错误信息并等待 1 秒后重试，最多重试 100 次。一旦成功获取响应，它就会被解析为 JSON 格式，并存储在 response 变量中。在这里，我们打印出响应，以便查看数据。

代码 4－3 进行 Yelp API 请求

```
url1 = "https://api.yelp.com/v3/businesses/search?location = Philadelphia,PA,United
 States&term = Restaurants&categories = &sort_by = best_match&limit = 5"
headers = {
    "accept":"application/json",
    "Authorization":"Bearer chiwdAfXEd_Re3t6lnaCo7qYcAUOD4BKCWEvKqW --
WeliH6ilRaVjQtcV96dja7 - EGZD6LiuoMT5bV -
 sX6sbGFRYGGBqRGe1os9sa8EeiYCLX6al294TO6k_XeVEZHYx"
}
for i in range(100):
    try:
        response = requests.get(url1,headers = headers,proxies = proxies).json()
        break
    except:
        print("requests.exceptions.SSLError,正在重试...")
        time.sleep(1)
print(response)
total = int(response['total'])
print(total)
```

下面这部分代码根据商家总数和限制数量计算最大偏移值（max_offset），然后使用 numPy 库的 arange（　　）函数生成一个偏移数组 offset，以便在多个结果页面中使用。这个数组将包含从 0 到最大偏移值的一系列数值，每隔 50 个数值。这部分代码设置了获取多个结果页面的偏移量。

代码 4－4

```
max_offset = int(total/limit) * limit
offset = np.arange(0,max_offset + 1,50)
print(offset)
```

在这部分代码中，我们使用之前计算的偏移数组 offset 循环遍历每个偏移值。对于每个偏移值，我们构建了一个新的 Yelp API 请求 URL，其中包含了偏移参数。然后，我们尝试进行 API 请求。如果发生异常，就打印错误信息并等待 1 秒后重试，最多重试 100 次。一旦成功获取响应，它会被解析为 JSON 格式。从中，我们提取出商家列表（businesses 字段）。

代码 4－5

```
for i in offset:
  url2 = "https://api.yelp.com/v3/businesses/search?location = Philadelphia,PA,United
 States&term = Restaurants&categories = &sort_by = best_match&limit = 50&offset = " + str(i)
  for k in range(100):
    try:
      response = requests.get(url2,headers = headers,proxies = proxies).json()
      break
    except:
      print("requests.exceptions.SSLError,正在重试...")
      time.sleep(1)
# 获取 businesses 列表
businesses = response['businesses']
```

我们打开 CSV 文件以附加写入模式，并创建一个 CSV 写入器对象。接下来，我们“遍历”每个商家。对于每个商家，我们创建一个目录以商家名称命名（business_path），用于保存该商家的数据。然后，我们构建一个用于获取商家评论的 URL（url1）。我们设置了请求头（headers）和一些 Cookie 数据（cookies）。

代码 4-6

```
with open(file_name,'a +',newline = '',encoding ='utf-8-sig') as csv_file:
    writer = csv.writer(csv_file)
    for business in businesses:
        business_path = "Philadelphia/" + f"{business['name']}"
        os.makedirs(business_path,exist_ok = True)
        url1 =
f"https://www.yelp.com/biz/{business['id']}/review_feed?rl = en&q = &sort_by = relevance_
desc&start =20"
        headers = {
            "User-Agent":"Mozilla/5.0(Windows NT 10.0;Win64;x64)AppleWebKit/537.36
(KHTML,like Gecko)Chrome/80.0.3987.132 Safari/537.36",
        }
        cookies = {
            ...
        }
```

在下面这部分代码中，循环尝试获取商家评论数据的 API 响应。如果发生异常，就打印错误信息并等待 1 秒后重试，最多重试 100 次。一旦成功获取响应，它会被解析为 JSON 格式。我们从响应中提取评论页数信息（pagination 字段的 totalResults 减去 10）。

代码 4-7

```
for i in range(100):
    try:
        res = requests.get(url1,headers = headers,cookies = cookies,proxies = proxies).json()
        break
    except:
        print("requests.exceptions.SSLError,正在重试...")
        time.sleep(1)
print(res)
page = res["pagination"]["totalResults"] - 10
print(page)
```

在这部分代码，使用之前计算的评论页数信息进行循环遍历。构建了用于获取评论数据的 URL（url）。然后尝试获取 API 响应。如果发生异常，就打印错误信息并等待 1 秒后重试，最多重试 100 次。一旦成功获取响应，它会被解析为 JSON 格式。我们从响应中提取出评论列表（reviews 字段）。

代码 4－8

```
for i in range(0,int(page) +1,10):
    url =
f"https://www.yelp.com/biz/{business['id']}/review_feed?rl = en&q = &sort_by =
relevance_desc&start = " + str(i)
    for m in range(100):
        try:
            res = requests.get(url,headers = headers,cookies = cookies,proxies = proxies).json()
            break
        except:
            print("requests.exceptions.SSLError,正在重试...")
            time.sleep(1)
    reviews = res['reviews']
```

5. 获取图片数据

这部分代码我们循环遍历每条评论，提取评论中的图片链接，并处理图片的下载和保存。首先提取评论中的图片链接，使用列表解析获取 review ['photos'] 中的每个字典的src'字段值（图片链接）。然后，检查是否有图片链接。如果没有，就跳过这一步。如果有图片链接，那么构建一个用于保存图片的目录路径（user_path）。如果目录不存在，就创建它。接着，我们构建获取图片的 URL（img_url3），这个 URL 可以用来获取商家评论中的图片链接。使用循环语句，我们尝试获取图片页面的 HTML。如果发生异常，就打印错误信息并等待 1 秒后重试，最多重试 100 次。然后，使用 lxml 库解析 HTML 页面，提取出所有图片链接。

我们首先过滤出包含'bphoto'的图片链接，并使用正则表达式 pattern 提取出图片的标识符，用于构建最终的图片链接列表。其次，循环遍历最终的图片链接列表，使用相似的循环结构下载图片并保存到用户目录中。再次，将所有需要的数据组织成一个列表（row），包括商家和评论的信息。最后，将这个列表写入 CSV 文件中。

代码 4-9 获取图片数据

```
for review in reviews:
    src_values = [d['src'] for d in review['photos']]
    if src_values == []:
        pass
    else:
        user_path = business_path + "/" + review['userId']
        os.makedirs(user_path, exist_ok = True)
        img_url3 = img_url + business['alias'] + f"?userid = {review['userId']}"
        for m in range(100):
            try:
                img_html = requests.get(url = img_url3,cookies = cookies,proxies = proxies).text
break
            except:
                print("requests.exceptions.SSLError,正在重试...")
                time.sleep(1)
        pic_html = etree.HTML(img_html)
        pic_list = pic_html.xpath('//div/img/@ src')
        pic_filtered_list = [url5 for url5 in pic_list if 'bphoto'in url5]
        pattern = r'(?< =bphoto/).*?(? =/258s\.jpg)'
        final_pic_list = []
        for url9 in pic_filtered_list:
            match = re.search(pattern, url9)
            if match:
                final_pic_list.append(
                  'https://s3-media0.fl.yelpcdn.com/bphoto/'+ match.group() +'/o.jpg')
        for i,url2 in enumerate(final_pic_list):
            for j in range(100):
                try:
                    pic_res = requests.get(url = url2,cookies = cookies,proxies = proxies).content
                    break
                except:
                    print("requests.exceptions.SSLError,正在重试...")
                    time.sleep(1)
            with open(os.path.join(user_path, f'{i+1}.jpg'), "wb") as pf:
                            pf.write(pic_res)
    row = [...]
                writer.writerow(row)
```

最后这部分代码是指在之前的循环中，已经创建了一个包含商家和评论信息的列表 row。在这里，将这个列表写入之前创建的 CSV 文件中，以记录商家和评论的详细信息。为了确保正确获取数据打印之前获取的 Yelp API 的响应。

代码 4-10

```
row = [
  business['id'],
  business['alias'],
  business['name'],
  business['review_count'],
  business['image_url'],
  review['id'],
  review['userId'],
  ...
]
writer.writerow(row)
print(response)
```

第三节　图片数据处理

本任务主要是对前面搜集到的图片数据进行处理，以便后续的计量分析。重点完成两项内容：第一部分，用 yolov5 深度学习模型实现对图片的目标检测；第二部分，使用 NIMA 深度学习模型计算每张图片的美学质量得分。

一、深度学习基本内容

深度学习（Deep Learning）是一种机器学习方法，而机器学习（Machine Learning）是一种人工智能方法。其主要目标是使计算机系统能够从数据中自动学习并不断改进其性能，而不需要进行显式的编程。机器学习的核心思想是让计算机通过分析数据中的模式和规律来进行决策和预测，而不是依赖人工编写的规则和指令。深度学习是机器学习的一个分支，它在处理大规模和复杂数据方面取得了显著的成功。深度学习的主要特征是使用深度神经网络模型来进行学习和决策。这些神经网络模型通常包含多个层次（深度），层次中的神经元通过权重相互连接，形成复杂的计算图。

机器学习与深度学习的主要区别在于模型的复杂性和数据需求。深度学习模型通常非常复杂，包含大量参数，需要大量数据来进行训练，以获得良好的性能。相比之下，传统的机器学习算法通常使用相对简单的模型，并且对数据的需求较低。另一个不同点是特征工程，传统机器学习通常需要手工进行特征工程（即人工选择和设计特征），而深度学习可以自动从数据中学习特征表示，减少了对特征工程的依赖。然而，机器学习和深度学习在一些基本概念和技术上仍然有许多共通之处。它们都使用监督学习、无监督学习、强化学习等相似的概念和技术。此外，深度学习模型本质上也可以看作是一种机器学习模型的一种，因为它们也通过学习数据来进行决策和预测。

总之，机器学习是一个更广泛的领域，而深度学习是机器学习的一个子领域，强调使用深度神经网络来解决复杂的任务。深度学习已经在多个领域取得了突出的成就。但在某些应用中，传统的机器学习方法仍然非常有效，具体的选择取决于任务的性质和可用的数据。

1. 深度学习基本概念和原理

深度学习的核心思想是利用多层神经网络来逐层提取数据的抽象特征。每一层都包含一些神经元，这些神经元将输入数据进行一定的线性或非线性变换，然后将变换后的结果传递给下一层。每层的参数（权重和偏差）通过反向传播算法进行训练，从而使模型能够逐渐优化，提取出对任务有用的特征。神经网络的层次结构由输入层、隐藏层和输出层组成。

①输入层（Input Layer）：输入层接受原始数据或特征向量作为输入。每个输入特征对应一个输入神经元。输入层并不进行任何计算，只是将数据传递到下一层。

②隐藏层（Hidden Layers）：隐藏层是位于输入层和输出层之间的一层或多层。每个隐藏层包含多个神经元。这些神经元根据输入计算加权和，并通过激活函数进行变换。隐藏层的作用是逐层提取数据的抽象特征表示，使模型能够从数据中学习更复杂的模式和关系。

③输出层（Output Layer）：输出层的神经元数量取决于任务的类型。对于分类问题，每个输出神经元代表一个类别，并输出类别的概率。对于回归问题，输出神经元输出预测的连续值。输出层的计算方式与隐藏层类似，但可以根据任务类型选择不同的激活函数。

神经网络的层数越多，模型越能够学习到数据的复杂特征表示，但同时需要更多的计算资源和更多的训练样本来避免过拟合。深度学习中的“深度”指的就是神经网络的层数较多，这种架构的设计使得模型可以自动地从数据中学习到更高级别的特征。深度学习在过去几年取得了显著的突破，尤其是在图像识别、自然语言处理、推荐系统、语音识别等领域，取得了令人瞩目的成果。

深度学习的核心原理包括：

①前向传播（Feed Forward）：前向传播是深度学习模型的推断过程，通过将输入数据从输入层传递到输出层，逐层计算每个神经元的输出。每一层的计算包括线性变换（加权求和）和激活函数，激活函数引入了非线性性质，使得模型可以学习更加复杂的函数关系。

②损失函数（Loss Function）：损失函数用于衡量模型的预测结果与实际标签之间的差异。模型的目标是最小化损失函数，以使预测结果更加接近真实标签。常见的损失函数包括均方误差（MSE）用于回归任务，交叉熵（Cross Entropy）用于分类任务等。

③反向传播（Back Propagation）：反向传播是训练深度学习模型的核心算法，它通过计算损失函数关于模型参数的梯度，然后使用梯度下降等优化算法来更新模型参数。反向传播将误差从输出层逐层反向传递到输入层，根据梯度调整参数以最小化损失函数。

2. 深度学习的应用

（1）计算机视觉

深度学习在计算机视觉领域取得了巨大成功。通过卷积神经网络（CNN）等模型，我们能够实现图像分类、目标检测、人脸识别、图像分割等任务。这些应用在安防监控、医疗影像分析、自动驾驶等方面具有重要意义。

①图像分类：图像分类是计算机视觉中最基础的任务之一。深度学习中的卷积神经网络（CNN）在图像分类中表现出色。从 LeNet 到如今的 ResNet、Inception、EfficientNet 等，CNN 不断演进，通过多层卷积和池化层，可以自动地从图像中学习到不同层次的特征，从而实现高准确率的图像分类。

②目标检测：深度学习在目标检测中取得了重大突破。YOLO（You Only Look Once）和 Faster R – CNN 等模型能够实现实时的物体检测和定位，有广泛的应用，如自动驾驶、安防监控、工业生产等。

③图像分割：图像分割是将图像中的每个像素分配到不同类别的任务。深度学习中的语义分割和实例分割模型，如 U – Net、Mask R – CNN，可以将图像分割成更精细的部分，应用于医疗影像分析、地块分割等领域。

④图像生成：深度学习也可以用于图像生成任务，如生成对抗网络（GAN）。GAN 可以生成逼真的图像，被应用于风格转换、图像修复、虚拟角色生成等。

⑤图像描述生成：深度学习在图像描述生成中也有应用。通过将卷积神经网络和循环神经网络结合，可以将图像转化为自然语言描述，有助于图像搜索引擎、视觉辅助等。

（2）自然语言处理

深度学习在自然语言处理（NLP）领域也取得了显著进展。通过循环神经网络（RNN）、变换器模型（如 BERT、GPT）等，我们能够实现文本生成、机器翻译、情感分析、问答系统等任务，这在社交媒体、在线客服、内容生成等方面发挥着重要作用。

①机器翻译：深度学习在机器翻译领域取得了巨大成功，如使用序列到序列（Seq2Seq）模型，结合编码器和解码器，可以将一个语言翻译成另一个语言，被广泛应用于在线翻译服务。

②文本分类：深度学习在文本分类任务中也取得了显著进展，通过将文本表示为词向量，然后使用卷积神经网络（CNN）或循环神经网络（RNN）来对文本进行分类，可以应用于垃圾邮件过滤、情感分析等。

③情感分析：利用深度学习，可以将自然语言处理引入情感分析领域，自动分析文本中的情感倾向，有助于企业了解用户情感，作出相应的决策。

④命名实体识别：命名实体识别是从文本中识别出具体实体的任务，如人名、地名、时间等。深度学习中的循环神经网络和注意力机制，使命名实体识别取得了更好的效果。

⑤问答系统：基于深度学习的问答系统能够理解用户的问题并给出准确的回答。这在智能助手、客服系统等领域有广泛应用。

（3）语音识别

语音识别是将口语语音转化为文本的技术，深度学习在这个领域的应用引发了一场革命。传统的语音识别方法通常基于高斯混合模型（GMM）和隐马尔可夫模型（HMM），但它们在复杂语境下的性能受限。深度学习通过神经网络，特别是循环神经网络（RNN）和长短时记忆网络（LSTM），使得语音识别在噪声、口音等复杂情况下取得了更好的效果。另一个重要的进步是端到端（End-to-End）语音识别模型，如基于卷积神经网络（CNN）和循环神经网络（RNN）的 CTC（Connectionist Temporal Classification）模型。这些模型能够直接将语音转化为文本，无须复杂的特征工程。此外，Transformer 模型的引入也使语音识别的性能进一步提升，它在自然语言处理领域的成功应用也促使它在语音领域产生了影响。

深度学习在语音识别领域的应用包括但不限于语音助手（如 Siri、Alexa）、语音搜索、语音翻译等，这些应用在提高人机交互体验的同时，也在无障碍通信、智能家居等方面发挥着重要作用。

（4）推荐系统

推荐系统是根据用户历史行为和兴趣，向用户推荐可能感兴趣的内容，如商品、音乐、电影等。深度学习在推荐系统中的应用主要体现在以下几个方面：

①基于内容的推荐：深度学习可以通过分析商品、音乐、电影等的文本、图像特征，从而更准确地理解物品的内容。这使推荐系统能够更精确根据用户兴趣推荐相似内容。

②协同过滤：协同过滤是一种基于用户行为数据的推荐方法，深度学习可以利用神经网络来捕捉用户和物品之间的复杂关系，从而改善协同过滤算法的性能。

③深度强化学习：强化学习在推荐系统中也有应用，通过深度强化学习，系统可以根据用户的反馈不断调整推荐策略，使推荐更加个性化。

④多模态推荐：深度学习使推荐系统可以融合多种信息（如文本、图像、音频等），从而提供更全面的推荐。

（5）医疗健康：

①医学影像分析：深度学习在医学影像分析中表现出色。通过卷积神经网络（CNN）等模型，医生能够更准确地检测和识别 X 光、MRI、CT 等影像中的病变。例如，深度学习可以帮助识别癌症、肺部疾病、视网膜病变等，提高早期诊断率。

②疾病预测和诊断：深度学习可以分析大规模的临床数据，帮助预测疾病风险和提前诊断。通过整合患者的电子病历、生理参数、基因信息等，深度学习可以构建预测模型，帮助医生预测心脏病、糖尿病、癌症等疾病的发病概率。

③药物研发：深度学习在药物研发中有着巨大的潜力。它可以分析大量的分子结构数据，加速药物筛选和设计过程。通过生成对抗网络（GAN）等技术，科研人员可以生成新的分子结构，有助于发现新的药物候选。

④个性化治疗：深度学习可以根据患者的基因信息和临床数据，为每个患者提供个性化的治疗方案。这有助于减少药物的副作用，提高治疗效果。

⑤图像引导手术：深度学习在图像引导手术中也发挥着重要作用。通过结合 3D 医学图像和实时图像数据，深度学习可以帮助外科医生精确地进行手术操作，减少手术风险。

⑥医疗数据分析：医疗领域积累了大量的医学数据，深度学习可以分析这些数据，挖掘出隐藏的模式和关联，从而帮助医生做出更准确的诊断和决策。

总之，深度学习在当今社会的应用非常广泛，它正在为各个领域带来革命性的变革。随着技术的不断发展，我们可以预见深度学习将继续引领科技进步，为人类创造更美好的未来。

（6）自动驾驶

①视觉感知：使用深度学习的卷积神经网络（CNN）模型，自动驾驶车辆可以检测和识别道路上的各种对象，如行人、车辆、交通标志和信号灯。这些模型能够实时识别并跟踪周围环境中的物体。同时，利用深度学习的方法，车辆可以检测和识别车道线，确保在车道内行驶，并根据情况进行车道变换。自动驾驶车辆也能理解其周围环境的情况，包括建筑物、路况、天气状况等，提高对环境的感知。

②高精度地图生成与更新：深度学习可以通过处理传感器数据（如激光雷达和摄像头数据）来构建高精度地图。这些地图对于车辆定位和路径规划至关重要。自动驾驶车辆使用深度学习算法来持续更新地图，以适应道路和交通情况的变化。

③路径规划与控制：使用深度学习的强化学习模型，车辆可以根据当前环境和目标，规划最佳的行驶路径。这些模型考虑了避免障碍物、最小化风险以及乘客舒适度等因素。同时，深度学习可用于车辆的实时控制，包括制动、加速和转向，以确保车辆按照规划路径行驶，并在遇到障碍物或紧急情况时做出适当的反应。

④驾驶决策与自主行驶：深度学习模型可以学习驾驶策略，如在不同交通情境下的行为，包括超车、让行、停车等。自动驾驶车辆可以实现自主决策，使车辆能够在复杂的城市交通中安全地导航。

⑤驾驶员监测与安全：深度学习可以用于监测驾驶员的状态，如疲劳、分心或不适合驾驶的情况以及自动发出警告或采取措施；也可以实时监测周围的车辆和障碍物，以帮助避免碰撞。

需要注意的是，自动驾驶领域的深度学习应用需要高度可靠的系统，因为安全性是至关重要的。因此，深度学习算法的验证、测试和鲁棒性都是自动驾驶研究的重点。深度学习在自动驾驶领域的应用将继续发展，以实现更安全和高效的自动驾驶交通系统。

（7）物联网

①智能感知和监测：IoT 传感器可以收集大量环境数据，如温度、湿度、空气质量等。深度学习可用于分析这些数据，以实时监测和预测自然灾害、气象变化或污染事件；IoT 传感器用于监测工业设备和生产过程的状态。深度学习可以识别异常行为和潜在的故障，以提前采取维护措施，减少停机时间。

②数据分析和优化：IoT 产生大量的数据。深度学习可以处理这些大规模数据集，提取有价值的信息，用于数据挖掘、趋势分析和预测建模；IoT 可以用于能源管理、供应链优化和资产追踪。深度学习可用于优化资源利用，降低成本并提高效率。

③安全和威胁检测：深度学习可以用于分析网络流量和设备行为，以检测网络入侵和恶意活动；IoT 摄像头和传感器可以捕获物理世界的安全事件，如入侵、火灾和盗窃。深度学习可用于实时分析和识别这些事件。

④自动化控制：IoT 设备可以连接到家居系统，深度学习用于控制照明、加热、通风和安全设备，以提高居住者的舒适性和安全性；IoT 在工厂和生产环境中用于自动化和远程控制。深度学习可用于优化生产流程、质量控制和设备调度。

⑤交通和城市管理：IoT 传感器可以监测道路交通状况。深度学习可用于优化交通信号、路线规划和交通拥堵管理；IoT 数据可用于城市规划，包括土地利用规划、垃圾处理和公共设施管理。深度学习可帮助城市决策者做出智能决策。

3. 常见的深度学习算法

（1）卷积神经网络（CNN）

卷积神经网络（Convolutional Neural Network，CNN）是一种专门用于处理网格化数据（如图像、音频、视频等）的深度学习模型。它通过局部连接、共享参数和池化操作来提取图像中的特征。它在图像识别、目标检测、图像分割等计算机视觉任务中取得了显著的成就。CNN 的设计灵感来源于生物视觉系统，它可以自动从数据中学习出特征，无须手动进行特征工程。卷积神经有三个重要结构，分别是卷积层、激活函数和池化层。

卷积层是 CNN 的核心组件，它通过一系列的滤波器（卷积核）对输入数据进行卷积操作，从而提取图像的局部特征。每个卷积核都会在输入图像的不同位置进行卷积，得到特征图。每个卷积核可以捕捉图像的不同特征，如边缘、纹理等。卷积操作通过权重共享可以在不同位置共享参数，降低了模型的参数量，提高了模型的泛化能力。在卷积层的卷积计算完成后，通常会使用激活函数（如 ReLU）对特征图进行非线性变换。激活函数引入非线性，使 CNN 能够学习更复杂的特征表示。池化层用于减少特征图的维度，从而减少计算量并提高模型的鲁棒性。最大池化和平均池化是常用的池化操作，它们通过在局部区域中选取最大或平均值来降低特征图的尺寸。在经过卷积和池化层后，通常会有一个或多个全连接层，用于将特征映射到目标类别的概率分布。全连接层将特征图展平为向量，并通过全连接神经元进行分类。

CNN 通过卷积操作和池化操作来逐渐提取图像的特征，从底层的边缘、角点到更高层的物体部件、形状等。这种层次化的特征提取过程使得 CNN 能够在图像识别、目标检测等任务中取得出色的性能。目前，卷积神经网络在计算机视觉领域取得了巨大成功，从最早的 LeNet 到如今的 ResNet、Inception、EfficientNet 等，不断演进的 CNN 模型在图像识别、目标检测、图像分割等任务上达到了令人瞩目的性能。同时，卷积神经网络也在其他领域，如自然语言处理和医疗影像分析中得到了广泛应用。

（2）循环神经网络（RNN）

循环神经网络是用于处理序列数据的深度学习方法。它在每个时间步使用相同的参数来处理序列数据，通过引入循环连接来建模序列中的依赖关系。然而，传统的 RNN 存在梯度消失或梯度爆炸的问题。这导致它难以处理长序列。为了解决这个问题，长短时记忆网络（LSTM）和门控循环单元（GRU）等变种被提出。这些网络通过引入门控机制来更好地捕捉长序列中的信息，使得 RNN 能够在文本生成、机器翻译等领域取得成功。循环神经网络主要有三个结构，分别是隐藏状态（Hidden State）、循环连接（Recurrent Connection）和激活函数（Activation Function）。

在循环神经网络中，每个时间步都有一个隐藏状态。它保存了当前时间步的信息以及前一时间步的信息。隐藏状态在时间步之间进行传递，使得模型能够记忆之前的信息。循环神经网络的核心是循环连接，即将当前时间步的输入和前一时间步的隐藏状态结合起来。这样，模型可以考虑之前时间步的信息，从而更好处理序列数据。循环神经网络在每个时间步都会使用激活函数对输入和隐藏状态进行非线性变换。常用的激活函数包括 ReLU（Rectified Linear Unit）和 tanh（双曲正切函数）。它们引入非线性使模型能够学习复杂的序列模式。

传统的 RNN 在训练过程中容易遇到梯度消失或梯度爆炸的问题，导致难以捕捉长期依赖关系。为了解决这个问题，出现了长短时记忆网络（LSTM）和门控循环单元（GRU）等变种，它们通过引入门控机制，更好处理梯度问题。传统的 RNN 在处理长序列时，往往会遇到计算资源不足的问题，同时容易丢失较早的信息。LSTM 和 GRU 通过门控机制，可以更好捕捉长序列的信息。

（3）生成对抗网络（GAN）

生成对抗网络是一种用于生成新数据样本的深度学习方法。它由生成器和判别器两部分组成。GAN 的核心思想是通过让生成器和判别器相互博弈的方式，使得生成器能够逐渐生成逼真的数据，同时判别器也变得越来越难以区分真实数据和生成数据。

生成器的目标是将随机噪声或输入数据转化为与真实数据相似的虚假数据。生成器通常由多个全连接层或卷积层组成，每一层都逐渐将输入映射为更接近真实数据分布的输出。判别器的任务是区分输入数据是真实数据还是生成器产生的虚假数据。判别器通常也是一个深度神经网络。它输出一个 0 到 1 之间的概率值，表示输入数据为真实数据的概率。生成对抗网络在图像生成、图像编辑、数据增强、超分辨重建等领域有较好的应用。

（4）自编码器（Variational Autoencoder，VAE）

自编码器是一种无监督学习模型，用于学习输入数据的紧凑表示，并可以生成与输入数据相似的新数据。VAE 是自编码器的一种扩展，通过引入概率分布的概念，使它可以在学习数据的同时，学习数据的分布。VAE 有两个主要部分：编码器（Encoder）和解码器。

编码器将输入数据映射到潜在空间中的分布，通常是一个高斯分布。这个分布的均值和方差由编码器的输出确定。编码器的目标是将输入数据压缩到低维潜在空间中，以便能够捕捉数据的关键特征；解码器从潜在空间中的采样重建原始输入数据。它接收来自潜在空间的采样值，并通过反向映射将采样值映射回原始数据空间。解码器的目标是生成与输入数据相似的数据；重参数化技巧，VAE 引入了重参数化技巧，以便在训练过程中可以对潜在变量进行采样。这样，可以通过对编码器的输出进行采样，然后使用采样值作为解码器的输入，从而使模型可以进行端到端的训练；损失函数，VAE 的损失函数由两部分组成：重建损失和 KL 散度损失。重建损失用于衡量解码器的重建能力，KL 散度损失用于衡量潜在空间中的分布与标准高斯分布之间的差异。通过最小化这两个损失函数，VAE 能够学习到一个能够对数据进行编码和生成的潜在空间。

（5）迁移学习（Transfer Learning）

迁移学习是一种利用已训练好的模型在新任务上进行学习的技术。这对于数据量较少或类似任务之间的知识共享非常有用。迁移学习有助于解决数据稀缺问题、加速模型训练，并提升在新任务上的性能。但是，不同任务之间的差异和相似度会影响迁移学习的效果，因此在应用迁移学习时需要进行适当的调整和实验。

①领域知识迁移：当一个领域中的知识能够在另一个领域中有所用处时，迁移学习可以帮助在新领域中更快取得好的性能。例如，在医疗图像识别任务中，从大规模的图像数据集中学到的特征可以迁移到小规模的医疗图像数据集上。

②参数迁移：在深度学习中，可以将一个预训练好的模型（如在大规模数据集上训练的模型）的参数迁移到新任务中。这可以通过固定部分参数、微调部分参数等方式来实现。

③特征迁移：通过从预训练模型中提取特征，然后在新任务中使用这些特征进行训练，可以避免从零开始训练新模型。例如，使用在 ImageNet 上训练好的卷积神经网络的特征进行图像分类。

二、图片目标识别

1. YOLO 系列

“YOLO”代表“You Only Look Once”，是一系列用于实时目标检测的深度学习模型。它的主要优势在于在单个前向传递中直接预测图像中的多个目标，因此速度相对较快。YOLO 系列的模型在计算机视觉领域取得了很大的影响。以下是 YOLO 系列的主要模型和工作原理的详细介绍：

（1）YOLOv1（You Only Look Once version 1）

YOLOv1 是 YOLO 系列的第一个版本，于 2016 年由 Joseph Redmon 等人提出。它的工作原理可以概括为将输入图像分成一个固定网格，每个网格单元负责预测该单元格内的目标。每个网格单元预测多个边界框（bounding boxes）和相应的类别概率。YOLOv1 使用单独的卷积神经网络（CNN）来执行预测，并通过回归来优化边界框的位置和大小。

（2）YOLOv2（You Only Look Once version 2）

YOLOv2 是 YOLOv1 的改进版本，在 2017 年被提出。它引入了一些关键的改进，如使用 Darknet - 19 网络（类似于 VGG 网络）作为基础架构，采用 Anchor Boxes 来更好地适应不同形状的目标，以及采用多尺度预测来处理不同尺寸的目标。YOLOv2 还引入了一个大规模的数据集，称为“COCO”（Common Objects in Context），以支持更多类别的目标检测。此外，YOLOv2 还可以检测多种尺度的目标，这使它对于不同大小的目标更加适用。

（3）YOLOv3（You Only Look Once version 3）

YOLOv3 是 YOLO 系列的第三个版本，于 2018 年被提出。它在 YOLOv2 的基础上进一步改进，引入了更多的卷积层以及更高分辨率的特征图，以提升检测的准确性。YOLOv3 还使用了三个不同尺度的预测层，分别在不同层次上检测不同大小的目标。与之前的版本不同，YOLOv3 在网络结构中使用了更多的跳跃连接，以便从不同层次的特征图中提取更多的语义信息。此外，YOLOv3 仍然使用 Anchor Boxes 来处理目标的不同尺寸。

(4) YOLOv4 (You Only Look Once version 4)

YOLOv4 是 YOLO 系列的第四个版本，由 Alexey Bochkovskiy 于 2020 年推出。它进一步提升了检测的准确性和速度。YOLOv4 采用了一系列的技术改进，包括使用更大的网络、更多的卷积层、更高分辨率的特征图、更多的数据增强方法等。YOLOv4 还引入了 "Bag of Freebies" 和 "Bag of Specials" 的概念，分别代表了一系列常用的技术增强和特殊的定制层，以提升模型性能。此外，YOLOv4 还优化了 Anchor Boxes 的设置，并使用 "CIoU loss" 来更好优化边界框的位置和形状。

(5) YOLOv5 (You Only Look Once version 5)

YOLOv5 是由 Ultralytics 团队于 2020 年推出的。它旨在进一步提高检测的准确性和速度。YOLOv5 采用了一系列创新，包括采用 "DetectoRS" 作为基础网络架构、引入 PANet、CSPDarknet53 等结构来提升特征提取能力，并使用 "AutoML" 来搜索最佳的超参数配置。

(6) YOLOv6 (You Only Look Once version 6)

YOLOv6 是由美团推出的，所做的主要工作是为了更加适应 GPU 设备，将 2021 年的 RepVGG 结构引入到了 YOLO，应用与美团的自动送货机器人中。

(7) YOLOv7 (You Only Look Once version 7)

YOLOv7 的检测算法思路与 YOLOv4，YOLOv5 类似，改动主要又提出了计划的模型结构重参化，提出一种新的标签分配方法。

(8) YOLOv8 (You Only Look Once version 8)

YOLOv8 是 Ultralytics 推出的 YOLO 最新版本。作为一种尖端、最先进的 (SOTA) 模型，YOLOv8 建立在先前版本的成功基础上，引入了新功能和改进，以增强性能、灵活性和效率。YOLOv8 支持全方位的视觉 AI 任务，包括检测、分割、姿态估计、跟踪和分类。这种多功能性允许用户在不同的应用程序和领域中利用 YOLOv8 的功能。

在本章分析中，我们选择应用最为广泛的 YOLOv5 模型进行任务的实现。

2. YOLOv5

(1) YOLOv5 简介

YOLOv5 是一种基于深度学习的目标检测模型。它通过在单个前向传递中预测图像中的多个目标来实现实时性。YOLOv5 的架构基于"DetectoRS"（Detecting Objects in RGB-D Indoor Scenes）的改进版本，采用了一种名为"CSPDarknet53"的主干网络架构和"PANet"（Path Aggregation Network）用于特征金字塔结构。模型使用 Anchor Boxes 来预测目标的位置和类别。

YOLOv5 以其卓越的性能和令人瞩目的实时性能而受到广泛关注。其主要优点之一在于其高效的实时性能。该模型能够在单次前向传播中同时检测图像中的多个目标，从而使其在需要快速响应的实时应用中具备独特的竞争优势。YOLOv5 通过创新的网络架构和特征金字塔，极大地提升了检测的准确性，能够更准确识别不同尺寸和类别的目标，使其在各种场景下都表现出色。此外，该模型高度可定制，可以根据不同的数据集和任务需求进行调整，因此能够灵活地适应不同应用领域的需求。它还采用了自动优化方法，可以自动搜索最佳的超参数配置，减轻了用户的调参负担，同时在准确性和速度之间寻求最佳的平衡。总体而言，YOLOv5 以其出色的实时性、高性能和可定制性，成为目标检测领域不可或缺的重要工具。

YOLOv5 在计算机视觉领域拥有广泛而深远的应用。在实时监控和安防领域，YOLOv5 能够准确地检测异常行为、入侵事件等，为保障安全提供了有效的手段。此外，它在自动驾驶领域具有重要地位，可以实时识别其他车辆、行人、交通标志等，为自动驾驶系统提供关键的视觉信息。工业质量控制领域也可以从中受益，通过检测产品缺陷、错误装配等，从而提高生产效率和产品质量。医疗影像分析是另一个重要的应用领域，YOLOv5 可以协助医生识别疾病标志、肿瘤等，为医疗决策提供有力支持。在农业、智能交通、无人机和机器人等领域。该模型都能够实现精准的目标检测，从而促进了这些领域的创新和发展。总之，YOLOv5 在多个领域都具备广泛应用前景，其高性能、实时性和可定制性使其成为计算机视觉领域的重要推动力量。

在本章节中我们对 YOLOv5 模型进行微调。微调（Fine－tuning）是将预训练的模型在特定数据集上进行进一步训练，以使模型适应特定任务和数据的过程。YOLOv5 是在大规模数据集上进行预训练的。这使它具有较强的通用性。然而，每个任务和数据集都有其独特的特点，如目标尺寸、类别分布、背景等。通过微调可以使模型更好地适应特定的目标检测任务，从而提高检测的准确性。本任务专注于餐厅，关注餐馆评论图片中的食物、环境、人、菜单

4 个要素，因此我们的任务和数据集有较强的独特性。其次，预训练的模型可能并不了解数据集中的特定类别和场景，或者可能会在目标检测方面存在一定的偏差。通过微调，我们可以引入自己独特数据集，让模型了解数据集中的类别和特征，从而减少模型在未知数据上的错误。

（2）YOLOv5 实施

①数据准备

YOLOv5 模型必须在标记的数据上进行训练，模型提供了数据标记、数据训练和部署的平台，如图 4－4 所示。

图 4－4　YOLOv5

②数据标记

首先需要在 roboflow 平台注册账号。登录后，点击新建任务，如图 4－5 所示。

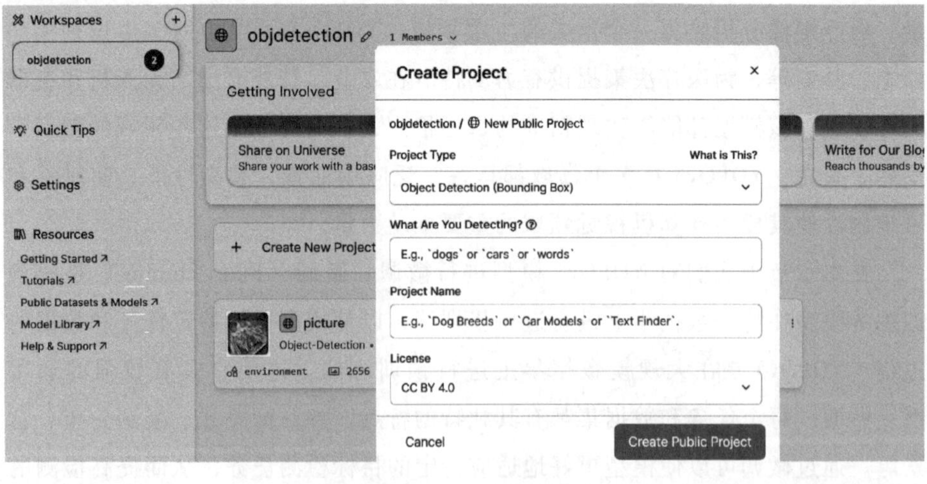

图 4－5　roboflow 新建任务

接着，将需要标记图像数据上传到Roboflow平台。可以先在Roboflow的项目中创建一个新的数据集，再将图像上传到该数据集中。您可以选择直接上传图像文件夹，也可以使用Roboflow提供的数据源，如云存储服务。

数据上传完成后，就可以进行图像标记，可以使用Roboflow的标注工具来创建边界框标注。在每张图像上为每个目标绘制一个边界框，并为边界框分配相应的类别标签。通常，这涉及使用鼠标绘制矩形框，然后从类别列表中选择适当的标签。在标记界面的左边您可以增加标签数量和选择标签。在本任务中，我们的标签是食物、环境、人和菜单四类。界面右面是关于标记的基本操作，包括标记的形状、撤销标记等，如图4-6所示。

图4-6　Roboflow图像标记

在完成标注后，使用Roboflow的预览和验证功能检查标注的准确性。可以逐张图像查看边界框的位置和类别，确保标注信息与图像内容一致。如果有错误，那么可以进行即时修正。在标注完成并且验证无误之后开始导出数据集用以模型训练。Roboflow提供多种导出选项，通常包括下载标注文件（如YOLO格式的txt文件）以及图像。标注文件将包含目标类别和边界框坐标等信息。

③模型配置

当配置YOLOv5目标检测算法时，创建一个模型配置文件，该文件包含了训练或推理模型所需的各种参数和选项。这个配置文件将为模型的整个流程提供必要的设置，包括数据集、网络架构、超参数等。YOLOv5提供了四个不同版本的模型架构，分别是n、s、m、l和x。这些版本的区别在于网络的深度、宽度以及模型的参数量。通常，n版本是最轻量级的，x版本是最大的。

选择不同版本取决于任务需求、计算资源和性能要求。较轻量的版本适用于资源受限的设备，而较大的版本可能会在性能上获得更好的检测精度，具体区别见图 4－7。本任务考虑到精确性问题选择了 YOLOv5x 模型。

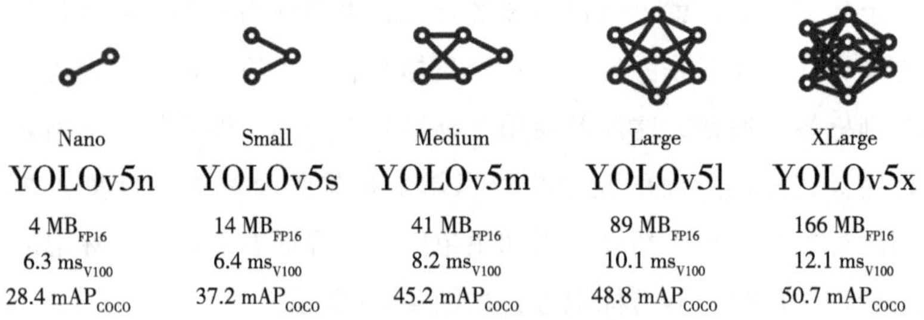

图 4－7　YOLOv5 模型架构

④模型训练

本任务使用 python 进行模型训练。在模型训练过程中，YOLOv5 模型结合 Comet 进行可视化，Comet 是一个用于实验管理和协作的平台。它的主要功能是帮助机器学习工程师和数据科学家记录和追踪他们的实验、超参数设置、结果指标等，从而更好组织和管理机器学习项目。Comet 会在模型训练过程中实施跟踪和可视化模型指标，保存超参数、数据集和模型检查点，并使用 Comet 自定义面板可视化模型预测，如图 4－8 所示。模型训练的具体代码见 github。

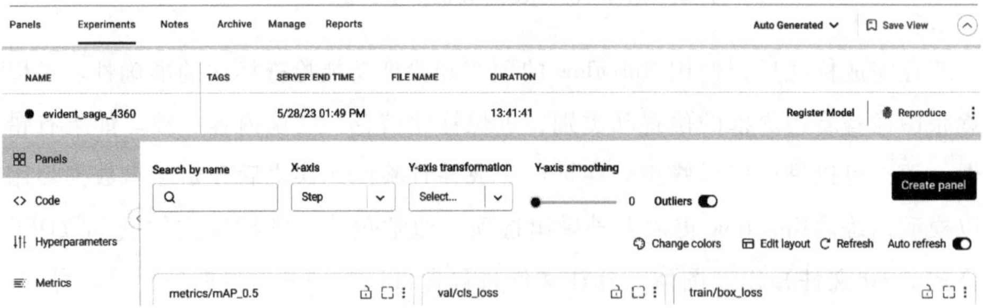

图 4－8　Comet 界面

⑤模型部署

模型部署即将模型训练中性能最好的模型应用到任务中，使模型可以在不同环境中运行并进行预测，详细的预测代码见代码 4－11。首先导入 PyTorch 库，用于加载和运行模型。使用 torch.hub.load 函数从 ultralytics/yolov5 库加载预训练的 YOLOv5 模型。“img =” 定义了待检测图像的路径。”results = model（img）” 表示使用加载的模型对输入图像进行目标检测并返回检测结果。results.show（　）表示显示目标检测结果图像，其中检测出的目标被边界框标记出来，如图 4 – 9 所示。

图 4 – 9　预测结果

接着使用 .pandas（　）方法将目标检测结果转换为 Pandas DataFrame 格式，以便对结果进行处理。如果有目标类别，那么统计各个类别的数量，并根据预先定义的 desired_labels 列表筛选特定类别。打印筛选后的类别数量以及各个类别的统计信息。

代码 4 – 11

```
import torch

# Model
model = torch.hub.load('ultralytics/yolov5','custom',path ='D:\python\yolov5 /best.pt') # local
 model

# Images
img = r"D:\yelp\Philadelphia\Barbuzzo\_mLcPKAl114VBlLRd1g7oQ\1.jpg"

results = model(img)
results.show()
labels = results.pandas().xyxy[0]['name']
```

```
if not labels.empty:
    label_counts = labels.value_counts()
    labels_num = len(label_counts)
    # Filter labels
    desired_labels = ['menu','food','people','environment']
    filtered_labels = label_counts[label_counts.index.isin(desired_labels)]
    filtered_labels_num = len(filtered_labels)
    # Print filtered labels
    print(filtered_labels_num)
    for label,count in filtered_labels.items():
        print(label,count)
else:
    labels_num = 0
```

3. 任务实现

通过以上步骤，我们已经完成了模型训练、预测等工作。但由于上述图片保存位置问题，需要遍历 Philadelphia 下的所有一级和二级文件夹。我们文件保存格式为 CSV 格式，文件第一列显示了餐馆名称，第二列是用户 ID，第三列该图片的标签种类，第四、第五、第六、第七列分别表示该图片中四要素的数量，详细代码见代码 4－12 和代码 4－13。

代码 4－12

```
# 导入必要的库
import torch
import os
import csv

# 定义要保存的 CSV 文件名
save_file ='Philadelphia.csv'

# 定义待处理图像所在的文件夹路径
path = r'D:\yelp\Philadelphia'
```

```
# 创建 CSV 文件并写入表头
with open(save_file,mode ='w',newline ='',encoding ='utf-8') as f:
   writer = csv.writer(f)
   writer.writerow(['restaurant_name','user_id','labels_num','env_num','peo_num','
food_num','menu_num'])

# 使用 YOLOv5 加载预训练的自定义模型
model = torch.hub.load('ultralytics/yolov5','custom',path ='D:\python\yolov5 /best.pt')
```

在这部分代码中，我们导入必要的库（torch、os、csv）。torch 是 PyTorch 库的核心模块。它提供多种用于张量操作、自动微分、神经网络构建等功能的 API。PyTorch 是一个用于深度学习的开源框架。它的核心功能是通过张量（tensor）来进行数值计算，支持自动求导和梯度下降等功能，使构建和训练神经网络变得更加便捷。在本代码中主要涉及 torch.hub.load 函数以及使用预训练的 YOLOv5 模型进行目标检测的相关内容。os 模块是 Python 标准库中的一个模块，用于提供与操作文件系统相关的功能。在本代码中，os 库被用于遍历文件夹中的文件和子文件夹。

这部分代码还定义了要保存的 CSV 文件的文件名（save_file）以及待处理的图像所在的文件夹路径（path）。使用 CSV 库创建一个 CSV 文件，并写入了文件的表头。

代码 4－13 目标检测

```
# 获取指定路径下的店铺文件夹列表
files_list = os.listdir(path)
# 遍历每个店铺文件夹
for file in files_list:
   store_name = file # 记录店铺名称
# 打印店铺名称
   print(store_name)
# 构建店铺完整路径
   store_path = os.path.join(path,file)
   user_folders = os.listdir(store_path)
```

```
# 遍历每个用户文件夹
for i in user_folders:
    user_id = i # 记录用户 ID
    # 打印用户 ID
    print(user_id)
    # 构建每个用户的图片文件夹路径
    pic_path = os.path.join(store_path,i)
    pic_list = os.listdir(pic_path)
    # 构建每张图片的绝对路径
    image_paths = [os.path.join(pic_path,img) for img in pic_list]
    # 以下部分用于处理每张图片
    for image_path in image_paths:
        # 打印图片路径
        print(image_path)
        # 使用模型对图片进行目标检测
        results = model(image_path)
        labels = results.pandas().xyxy[0]['name'
        # 如果检测到目标
        if not labels.empty:
            label_counts = labels.value_counts()
            desired_labels = ['menu','food','people','environment']
            filtered_labels = label_counts[label_counts.index.isin(desired_labels)
            # 统计不同类别目标的数量
            env_num = filtered_labels.get('environment',0)
            peo_num = filtered_labels.get('people',0)
            food_num = filtered_labels.get('food',0)
            menu_num = filtered_labels.get('menu',0)

            # 打印不同类别目标的统计数量
            for label,count in filtered_labels.items():
                print(label,count)
        else:
            # 如果未检测到目标
            env_num = 0
            peo_num = 0
            food_num = 0
            menu_num = 0
```

```
    # 将统计结果写入 CSV 文件
    row = [store_name,user_id,len(filtered_labels),env_num,peo_num,food_num,
menu_num]
    with open(save_file,mode='a+',newline='',encoding='utf-8') as f:
        writer = csv.writer(f)
        writer.writerow(row)
```

这部分代码是主要的循环部分，用于遍历店铺文件夹和用户文件夹，处理每张图片的目标检测结果，统计不同类别目标的数量并将统计结果写入 CSV 文件。在每次循环中，我们构建了每个店铺和用户的路径，然后对该用户下的每张图片进行目标检测，统计不同类别目标的数量并将统计结果写入 CSV 文件的一行中。这部分的部分结果展示见表 4－2。

表 4－2　目标检测部分结果展示

restaurant	user_id	labels_num	env_num	peo_num	food_num	menu_num
Barbuzzo	－p9orT3V9s－2－4xEmba31Q	2	0	0	2	0
Barbuzzo	－p9orT3V9s－2－4xEmba31Q	2	0	1	2	0
Barbuzzo	－p9orT3V9s－2－4xEmba31Q	2	0	1	1	0
Barbuzzo	435I56jyTf2UlGCfr2yygg	4	1	4	0	0
Barbuzzo	435I56jyTf2UlGCfr2yygg	4	1	4	0	0
Barbuzzo	435I56jyTf2UlGCfr2yygg	4	0	0	1	0
Barbuzzo	435I56jyTf2UlGCfr2yygg	4	0	0	1	0
Barbuzzo	435I56jyTf2UlGCfr2yygg	4	1	1	0	0
Barbuzzo	435I56jyTf2UlGCfr2yygg	4	0	0	1	0
Barbuzzo	435I56jyTf2UlGCfr2yygg	4	0	0	0	1
Chubby Cattle	5KF2MMfQWp－1XJmi_pCIyw	2	1	0	1	0
Chubby Cattle	5KF2MMfQWp－1XJmi_pCIyw	2	0	0	2	0
Chubby Cattle	5KF2MMfQWp－1XJmi_pCIyw	2	1	0	3	0
Chubby Cattle	5onf6rkeU4rXoSrL8ekdyQ	2	2	3	0	0
Glory Beer Bar & Kitchen	0KNVIKW－ViopygwaexZcmA	4	2	0	2	1

续表

restaurant	user_id	labels_num	env_num	peo_num	food_num	menu_num
Glory Beer Bar & Kitchen	0KNVIKW - ViopygwaexZcmA	4	1	0	1	0
Glory Beer Bar & Kitchen	0KNVIKW - ViopygwaexZcmA	4	2	5	0	0
Glory Beer Bar & Kitchen	1hyj2s9YS9TxL27UX2cMJQ	3	2	0	2	0
Glory Beer Bar & Kitchen	1hyj2s9YS9TxL27UX2cMJQ	3	0	0	2	0
Glory Beer Bar & Kitchen	1hyj2s9YS9TxL27UX2cMJQ	3	0	0	0	1
Glory Beer Bar & Kitchen	1hyj2s9YS9TxL27UX2cMJQ	3	1	0	2	0

三、图片美学质量计算

图片分析的任务二是计算每张图片的美学质量得分。本章节使用 NIMA 深度学习算法进行美学质量评估。NIMA（Neural Image Assessment）是用于评估图像的质量和美感的深度学习算法。NIMA 算法的优点在于，它不仅考虑了图像的技术质量方面，还考虑了人类的主观感受。这使 NIMA 在许多应用中非常有用，如图像搜索引擎、图像增强、图像编辑和美学分析等领域。通过训练 NIMA 模型，可以实现更加精确和全面的图像质量评估，从而提升用户体验。

1. NIMA 概述

NIMA（Neural Image Assessment）是“谷歌研究小组”所提出的一种深度卷积神经网络模型，它可以通过直观（技术）和吸引力（审美）来预测人们对图片评价的看法。在传统的卷积神经网络算法中，先训练与分类有关的数据集合进行初始化权重，再对标签数据进行精细调整以达到对图片质量的预期。

不同之处在于，NIMA 模型使用卷积神经网络来预测人类意见得分的分布。

NIMA 模型的优势如下。第一，NIMA 引入了基于 CNN 的图像评估方法，美学评估模型在大规模的美学质量评估数据库（A Large - Scale Database for Aesthetic Visual Analysis，AVA），图像质量评估数据集（Tampere Image Database 2013，TID2013）和野生图像质量挑战数据集（LIVE in the Wild Image Quality Challenge Database，LIVE Challenge Database）中训练以提供更高级的技能。第二，NIMA 模型有效预测了质量分数的分布，而不仅是平均分数。NIMA 的向量分数（如平均数）利用不同的功能函数对图片进行美学排序。换句话说，NIMA 预测的图片美学分数与人类评级更相关，通过对任意图片都生成美学评分直方图，即对图片进行 1～10 分的打分，NIMA 的设计跟人的评分系统产生的直方图在形式上吻合，评估效果更接近人类评估的结果，产生更准确的预测平均分数，并更容易得到更准确的质量预测。在 AVA 数据集中，NIMA 对大量数据库的测试图片进行了评价，对图片的评价得出的结论和人类评价得到的分数很接近，NIMA 在其他数据集上仍然有以上效果，这说明 NIMA 的审美观和评价和人类相似，所以 NIMA 的评分是可信的。因此，与其他算法相比，如（NR)/Blind 算法（Moorthy 和 Bovik）和双盲/参考图像空间质量评估器(Dubbed Blind、Referenceless Image Spatial Quality Evaluator、Mittal 等)，NIMA 最符合研究目标。研究使用预训练的 NIMA 模型，该模型能够从技术角度（直接感知）和美学角度（吸引程度）方面预测人类对图片的评价意见的分布。NIMA 的详细模型结构如图 4 – 10 所示。

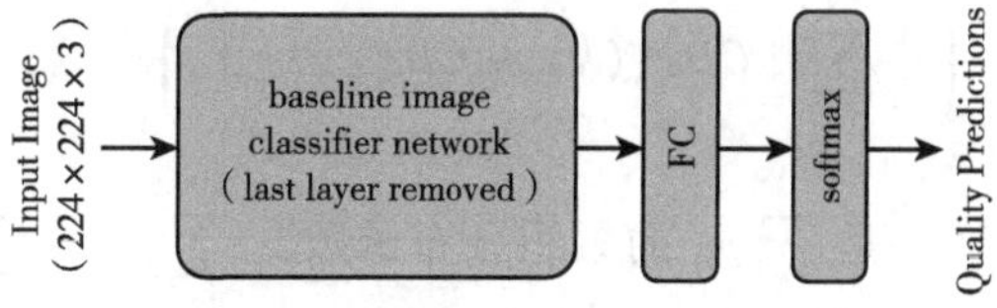

图 4 – 10　NIMA 模型的检测结构

NIMA 引入了基于卷积神经网络的图像评估方法，将基线 CNN 的最后一层替换为一个有 10 个神经元的全连接层（fully-connected，FC），并连接软的最大值函数（soft-max）作为激活函数。基线 CNN 的权重是通过在 ImageNet 数据集（Krizhevsky 等）上的训练来初始化，之后进行质量评估的端到端训练。在训练的时输入图片缩放为“256×256”，随机提取大小为“224×224”的裁剪块，目标是基于给定的图片预测一张图片的评分分布。

图片的美学质量用平均质量得分表示。给定图片的人类评级的分布可以表示为经验概率质量函数 $p=[p_{s1},\cdots,p_{sN}]$，$s_1\leqslant s_i\leqslant s_N$，其中 s_i 表示第 i 个分数桶，N 表示分数桶的总数。在 AVA 和 TID 2013 数据集中 $N=10$，在 AVA 数据集中，$s_1=1$，$s_N=10$ 而在 TID 中 $s_1=0$，$s_N=9$。$\sum_{i=1}^{N}p_{si}=1$，p_{si}代表质量得分落在第 i 个桶里的概率。平均质量分数 μ 被定义为：

$$\mu=\sum_{i=1}^{N}s_i\cdot p_{si} \tag{4-1}$$

NIMA 通过质量分数的平均数来定性地比较图片。概率质量函数 $\widehat{p}$ 是对 p 的准确估计。对于训练损失函数，软的最大值函数交叉熵（soft-max cross entropy）是分类任务广泛使用的损失函数，可以表示为：

$$\sum_{i=1}^{N}-p_{si}\log(\hat{p}_{si}) \tag{4-2}$$

其中，$\widehat{p}_{si}$表示第 i 个分数桶的估计概率。在类间的内在有序数据集上进行训练的数据集可以从 EMD（earth mover's distance）损失中获益（Hou 等，2016）。EMD 被定义为将一个分布的质量移动到另一个分布的最小成本。对于图片美学的得分，类的顺序是固定的（$s_1\leqslant s_i\leqslant s_N$），类之间的 r-norm 距离定义为 $\|s_i-s_j\|_r$，其中 $1\leqslant i$，$j\leqslant N$。标准化的 EMD 距离（Levina 和 Bickel，2001）可以表示为：

$$EMD(p,\widehat{p})=\left(\frac{1}{N}\sum_{K=1}^{N}|CDF_p(k)-CDF_{\widehat{p}}(k)|^r\right)^{1/r} \tag{4-3}$$

其中，CDF_p（k）是 $\sum_{i=1}^{k}p_{si}$ 的累积分布函数，$\sum_{i=1}^{N}p_{si}=\sum_{i=1}^{N}\widehat{p}_{si}$。预测的质量概率被送入 soft-max 函数以保证 $\sum_{i=1}^{N}\widehat{p}_{si}$，$r$ 被设置为 2。

2. 任务实现

本章节使用研究者训练好的 NIMA 算法进行图片美学质量的评估，详细模型解释如下：

代码 4-14

```
import numpy as np
import argparse
import csv
import os
from path import Path
from keras.models import Model
from keras.layers import Dense, Dropout
from keras.applications.inception_resnet_v2 import InceptionResNetV2
from keras.applications.inception_resnet_v2 import preprocess_input
from keras.preprocessing.image import load_img, img_to_array
import tensorflow as tf
from utils.score_utils import mean_score, std_score
```

这部分代码导入了一些常见的 Python 库和模块。numpy 用于支持高性能数值计算，argparse 用于解析命令行参数，csv 用于 CSV 文件的读写，os 提供了操作系统功能。Keras 和 tensorflow 是与深度学习和图像处理相关的库和模块。keras.models 提供了模型构建的工具，keras.layers 包含各种神经网络层的定义，keras.applications.inception_resnet_v2 用于加载和使用 Inception ResNet v2 模型，keras.preprocessing.image 用于图像预处理。tensorflow 则是用于执行深度学习计算的主要库。

代码 4-15

```
save_file ='NIMA.csv'
path = r'D:\yelp\Philadelphia'
with open(save_file,mode ='w',newline = '',encoding ='utf-8-sig') as f:
    writer = csv.writer(f)
    # 写入表头
    writer.writerow(['restaurant_name','user_id','NIMA Score'])
```

这部分代码设置了保存结果的 CSV 文件名 save_file 和图像文件夹路径 path。通过 open 函数创建一个 CSV 文件，并用 csv. writer 写入 CSV 文件的表头。

代码 4－16

```
parser = argparse.ArgumentParser( description ='Evaluate NIMA( Inception ResNet v2)')

parser.add_argument('-img' ,type = str,default = [ None ] ,nargs ='+',
            help ='Pass one or more image paths to evaluate them')

parser.add_argument ('-resize' ,type = str,default ='false',
            help ='Resize images to 224x224 before scoring')

args = parser.parse_args( )
resize_image = args.resize.lower( ) in ( "true" ,"yes" ,"t" ,"1" )
target_size = (224,224) if resize_image else None
```

这段代码使用 argparse 库来解析命令行参数。通过 -img 和 -resize 参数传递图像路径和是否调整大小的信息。args 将包含解析后的参数信息。target_size 将根据是否需要调整大小来设置为固定的图像大小

代码 4－17

```
with tf.device('/CPU:0'):
  base_model = InceptionResNetV2( input_shape = ( None, None, 3) , include_top = False,
pooling ='avg', weights = None)
  x = Dropout (0.75) (base_model.output)
  x = Dense (10, activation ='softmax') (x)

  model = Model (base_model.input, x)
  model.load_weights('weights/inception_resnet_weights.h5')
```

这部分代码首先通过 tf. device 指定了在 CPU 上运行计算。接着，创建了一个基于 Inception ResNet v2 的模型。base_model 是不包含顶部分类层的预训练模型。在其输出上，添加了 Dropout 和 Dense 层构建了新的顶部层，并加载了预训练的权重。

代码 4－18

```
score_list = [ ]
files_list = os.listdir( path)
```

在这里我们创建了一个空列表 score_list 用于存储图像分数的结果，然后使用 os.listdir 函数获取指定路径下的文件列表。

代码 4-19

```
for file in files_list:
    store_name = file
    # ...
    for i in user_folders:
        # ...
        for img_path in path_objects:
```

在这部分代码中我们进入了嵌套的循环结构，首先遍历了店铺文件夹，其次在每个店铺文件夹内遍历了用户文件夹，最后在每个用户文件夹内遍历了图像文件的路径。这些嵌套循环用于逐个处理每个图像，并进行质量评估。

代码 4-20

```
img = load_img(img_path,target_size = target_size)
x = img_to_array(img)
x = np.expand_dims(x,axis = 0)
x = preprocess_input(x)
```

在这里我们对图像进行加载、预处理和转换。load_img 函数用于加载图像，img_to_array 函数将图像转换为 NumPy 数组，np. expand_dims 函数将数组扩展为适合输入模型的形状，preprocess_input 函数对图像进行预处理，以适应 Inception ResNet v2 模型的要求。

代码 4-21

```
scores = model.predict(x,batch_size = 1,verbose = 0)[0]
mean = mean_score(scores)
std = std_score(scores)
```

在这部分代码中，我们使用预处理后的图像数据 x 对模型进行预测。model. predict 方法返回一个数组，其中包含每个类别的概率分数。然后，分别计算了分数的均值 mean 和标准差 std，使用之前导入的 mean_score 和 std_score 函数。

代码 4 – 22

```
file_name = Path(img_path).name.lower()
score_list.append((file_name,mean))
print ("Evaluating:",img_path)
print ("NIMA Score:%0.3f +- (%0.3f)"%(mean,std))
row = [
    store_name,
    i,
    "%.3f" % mean
]
with open (save_file,mode ='a +',newline ='',encoding ='utf-8-sig') as f:
    writer = csv.writer(f)
    writer.writerow(row)
```

这部分代码对每个图像的评估结果进行处理。首先获取图像的文件名，并将其小写化。其次，将图像文件名和评分均值添加到 score_list 列表中。接着打印评估和分数信息。最后，将结果以行的形式写入 CSV 文件。到此任务二的重要环节就结束了，我们储存文件格式与目标检测一致，第一列为餐馆名称，第二列为用户 ID，第三列是图片的美学质量得分，部分结果展示如表 4 – 3 所示。当然在代码运行时我们将目标检测和美学评估放一个代码同时进行，这样能有效节省时间且提高数据匹配的准确性。但是，为了讲解更加清晰，我们将这两部分分开介绍。

表 4 – 3　　NIMA 美学质量评估部分结果

restaurant	user_id	NIMA Score
Barbuzzo	–dnERQYQCDVZFMMuh7bBDg	4.861
Barbuzzo	–dnERQYQCDVZFMMuh7bBDg	4.549
Barbuzzo	–dnERQYQCDVZFMMuh7bBDg	3.932
Barbuzzo	–OeTHjCovP6ZfHcQ3Axpxw	4.245
Barbuzzo	–p9orT3V9s–2–4xEmba31Q	3.873
Barbuzzo	–p9orT3V9s–2–4xEmba31Q	3.992
Barbuzzo	–p9orT3V9s–2–4xEmba31Q	3.872

续表

restaurant	user_id	NIMA Score
Chubby Cattle	2padBHOFmkc9FdrJdQ814Q	4.47
Chubby Cattle	2padBHOFmkc9FdrJdQ814Q	4.738
Chubby Cattle	2padBHOFmkc9FdrJdQ814Q	4.843
Chubby Cattle	4DdjZQ86Qy6N9CLd9SLprQ	3.91
Chubby Cattle	4DdjZQ86Qy6N9CLd9SLprQ	3.858
Chubby Cattle	4DdjZQ86Qy6N9CLd9SLprQ	3.901
JG SkyHigh	EG77cKT_ugFSB9tOKqS8Lw	4.711
JG SkyHigh	EG77cKT_ugFSB9tOKqS8Lw	5.176
JG SkyHigh	EG77cKT_ugFSB9tOKqS8Lw	4.924
JG SkyHigh	EG77cKT_ugFSB9tOKqS8Lw	4.346
JG SkyHigh	EG77cKT_ugFSB9tOKqS8Lw	4.99
JG SkyHigh	EG77cKT_ugFSB9tOKqS8Lw	4.908
JG SkyHigh	EG77cKT_ugFSB9tOKqS8Lw	4.525
JG SkyHigh	wMT72Ya2R6LZzZ5y95gOxA	3.673
JG SkyHigh	wMT72Ya2R6LZzZ5y95gOxA	3.675
JG SkyHigh	wMT72Ya2R6LZzZ5y95gOxA	3.971
JG SkyHigh	wMT72Ya2R6LZzZ5y95gOxA	4.257
JG SkyHigh	wMT72Ya2R6LZzZ5y95gOxA	4.293
Laser Wolf	7C69RywnZEnyZGUayntmQg	4.527
Laser Wolf	7C69RywnZEnyZGUayntmQg	3.943
Laser Wolf	7C69RywnZEnyZGUayntmQg	4.784

四、对图片数据进行处理

本部分对前面通过深度学习算法得到的评论图片数据进行处理，任务主要有两个步骤：第一步是数据清洗，第二步是计算每个用户的图片数量检测的平均值和图片美学质量的平均值。

在使用深度学习算法分析图片数据前，我们先删除最初爬取下来的餐馆数据中图片数量为 0 的数据。通过前面的介绍我们知道，餐馆任务我们主要研究的餐馆的图片信息对评论有用性的影响。其中我们还将探究评论文本的调节作用，包括一些控制变量的处理，如评论情感、评论可读性，评论者地位等。因此，如果一条评论没有任何相关图片，那么关于图片对评论有用性的分析将无法应用于这部分数据，即这部分评论不能提供有关图片如何影响评论的任何信息。随后，我们通过人工观察发现，数据中有些图片数量为 0 的数据是由于爬取错误或其他问题导致。这些数据可能对分析产生噪音或干扰。因此，本任务首先删除这部分数据来提高任务的准确性和可解释性，确保结论基于包含有用信息的样本。

1. 数据清洗

在数据分析中，清洗和预处理数据是重要环节。本部分的数据清洗主要集中在删除深度学习算法分析图片数据返回的空缺值。在算法运行过程中可能受到各种问题的影响，如网络连接故障、数据传输错误或数据损坏等。这些问题可能会导致数据无法完整地获取或存储，从而导致空缺值的产生。

NIMA 算法要求输入的图像质量较高，具有足够的分辨率和可识别性。如果输入图像本身存在问题（如模糊、过曝或欠曝），那么 NIMA 算法可能会无法对其进行有效的美学评估，从而导致结果中出现空缺值。NIMA 模型是在训练集上进行训练的，如果输入图像与训练数据的分布不匹配或者与模型之前见过的图像差异较大，那么模型也会无法提供有效的评分，进而导致空缺值。存在空缺值，数据就会出现不一致和不完整的情况，因此在进行数据分析前必须要删除这部分空缺值确保分析的可信度和准确性。

2. 计算每个用户平均数据

在这一部分，我们计算每位用户发布的图片中的平均物品数量和平均美学质量得分。因为最终的数据分析是以每位用户为一条数据，任务需要识别每位用户的行为模式。因此，通过计算每个 ID 在该评论发布的所有图片目标检测的平均物品数量，来确定用户在其发布的图片中包含的目标数量。随后，计算每位用户在该评论下发布的所有图片的平均美学质量来了解每位用户的图片在美学上的表现。将用户级别的数据聚合为平均值有助于简化数据集，减少数据中的噪音和复杂性，使后续的分析更容易实施和解释。最后，餐馆主题关注图片的要素数量和美学质量对评论有用性的影响。通过计算这些聚合值，在数据分析中可以更好理解这些要素之间的关系，从而得出有关照片对评论的影响的结论。

按用户 ID 计算平均值最常见的方法 Excel 中的分类汇总功能。第一，数据准备，确保数据已经正确排列，并且包含一个列用于唯一的 ID 以及一个列用于希望计算平均值的数值数据（目标数量和 NIMA 值）。注意要确保数据没有空缺值，因为这些函数通常不能正确处理空缺值。第二，选择数据区域，包括 ID 列和数值数据列。在 Excel 中的“数据”选项卡中，找到并点击“分类汇总”选项，见图 4－11。在分类字段下点击 userID，汇总方式点击平均值，选定汇总项点击目标数量和美学质量即可得到每位用户数据的平均值。Excel 虽然简单也存在很多问题，如处理大批量数据容易卡顿、要求用户 ID 不能有重复值（但我们知道每位用户可能在不同的餐馆下留有评论）等。我们使用的是 Python 根据餐馆名称和 ID 名称进行分类汇总计算，这部分留给大家课后探索，图片处理的最终数据见表 4－4。

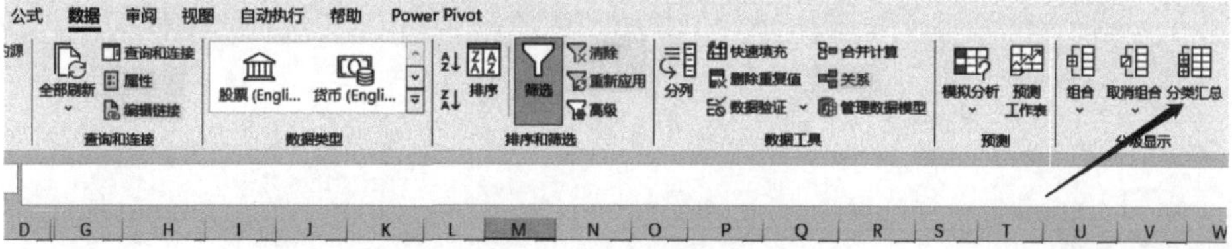

图 4－11　分类汇总

表 4－4　　　　图片处理最终数据

餐馆名称	用户 ID	目标数量	美学质量
Barbuzzo	7v5Ud4gna1EsafwXd_－Naw	3	3.8995
Barbuzzo	6BzMba6g6XeIHlj2YBgAbQ	4	4.3746
Barbuzzo	3gHC7VtTIf8OmNP00Djp6w	1	3.9275
Barbuzzo	wFPlDBu50L_i0VQVBGn_TA	1	3.8867
Barbuzzo	O0UpEV6z4mFCAxG1nVncIQ	2	4.5005
Chubby Cattle	aM54CBj0kilSNLXvLxhUjw	3	4.6755
Chubby Cattle	am0wU48DkiqvgOFRhSolDw	3	4.44
Chubby Cattle	D6TnDiMT5ak6uAo4－clbKQ	2	4.401
Chubby Cattle	WgByBEdsCbP3iwZQaeLUng	1	4.726

续表

餐馆名称	用户 ID	目标数量	美学质量
Glory Beer Bar & Kitchen	9op--_OSaXE_T2BGcvZGkJA	2	4.9195
Glory Beer Bar & Kitchen	HgJKf--I_yDAgHKrqV_TbA	3	4.501
Glory Beer Bar & Kitchen	vBkMA-V0hEXgtUpBJkEr6A	1	4.760667
Glory Beer Bar & Kitchen	cD5ZCzPq7oBTQXJ1oa9Grw	2	4.330167
JG SkyHigh	j12EwS2L-nVVoMXiSRD8tg	1	4.597
JG SkyHigh	3zJG0wjSakIulluraje HOw	2	5.174
JG SkyHigh	kd5wu9JWOeO38Ofb4C1g_A	2	4.767
JG SkyHigh	7aQ09IQhiCh1EUfpWdwHeQ	2	5.119333
JG SkyHigh	BEcIiC4hwrZJrSXfJ40WzQ	3	4.584667
JG SkyHigh	kYLG_ksXmhBlxWIp8TeByg	2	4.605
JG SkyHigh	K2_iuBnSgqNxIJh4C_bQzA	4	4.73975

第四节　对评论文本数据进行处理

本任务主要对前面采集到的评论文本数据进行预处理，以便后续数据分析中获取评论文本有关变量。本部分重点完成四项任务，包括四个变量形式：第一，评论数据预处理，包括删除空缺值，去除无效数据等；第二，计算评论文本长度，由于我们爬取的是英文网站，因此长度我们选择的是评论中的单词数量，我们使用 LIWC 软件进行衡量；第三，确定每条评论的情感强度，同样使用 LIWC 软件计算；第四，计算每条评论可读性，作为数据分析时的控制变量。

一、评论数据预处理

评论数据预处理这部分我们主要进行了文本清洗，去除无效评论和去除缺失值三项任务。首先，清洗文本。因为英文评论中可能包含特殊字符、HTML 标记等噪声，这些干扰因素可能对后续的文本分析产生不利影响，因此需要进行清洗。主要工作即去除文本中特殊字符、去除 HTML 标记（如果存在）、转换文本为小写，以确保大小写一致性。其次，去除无效评论。无效评论包括广告、垃圾文本、不规范内容或没有有用信息的评论，它们对任务后续的没有帮助，同样需要删除。最后，删除缺失值。这里的缺失值不仅包括评论文本缺失，还包括缺失评分、日期、图片数量、作者信息等。这些内容与本任务息息相关缺失会影响分析的完整性。因此，无论是评论图片数据处理还是文本数据处理，都需要在处理前将有缺失值的数据去除。

二、计算文本长度

前面我们已经介绍过，文本长度使用 LIWC 软件进行计算。在直播专题板块，我们简单提到过 LIWC（Linguistic Inquiry and Word Count）软件，在进行文本长度和情感衡量前，这部分先详细介绍 LIWC 的原理和词库。

LIWC即语言查询和词数统计软件是一种计算文本中语言特征的计量工具和软件，是自然语言处理技术中的一种。它可以对文本内容进行量化分析，并且对多种类别的词进行计算。LIWC2022版本带有100多内置字典，其英文字典包括100多种不同的词汇列表，这些列表包含不同数量的单词或短语，每个列表的单词数量也不同。这些类别涵盖了情感、心理、社交、认知过程、家庭、健康等多个领域，以满足不同研究和分析任务的需求。由于LIWC的词汇列表可以根据需要进行自定义和扩展，因此用户可以根据具体的研究目的来选择适用的词汇列表。

LIWC的中文版词典（见表4－5）包含约10000个中文词汇和短语，这些词汇和短语被组织成79种类别，用来分析中文文本中的语言特征和情感。LIWC的中文词汇列表包括了各种语言类别，如情感、心理、社交、认知过程、家庭、健康等。但是LIWC的中文词典相对较小，与其英文版本相比，包含的中文词汇数量有限。主要因为中文的语言特点和词汇丰富度使得构建全面的中文词典更具挑战性。然而，LIWC中文词典仍然提供了一个有用的工具，可用于分析中文文本中的语言特征和情感信息。在研究和分析中，用户同样可以根据需要自定义和扩展词典以满足特定任务的要求。

表4－5　LIWC中文词汇表示例

类别	示例			类别	示例		
function	我自己	小弟	我本人	conj	要不是	假设	而且
pronoun	我的	另一个	人家	negate	无疑	没用	不多*
ppron	你们自己	你自己	你的	quanunit	公里	篇	次
i	我的	我	在下	prepend	以下	初	之前
we	我俩	我们	咱们	specart	本	何	其中
you	您	你自己	你的	particle	喔哟	唷	哦
shehe	这位	他的	她的	modal_pa	唉唷	嘛	唉
they	他们	她们	她们自己	general_pa	的	过	起来
youpl	你们自己	你们	汝等	compare	近似	任一	区别
ipron	这个	某某	别人	interrog	原因	几个	多少
prep	针对	为了	根据	number	肆	几十*	双重
auxverb	就要	想要	可以	quant	其余	一切	某些
adverb	朝着	差不多	本来	affect	多点	有的	多余

续表

类别	示例			类别	示例		
posemo	期望	允诺	赞扬	ingest	膳食	吞下	乳制品
negemo	同情	怀疑	威胁	drives	联盟	转发	一帮
anx	威胁	变动	糟糕	affiliation	私讯	网络游戏	宗亲
anger	无情	恶意	烦恼	achieve	锦标	巅峰	津贴
sad	折磨	残忍	毁坏	power	声名狼藉	主管	硕士
social	拒绝	团体	开玩笑	reward	奖赏	成功	信心
family	老婆	太太	姐妹	risk	结束	忍住	不愿意
friend	宝贝	伴侣	兄弟	tensem	前途	前进	预见
female	未婚妻	嬷嬷	义女	focuspast	忆起	昨天	回想
male	表弟	先生	儿子	focuspresent	当下	现阶段	这时
cogproc	最后	相异	最初	focusfuture	接下来	向前	先见之明
insight	回想	赞扬	想象力	progm	已经	早已	近期
cause	为啥	效果	改正	relative	曾今	最近	源头
discrep	相见恨晚	冀望	悔不当初	motion	航程	放缓	律动
tentat	某处	选项	猜不透	space	人间	前前后后	座位
certain	全盘	事实	铁证如山	time	中元节	白天	礼拜日
differ	不平等	即便	排除	work	合法性	概要	再组
percept	点火	观测	录像带	leisure	国际象棋	女主人公	运动场
see	瞪眼	眼睛	闪烁	home	楼中楼	跃层	微波炉
hear	震耳欲聋	气喘	嘶吼	money	救济院	批发商	资产净值
feel	触摸	干湿	碰到	death	太平间	垂死	骨灰坛
bio	吞食	舌	水果	netspeak	hold 不住	respect	不睬你
body	失眠	伤口	眼睛	assent	okok	喔耶	没问题
health	头晕目眩	白血病	过敏原	nonflu	就是	啊	喔
sexual	情色	挑逗	妩媚	filler	原则上	普遍来说	你懂

使用 LIWC 计算评论文本长度即文本总词数（Word Count，WC）的原理很简单。它通过对文本进行分词并计数分词的数量来实现。LIWC 首先将输入的文本进行分词操作，将文本拆分成单词或短语。分词一般基于空格、标点符号或其他分隔符来进行。随后，LIWC 对分词后的文本进行计数，统计文本中包含的单词或短语数量。这个数量即为文本的总词数（WC）。统计单词数量

还有很多工具，如 Excel、Python 等。这里我们再简单介绍统计单词数量的 Python 代码，示代码如下：

```
# 统计单词数
  word_count = len( text.split( ) )
  sheet.cell( row = row_index , column = 5 , value = word_count)
```

“word_count = len(text.split( ))” 这里的 “text” 是一个包含文本内容的字符串变量。“text.split( )” 用于将文本内容按空格（或其他指定的分隔符）分割成一个单词列表。“len(text.split( ))” 计算单词列表的长度，即文本中的单词数量，并将结果存储在 “word_count” 变量中。“sheet.cell(row = row_index，column = 5，value = word_count)”，这里的 “sheet” 是一个用于操作 Excel 表格的对象，通常是使用库（如 openpyxl）或 API 进行处理的。“row_index” 是要写入的 Excel 表格的行号。column = 5 指定要写入的 Excel 表格的列号，这里的 5 表示第 5 列，通常从 A 列开始计数。“value = word_count” 表示将之前计算的 “word_count” 值写入指定的单元格，以记录文本中的单词数量。

LIWC 计算词数的方法非常简单，只需要把分析的文件导入应用，选择需要分析的列数据，点击运行就可以，如图 4 – 12 所示。在运行前需要先选择字典和变量类别，字典在 LIWC 的官网有详细介绍以及其他特殊的字典。

图 4 – 12　LIWC 使用

三、计算文本情感强度

情感分析是自然语言处理领域的一个重要任务。它涉及识别和理解文本或语音中的情感、情感极性和情感强度。情感分析的主要目标是确定文本或语音中包含的情感是积极、消极还是中性，并在一定程度上量化情感表达的程度。

①情感极性：情感分析确定文本的情感是积极、消极还是中性的。积极情感表示正面情感，如喜悦和满足；消极情感表示负面情感，如愤怒和悲伤；中性情感表示情感中立，没有明显的积极或消极倾向。

②情感强度：情感分析也可以测量情感的强度。一些情感分析系统可以确定情感的程度，如文本中的情感可能是强烈的、弱化的或中等程度的。

③情感对象：在某些情感分析任务中，系统还可以识别文本中情感的对象。例如，一句评论中可能包含对产品、服务或事件的不同情感，情感分析可以帮助确定每个情感与哪个对象相关联。

情感分析的应用场景非常广泛，社交媒体平台上的用户发布大量评论、帖子和留言。情感分析可用于跟踪用户对特定话题、产品、事件或品牌的情感反馈，帮助企业了解公众舆论和用户情感。情感分析可以分析产品评论和评价，帮助企业了解用户对其产品或服务的满意度，并提供改进建议。市场研究人员可以使用情感分析来分析消费者对不同市场趋势、产品特性或广告活动的反应，以指导决策和市场战略。

情感强度使用 LIWC 的 emotion 变量进行衡量。LIWC 将情感类别中的词汇分为积极和消极情感，并通过计算这些词汇的出现频率来确定文本的情感倾向。LIWC 包含积极和消极情感的词汇列表，这些列表包括了与积极情感（如喜悦、满足）和消极情感（如愤怒、悲伤）相关的单词和短语。

在分析情感时，LIWC 首先会将输入的文本分词，将文本拆分为单词或短语。其次，LIWC 会将文本中的每个词汇与积极和消极情感的词汇列表进行匹配。如果某个词汇在积极情感列表中，那么它被标记为积极情感词汇；如果在消极情感列表中，那么它被标记为消极情感词汇。再次，他会计算文本中积极情感词汇和消极情感词汇的数量。这些数量可以是绝对数量，也可以是相对于文本总词数的比例。最后，LIWC 通过比较积极情感词汇和消极情感词汇的数量相比文本总词数的比例，再将结果进行标准化（0—100）计算文本的情感分数。LIWC 有情感、积极情感、消极情感三个变量，情感是积极情感和消极情感的总和。

同样，自然语言处理中计算情感的方法还有很多，以 python 来说有多种库可以用于文本情感分析，如 TextBlob、NLTK、Pattern、Vader Sentiment 等。下面以 NLTK 为例，介绍简单的 python 情感分析代码。

NLTK 是一个用于自然语言处理的 Python 库。它提供了各种工具和资源用于处理和分析文本数据。NLTK 包括了各种文本处理任务的功能，如分词、词性标注、命名实体识别、句法分析、语义分析等。其中，NLTK 提供了情感分析工具，称为“VADER 情感分析器”。该情感分析器使用一个情感词汇词典，其中包含了大量单词和短语，这些单词和短语都与情感相关。这些词汇被标记为积极、消极或中性情感，并且有一个与之关联的情感强度得分。当对文本进行情感分析时，NLTK 的情感分析器会将文本中的每个单词与情感词汇词典进行匹配。匹配后，每个单词都会分配一个情感得分，表示它的情感极性和情感强度。例如，积极情感词汇将增加文本的积极情感得分，而消极情感词汇将增加文本的消极情感得分。NLTK 的情感分析器将文本中所有单词的情感得分合成为文本的情感极性和情感强度。这通常涉及对所有得分进行加权求和或其他汇总方法。最后，情感分析器会根据文本的情感极性得分来将文本分类为积极、消极或中性情感。示例代码如下：

代码 4-23

```
import nltk
from nltk.sentiment import SentimentIntensityAnalyzer
# 创建一个 SentimentIntensityAnalyzer 对象
sia = SentimentIntensityAnalyzer()
# 分析情感
```

```
text = "I love this product,it's amazing!"
sentiment = sia.polarity_scores(text)
# 输出情感分析结果
if sentiment['compound'] > 0:
    print("Positive")
```

```
elif sentiment['compound'] == 0:
    print("Neutral")
else:
    print("Negative")
```

四、计算评论可读性

评论可读性，是指评论或文本的易读性和易理解性程度。它衡量文本对于读者来说是否容易阅读和理解以及文本的结构、语法和词汇是否有助于传达信息。评论可读性在许多领域都具有重要性且应用广泛。在网站、应用程序和文档中，评论可读性的改进可以提高用户体验。易读的评论和文本能够更好地吸引用户、传递信息，降低用户的阅读和理解难度；搜索引擎通常更喜欢易读、有用的内容。具有良好可读性的评论和文章更有可能在搜索引擎排名中表现出色；在广告和宣传中，清晰、易读的文本可以更好传达品牌信息，吸引目标受众，并提高销售和转化率；在教育领域，可读性是课程材料和教材的关键因素之一。易读的教材可以帮助学生更好地理解概念和知识等。

这里评论可读性使用公式 $Readability(ARI) = 4.71\left(\frac{number\ of\ character}{number\ of\ words}\right) + 0.5\left(\frac{number\ of\ words}{number\ of\ sentences}\right) - 21.43$ 进行计算。为了批量计算数据，可以使用 python 进行处理，代码如下：

代码 4－24 评论可读性

```
import pandas as pd
import re
from openpyxl import load_workbook
# 读取 Excel 文件
filename ='text.xlsx'
wb = load_workbook(filename)
sheet = wb.active
```

```
# 创建新的列来存储统计结果
sheet.cell(row = 1,column = 4,value ='Character Count')
sheet.cell(row = 1,column = 5,value ='Word Count')
sheet.cell(row = 1,column = 6,value ='Sentence Count')
# 遍历每行数据,进行统计
for row_index,row in enumerate(sheet.iter_rows(min_row = 2,values_only = True),start = 2):
  text = row[0] # 假设文本数据在第一列
  # 统计字符数
  character_count = len(text)
sheet.cell(row = row_index,column = 4,value = character_count)
```

```
  # 统计单词数
  word_count = len(text.split())
  sheet.cell(row = row_index,column = 5,value = word_count)
  # 统计句子数
  sentence_count = len(re.findall(r'\b.*?[.!?]',str(text)))
  sheet.cell(row = row_index,column = 6,value = sentence_count)
# 保存修改后的 Excel 文件
wb.save('result.xlsx')
wb.close()
```

到这里，本章节任务的所有初始变量就形成了，与图片相关的变量是数据分析的自变量，包括图片检测的目标数量和美学质量。与文本相关的变量中评论长度是自变量也是调节变量，其他与文本相关的变量为控制变量。控制变量还包括评论者地位和截至爬虫日期前总评论数量（与评论者相关），餐厅的总评论数（与餐厅相关），最终数据如表 4－6 所示。

表 4－6　　餐厅最终数据示例

餐馆名称	餐馆总评论数	评论者总评论数	评论有用性	目标数量	评论时间
Barbuzzo	3147	52	1	1	2022－11－15
Barbuzzo	3147	77	0	1	2022－06－12
Barbuzzo	3147	30	2	2	2022－10－31
Barbuzzo	3147	30	0	1	2022－12－15
Barbuzzo	3147	162	2	4	2022－05－01
Chubby Cattle	1431	40	1	1	2022－11－25

续表

餐馆名称	餐馆总评论数	评论者总评论数	评论有用性	目标数量	评论时间
Chubby Cattle	1431	37	3	2	2022 - 09 - 07
Chubby Cattle	1431	635	2	1	2023 - 01 - 17
Chubby Cattle	1431	3	0	1	2023 - 04 - 24
Glory Beer Bar & Kitchen	253	57	0	2	2022 - 05 - 02
Glory Beer Bar & Kitchen	253	506	2	1	2022 - 02 - 15
Glory Beer Bar & Kitchen	253	206	1	1	2022 - 09 - 01
Glory Beer Bar & Kitchen	253	118	2	2	2021 - 12 - 13
JG SkyHigh	216	254	5	2	2023 - 01 - 14
JG SkyHigh	216	112	2	3	2022 - 12 - 27
JG SkyHigh	216	56	0	2	2023 - 01 - 20
JG SkyHigh	216	40	1	3	2022 - 12 - 11
JG SkyHigh	216	118	4	1	2022 - 10 - 04
评论长度	**评论情感**	**评论评分**	**评论者身份**	**美学质量**	**评论者可读性**
42	2.38	5	1	4.570	11.703
159	3.14	5	1	4.232	11.183
137	3.65	4	1	4.326	11.476
120	2.5	5	1	4.314	16.084
409	1.47	4	1	4.763	12.846
95	4.21	5	1	4.202	11.623
406	1.72	4	1	4.596	10.574
55	7.27	3	1	4.955	13.578
66	0	3	0	3.952	5.765
83	2.41	5	1	4.484	12.931
54	3.7	4	1	4.740	11.775
32	3.13	2	0	3.827	11.133
191	3.14	5	0	4.450	12.814
176	4.55	5	1	4.921	13.007
131	3.05	5	1	4.381	13.065
254	4.72	4	1	4.966	19.050
256	1.56	4	1	4.760	11.950
364	2.47	4	1	4.490	11.422

第五节　Stata 实现

这部分任务是做回归分析，我们使用 Stata 软件进行。直播板块已经详细介绍过 Stata 进行数据分析的几类常见命令和用法，它主要从论文的实证分析着手。本章节我们首先着重介绍 Stata 的主要功能，随后对本章数据集进行统计分析。

一、Stata 主要功能和用法

Stata 的主要功能包括如下几点。

1. 数据管理

①数据导入与导出：Stata 支持导入各种数据格式，包括 Excel、CSV、文本文件、SPSS、SAS 等。如图 4－13 所示。可以使用 import 命令或相关对话框来将外部数据导入 Stata 中，也可以点击 Stata 左上方的文件进行导入。同样，我们也可以将 Stata 数据导出到不同的格式中。

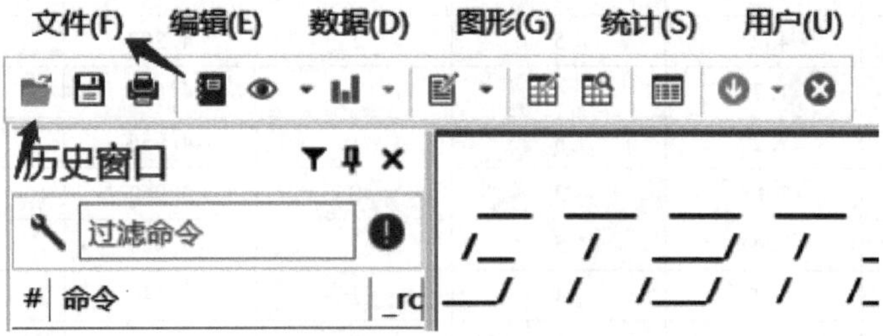

图 4－13　STATA 文件导入

②数据查看和浏览：可以使用 browse 命令来查看数据集的内容，了解数据的结构和变量。也可以点击数据编辑器按钮，如图 4－14 所示，点击左边可以进行查看和修订数据集，右边可以浏览数据集但不能进行修改。这对于初步了解数据非常有用。

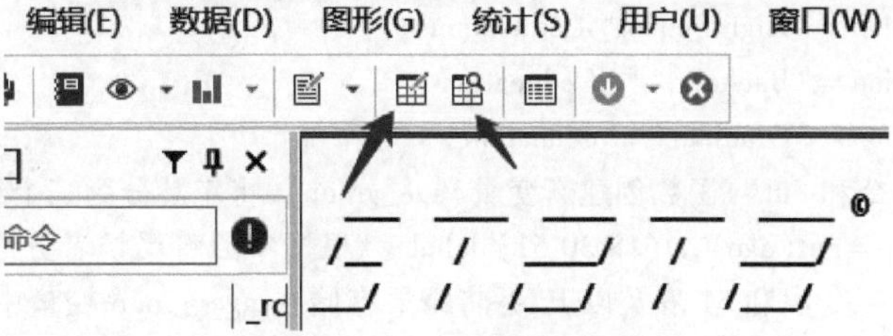

图 4-14　STATA 数据编辑器

③数据清理：数据清理是数据管理的重要一环。Stata 提供了多种命令和功能来处理数据质量问题，包括处理缺失值、识别和处理异常值、删除重复观察值等。常用命令包括：drop 和 keep，用于删除或保留变量，"drop" 用于删除指定的变量，"keep" 用于保留指定的变量，删除其他变量，从而创建数据子集；replace，用于替换已有变量的值，可以使用此命令来修改数据集中的变量值。egen，用于生成派生变量，可以根据一组变量计算新的统计量，如均值、总和、标准差等，示例如下：

举例：假设有一个包含以下变量的数据集：

age：表示受访者的年龄。

income：表示受访者的年收入。

education：表示受访者的教育水平（1 = 高中，2 = 本科，3 = 研究生）。

region：表示受访者所在的地区（1 = 东部，2 = 中部，3 = 西部）。

- *现在想要执行以下任务：*

1. 删除 income 变量。

2. 将 education 变量的值标签替换为更具描述性的标签。

3. 创建一个新的变量 age_group，将受访者的年龄分为三个组别：18-30 岁、31-50 岁和51 岁及以上。

代码示例：

```
# 使用 drop 命令删除"income"变量
drop income
#使用 replace 命令将"education"变量的值标签替换为更具描述性的标签
```

```
replace education = "High School" if education == 1
replace education = "Bachelor's" if education == 2
replace education = "Graduate" if education == 3
#使用 egen 命令和 cut()函数创建新变量(age_group),将年龄分为三个组别
egen age_group = cut(age),at(18 30 51) label  #根据年龄将受访者分成三个组别:
18-30 岁、31-50 岁和 51 岁及以上,并将结果存储在 age_group 变量中。label 参数
将为每个组别添加描述性标签。
```

④变量管理：可以使用命令来创建新的变量、重命名变量、标签变量、设定变量的值标签、设定缺失值标志等。这些操作有助于更好地理解和描述数据。常用命令有：generate（gen），用于创建新变量，可以使用该命令根据已有变量或公式生成新的变量；rename，用于重命名变量。如果需要更改变量的名称，可以使用此命令；label values 和 label define，用于为变量的值和标签（例如，性别：1 = 男，2 = 女）创建值标签。这可以增加数据的可读性和可解释性；destring 和 tostring，用于处理字符串变量。destring，用于将字符串变量转换为数字变量，而 tostring 用于将数字变量转换为字符串变量；order，用于对数据集中的观察值进行排序，可以按照一个或多个变量的值进行排序。

- *假设现在需要进行以下操作：*

1. 创建一个新的变量 log_income，其中包含 income 变量的自然对数。

2. 将 region 变量的值标签替换为更具描述性的标签，并按照标签的字母顺序对其进行排序。

代码示例：

```
# 使用 generate 命令创建新变量 log_income
generate log_income = log(income)
label define region_label 1 "Eastern" 2 "Central" 3 "Western"
label values region region_label
order region,a(region_label)
```

label define region_label 创建了一个新的值标签定义，将原始值与新的描述性标签相对应；label values region region_label 将新的值标签应用于 region 变量，

替换原始的值标签；order region，a(region_label) 将 region 变量按照 region_label 标签的字母顺序排序。

⑤数据子集：使用 keep 和 drop 命令可以选择特定的变量或观察值，以创建数据的子集，使分析更专注和高效。

⑥数据排序：使用 sort 命令可以按照一个或多个变量对数据进行排序。这在处理时间序列数据或进行面板数据分析时很有用。

⑦数据合并：对于多个数据集的合并，Stata 提供了 merge 和 append 命令。这些命令可以将不同数据集中的数据合并成一个整合的数据集。

⑧数据重构：在某些情况下，我们可能需要将数据从宽格式（Wide Format）转换为长格式（Long Format）；或反之。Stata 提供了 reshape 命令来执行这些操作。

举例：假设您有一个包含以下数据的宽格式数据集，其中每个受访者在不同年份的收入情况：

```
clear
input id   income2021   income2022   income2023
       1     40000        42000        45000
       2     35000        36000        38000
       3     28000        30000        32000
end
```

在这个数据集中，每列代表不同年份的收入情况，但我们希望将数据转换为长格式，以便每行代表一个受访者和年份的组合，而不是每列代表一个年份。可以使用 reshape 命令来实现这一目标：

代码示例：

```
reshape long income,i(id) j(year)
```

在此命令中，我们将数据转换为长格式，其中 income 是新的数值变量的名称，i(id) 指定 id 变量是标识每个受访者的变量，j（year）指定 year 变量是标识每个年份的变量。执行结果如下：

id	year	income	_j
1	2021	40000	1
1	2022	42000	2
1	2023	45000	3
2	2021	35000	1
2	2022	36000	2
2	2023	38000	3
3	2021	28000	1
3	2022	30000	2
3	2023	32000	3

⑨数据复制：使用 clonevar 命令可以复制一个变量以创建一个新的变量，这在创建派生变量时非常有用。

⑩数据存储：可以使用 save 和 use 命令将 Stata 数据集保存到磁盘并重新加载它们，以便在不同的 Stata 会话中重复使用。

⑪数据文档化：可以使用标签和注释来文档化数据集和变量，以便更好理解和分享数据。

2. 数据可视化

Stata 提供了多种数据可视化工具和命令，用于创建各种类型的图表和图形，以更好地理解和呈现数据。以下是 Stata 中常见的数据可视化任务以及相应的命令和示例代码：

①散点图（Scatter Plots）：散点图用于展示两个数值变量之间的关系。每个数据点在图上表示为一个点，其中一个变量的值对应于横轴，另一个变量的值对应于纵轴，从而可以看出它们之间的分布和趋势。

命令示例：

```
scatter income age
```

上述代码创建了一个散点图，其中横轴表示年龄（age），纵轴表示收入（income）。每个数据点代表一个受访者，横坐标对应受访者的年龄，纵坐标对应受访者的收入。通过该图表可以看出年龄和收入之间的关系，例如是否存在线性趋势或聚集点。

②直方图（Histograms）：直方图用于可视化数值变量的分布情况。它将数值范围划分为若干区间，并显示每个区间内的观察值数量或频率。

命令示例：

```
histogram income
```

上述代码创建了一个关于收入（income）的直方图。横轴表示收入的值范围，纵轴表示观察值的频数。通过直方图可以了解收入的分布情况，例如它是否呈正态分布，是否存在离群值等。

③箱线图（Box Plots）：箱线图用于可视化数值变量的分布、中位数、四分位数和离群值。它提供了有关数据分布的汇总统计信息。

命令示例：

```
graph box income,over(region)
```

横轴表示地区（region），纵轴表示收入（income）的分布。每个箱子代表一个地区，箱子的上边界、下边界和中位线分别对应着数据的上四分位数、下四分位数和中位数。通过箱线图可以比较不同地区的收入分布和离群值情况。

④折线图：折线图用于展示一个或多个数值变量随时间或其他有序变量的趋势。它通常用于时间序列数据。

命令示例：

```
line income year
```

横轴表示年份（year），纵轴表示收入（income）的趋势。每条折线代表一年的收入变化。通过折线图可以观察到收入随时间的变化趋势。

⑤条形图（Bar Charts）：条形图用于可视化分类变量的频数或均值。它显示不同类别的条形，条形的高度表示频数或均值。

命令示例：

```
graph bar (mean) income,over(education)
```

横轴表示教育水平（education），纵轴表示收入（income）的均值。每个条形代表一个教育水平类别，条形的高度表示该类别的平均收入。通过条形图，您可以比较不同教育水平组的收入均值。

⑥散点矩阵图（Scatterplot Matrices）：散点矩阵图用于可视化多个变量之间的关系。它以矩阵的形式展示多个散点图，每个图展示两个变量之间的关系。

命令示例：

```
scatter var1 var2 if condition,by(var3)
```

上述代码创建了一个散点矩阵图，显示了三个变量之间的关系。其中，var1 和 var2 分别是散点图中的横轴和纵轴变量，而 var3 是用于分组的分类变量。通过散点矩阵图可以观察不同组之间的多个变量之间的关系。

⑦地图（Maps）：地图用于可视化地理数据，例如地区、州或国家的数据。它可以显示数据在地理空间上的分布。

命令示例：

```
spmap income,id(id_var)fcolor(blues)legend(off)
```

上述代码创建了一个地图，其中 income 表示不同地区的收入数据，id_var 是用于识别不同地区的变量。地图的颜色表示收入水平，颜色越深表示收入越高。通过地图可以可视化不同地区的收入分布。

3. 编程和自定义

Stata 编程和自定义的内容允许用户编写脚本、程序和自定义命令，以自动化分析过程、创建复杂的工作流程以及更好地管理数据和结果。前面的数据清理、数据分析都需要编写 Stata 脚本。Stata 还拥有编写程序、循环和条件语句以及自定义 Stata 命令等功能。由于这些功能并不常用且不是本章节任务重点，这里我们就不再详细介绍，感兴趣可以自行查找资料进行学习。

二、统计分析

1. 变量处理与描述性统计

（1）描述性统计基本含义和作用

描述性统计是一种用于总结和解释数据集的统计学方法，它可以提供有关数据的基本特征和性质的信息。描述性统计通常包括以下方面的信息：

①均值（Mean）：数据的平均值，用于衡量中心趋势。

②中位数（Median）：数据的中间值，用于衡量中心趋势。

③标准差（Standard Deviation）：数据的分散程度，用于衡量离散度。

④最小值（Minimum）：数据的最小值。

⑤最大值（Maximum）：数据的最大值。

⑥百分位数（Percentiles）：数据的分布情况，包括 25th、50th（中位数）和 75th 百分位数等。

⑦缺失值数量（Number of Missing Values）：数据中缺失值的数量。

⑧数据分布的形状（Distribution Shape）：通过直方图或箱线图等可视化方式来观察数据的分布特征。

⑨异常值（Outliers）：可能表明数据异常的值。

描述性统计的作用在于提供数据的基本特征和性质的概括，包括数据的中心趋势、离散度、分布形状、异常值和缺失值等信息。这种统计分析方法不仅有助于数据的初步探索和理解，还能够帮助识别和处理数据质量问题，为进一步的数据分析和研究提供了基础。此外，在研究结果的报告和展示中提供数据的基本统计信息，能够使读者能够更容易理解研究结果。

（2）任务结果

本任务的描述性统计结果如下表 4－6 所示。我们数据分析的因变量是评论有用性，它的数值总体相对偏左，平均值是 1.328。评论有用性的最小值是 0，这表明该评论不被认为有用。评论有用性的最大数值是 92。这表明该评论被认为很有用。主要自变量之一是目标数量，是前面使用 YOLOv5 深度算法模型测算出的餐馆图片中包含食物、环境、人和菜单的类别计数，可以看到它的平均数是 1.730。目标数量最小为 1，即每个人的评论图片中至少包含 4 个类别的其中之一。目标数量最大为 4，表明有些用户发布的评论图片囊括了食物、环境、人和菜单 4 个种类。另一个重要自变量是图片的美学质量得分，前面我们使用 NIMA 深度算法模型进行测量，我们可以看到美学质量的平均值是 4.410，美学质量的最小值为 3.62，最大值是 5.578。我们的调节变量是评论长度，评论长度的平均值是 127.60，最小值是 8，最大值是 970。

我们有 7 个控制变量，分别与评论者、餐厅、评论相关。首先，评论者身份是指评论者在 yelp 平台是否有 elite 身份标识。它是一个虚拟变量，0 指没有身份标识，1 表示有身份标识；评论者总评论数指该用户在过往总体评论的数量，由于不同用户之间数值差异较大，我们对其进行对数化处理，描述性统计中是处理后的结果；我们将评论时间进行转换，我们以评论发布日至数据分析当天经历的月份总数作为该评论的时间，数据分析时间在 2023 年 7 月 1 日，若该评论在 5 月 1 日至 6 月 1 日之间发布，则评论时间计数为 1。我们使用 Excel 中的 DATEDIF（　　）函数对时间进行处理，在最终数据集中，最早的评论时间为 2007 年 2 月 12 日，距离 2023 年 7 月 1 日有 196 个月，因此评论时间的最大值为 196。评论评分即原是爬虫的数据评分，yelp 平台设定评论评分为 5 分制，因此我们数据集的最高评论为 5，最低评分为 1。但是我们可以看到，评论评分的平均值为 4.499，即大多用户打的评分较高，数值总体相对靠右；评论情感指该条评论的情感强度，使用 LIWC 的 Emotion 变量测得，情感强度的最低分为 0，最高分为 25；评论可读性是指评论易于阅读的质量，使用 1967 年 Senter 等学者提出的标准公式测得。可读性的最大值为 92.552，这表明该条评论阅读的质量很高，易于理解。可读性的最小值为 2.888，表明该条评论较难阅读和理解。餐厅的总评论数是与餐厅有关的变量，即至爬虫日起，该餐厅的总计评论数量。同样由于不同餐厅之间数值差异较大，我们对其进行对数化处理，结果如表 4－7 所示。

表 4－7　　　　　　　描述性统计结果

Variable	Obs	Mean	Std.dev.	Min	Max
评论有用性	8273	1.327	3.488	0	92
目标数量	8273	1.730	0.857	1	4
美学质量	8273	4.410	0.324	3.62	5.578
评论长度	8273	127.60	110.346	8	970
评论者身份	8273	0.288	0.453	0	1
评论时间	8273	48.9950	32.057	1	196
评论评分	8273	4.499	0.827	1	5
评论情感	8273	3.227	2.729	0	25
评论可读性	8273	11.146	3.245	2.888	92.553
餐厅总评论数	8273	7.786	1.102	2.890	9.190
评论者总评论数	8273	4.044	1.696	0	9.893

2. 相关性分析

（1）相关性分析基本含义和作用

相关性分析是一种统计方法，用于测量两个或多个变量之间的关系程度。它通常使用相关系数来衡量变量之间的线性关系。相关系数的值介于－1 和 1 之间，负值表示负相关，正值表示正相关，而 0 表示没有线性关系。它在统计学和数据分析中具有重要作用。它帮助我们理解和衡量变量之间的关联程度，揭示数据中的模式和关系，为数据解释、预测和决策提供基础。相关性分析的重要性体现在以下几个方面。

第一，相关性分析能够揭示变量之间的关系。通过计算相关系数，我们可以了解变量之间是正相关、负相关还是无关。这对于探索数据、发现潜在因果关系以及理解变量如何相互影响至关重要。第二，相关性分析具有预测能力。通过分析变量之间的关系，我们可以使用一个变量来预测另一个变量的值。这在许多实际应用中非常重要，如经济预测、市场趋势分析和医学疾病预测。第三，相关性分析有助于变量选择。在建立预测模型或进行统计分析时，我们需要确定哪些自变量对目标变量具有最大的影响。相关性分析可以帮助筛选出最相关的变量，从而提高模型的准确性和可解释性。第四，相关性分析还有助于异常值检测。异常值可能会干扰数据分析的准确性，而相关性分析可以帮助识别这些异常值。通过检测和处理异常值，我们可以提高数据的质量和可靠性。第五，相关性分析是探索性数据分析的一部分。在初步探索数据时，相关性分析提供了一个出发点，帮助研究者更好地理解数据的特点和关键变量。这有助于确定后续分析的方向和策略。

（2）任务结果

表 4－8 是我们相关性分析的结果。

表 4－8　　相关性分析结果

Var	(1)	(2)	(3)	(4)	(5)	(6)	(7)	(8)	(9)	(10)	(11)
(1)	1										
(2)	0.08***	1									
(3)	0.004	0.09***	1								
(4)	0.29***	0.08***	-0.09***	1							
(5)	0.19***	0.10***	0.12***	0.21***	1						
(6)	0.05***	-0.09***	-0.47***	0.10***	-0.25***	1					
(7)	-0.05***	0.06***	0.03***	-0.14***	-0.05***	-0.01	1				
(8)	-0.12***	-0.01	0.02*	-0.31***	-0.15***	-0.03**	0.15***	1			
(9)	0.10***	0.05***	0.010	0.17***	0.06***	-0.003	-0.02*	-0.07***	1		
(10)	0.01	-0.05***	-0.19***	0.013	-0.12***	0.37***	0.04***	-0.06***	-0.06***	1	
(11)	0.32***	0.10***	-0.03**	0.36***	0.54***	0.07***	-0.11***	-0.25***	0.08***	0.01	1

注：(1) 评论有用性；(2) 目标数量；(3) 美学质量；(4) 评论长度；(5) 评论者身份；(6) 评论时间；(7) 评论评分；(8) 评论情感；(9) 评论可读性；(10) 餐厅总评论数；(11) 评论者总评论数。* 代表 $p < 0.05$，** 代表 $p < 0.01$，*** 代表 $p < 0.001$

3. 回归分析

（1）回归方法介绍

①最小二乘法（Ordinary Least Squares，OLS）：

最小二乘法是一种常见的线性回归分析方法，用于建立自变量和因变量之间的线性关系模型。最小二乘法旨在找到一个线性模型，使观测值与模型预测值之间的残差平方和最小化。这意味着它试图找到一条最佳拟合的直线（或多维平面），以最好地解释观测数据的变异性。OLS 通过计算系数来拟合线性模型，这些系数表示自变量对因变量的影响。

A. OLS 适用于以下情况：

a. 研究自变量与因变量之间的线性关系。

b. 解决预测问题，其中目标是使用自变量的值来预测因变量的值。

c. 进行因果分析，以确定自变量是否对因变量产生影响。

d. 探索变量之间的相关性和影响。

B. OLS 的局限性包括：

a. 线性假设：OLS 假设自变量与因变量之间存在线性关系，如果关系非线性，则 OLS 可能不适用。

b. 异方差性：OLS 假设误差项具有恒定的方差，如果误差项的方差随自变量的变化而变化，OLS 的结果可能不准确。

c. 自相关性：OLS 假设误差项之间是不相关的，如果误差项之间存在自相关性，OLS 的估计值可能不一致。

d. 共线性：当自变量之间高度相关时，OLS 估计可能变得不稳定，导致系数估计不准确。

在 Stata 中执行 OLS 示例代码如下，dependent_variable 是因变量的名称，independent_variable1 和 independent_variable2 是自变量的名称。执行这个命令后，Stata 将估计回归方程，提供了系数估计、显著性水平、拟合度和其他统计信息。可以使用 help reg 命令来查看更多关于 reg 命令的选项和用法说明。

```
// 导入数据集
use your_dataset.dta
// 进行 OLS 回归
reg dependent_variable independent_variable1 independent_variable2
```

②逻辑回归（Logistic Regression）：

逻辑回归是用于分析因变量是二元（0 或 1）或多元（多个离散水平）的情况。它的核心思想是通过逻辑函数（也称为 Sigmoid 函数）建立一个线性模型，该模型可以将自变量的线性组合映射到［0，1］的范围内，表示某个事件发生的概率。逻辑回归适用于分类问题，其中需要预测二元或多元因变量的发生概率，例如确定是否患病、购买产品或执行某个操作的概率。此方法能够估计自变量对于事件发生概率的影响，并用于因果分析、概率预测以及有序或无序分类问题。

A. 逻辑回归有四种类型：

a. 二元逻辑回归：用于处理二元因变量的情况，如二分类问题（是/否、成功/失败）。

b. 多项逻辑回归：用于处理多元分类问题，其中因变量有三个或更多离散水平（类别）。

c. 有序逻辑回归：用于处理有序分类问题，其中因变量有明确的有序关系，但水平之间不是等距的。

d. 无序多项逻辑回归：用于处理多元分类问题，其中因变量的水平之间没有明确的有序关系。

B. 逻辑回归的局限性包括：

a. 线性假设：逻辑回归假设自变量与因变量的对数概率之间存在线性关系，如果关系非线性，则逻辑回归可能不适用。

b. 偏差和方差问题：对于不平衡的数据集，逻辑回归可能出现偏差或方差较大的问题。

c. 多重共线性：自变量之间的高度相关性可能导致参数估计不稳定。

d. 过拟合：当自变量数量较多时，逻辑回归模型容易过拟合，需要谨慎选择变量。

e. 数据不独立性：逻辑回归假设观测数据之间是独立的，如果存在数据间的依赖关系，模型可能不准确。

Stata 示例代码如下，执行 logit 命令后，Stata 将估计逻辑回归模型，提供了模型拟合度指标、参数估计和概率预测。您可以根据研究问题和数据特点来选择适当的自变量。

命令示例：

```
// 进行二元逻辑回归
logit dependent_variable independent_variable1 independent_variable2
```

③泊松回归（Poisson Regression）：

泊松回归用于建立某个事件（如事故、疾病发病次数、客户到达次数等）的计数数据与自变量之间的关系。它基于泊松分布，假设事件的发生是一个稀有事件，并使用对数链接函数来建立自变量与事件发生率之间的线性关系。

A. 泊松回归适用于以下情况：

a. 计数数据：当因变量是计数数据，且表示事件发生次数时，泊松回归是一个有用的工具，如分析疾病发病率、事故发生率等。

b. 稀有事件：适用于事件发生率较低的情况，泊松回归在这种情况下通常能提供较好的拟合。

c. 自变量与计数数据的关系：当需要探讨自变量如何影响事件的发生次数时，可以使用泊松回归。

B. 泊松回归的局限性包括：

a. 离散计数假设：泊松回归假设计数数据是离散的，并且事件的发生率在不同的观测之间是恒定的。这个假设在某些情况下可能不成立。

b. 高发生率问题：当事件的发生率较高时，泊松回归可能不适用，因为它假设事件是稀有事件。

c. 零截断问题：泊松回归在某些情况下可能不适用于存在零截断的数据，即某些观测没有事件发生。

Stata 示例代码如下，执行“poisson”命令后，Stata 返回的结果与逻辑回归相似。

```
// 进行泊松回归
poisson dependent_variable independent_variable1 independent_variable2
```

④负二项回归（Negative Binomial Regression）：

负二项回归是用于处理计数数据的一种回归方法，它是泊松回归的扩展。与泊松回归不同，负二项回归不仅考虑事件的平均发生率，还考虑了事件发生率的离散性。它假设事件发生次数遵循负二项分布，其中发生率可以变化，并且可以不等于方差。这使得负二项回归适用于具有过度离散性或过度离群值的计数数据。

A. 负二项回归适用于以下情况：

a. 计数数据：当因变量是计数数据，例如事件发生次数、客户到达次数、疾病发病次数等，负二项回归是一个有用的分析工具。

b. 离散性和离群值：适用于具有高度离散性或离群值的数据，这些情况下泊松回归可能不适用。

c. 超离散性：当计数数据的方差大于平均值时，负二项回归通常比泊松回归更适合。

d. 自变量与计数数据的关系：当需要探索自变量如何影响计数数据的分布和变异性时，可以使用负二项回归。

B. 负二项回归的局限性包括：

a. 复杂性：相对于泊松回归，负二项回归具有更多的参数，因此更复杂，需要更多的观测数据来稳定估计。

b. 偏差和方差问题：对于小样本数据，可能会出现偏差或方差较大的问题。

c. 高计算成本：负二项回归的估计可能需要较长的计算时间，尤其是在具有大量自变量的情况下。

Stata 示例代码如下：

```
// 进行负二项回归
nbreg dependent_variable independent_variable1 independent_variable2
```

⑤Tobit 回归：

Tobit 回归是用于处理截尾数据的一种回归方法，它同时考虑了两种类型的截尾情况：左截尾（下限截尾）和右截尾（上限截尾）。左截尾指的是因变量的观测值受到下限限制，而右截尾指的是因变量的观测值受到上限限制。Tobit 回归建立了一个模型，以描述自变量与受到限制的因变量之间的关系。

A. Tobit 回归适用于以下情况：

a. 截尾数据：当因变量受到上限或下限截尾时，例如工资调查中的最低工资和最高工资限制。

b. 零观测：当观测数据中包含大量零值时，但这些零值并非因变量的真实值，而是由于截尾引起的。

c. 剩余项的正态性假设：Tobit 回归通常假设因变量在剩余项（误差项）上具有正态分布，这对于模型的准确性很重要。

B. Tobit 回归的局限性包括：

a. 假设问题：Tobit 回归对误差项的正态性和方差齐性有强烈的假设，如果这些假设不成立，模型结果可能不准确。

b. 对于左截尾和右截尾的敏感性：Tobit 回归的效果取决于截尾的方向，对于数据中存在的不同类型的截尾，需要谨慎选择合适的模型。

c. 数据解释：Tobit 回归的系数解释通常较复杂，因为它们同时影响了因变量的观测和截尾部分。

Stata 示例代码如下，通过 tobit 命令进行 Tobit 回归，使用 ll(0) 指定右截尾，ll(1) 指定左截尾。执行后，Stata 将估计 Tobit 回归模型，提供了模型拟合度指标、参数估计和截尾部分的相关信息。

```
// 进行 Tobit 回归(右截尾)
tobit dependent_variable independent_variable1 independent_variable2,ll(0)
```

⑥偏最小二乘回归（Partial Least Squares Regression）：

PLS 回归是一种多元线性回归方法，用于建立自变量与因变量之间的关系模型。它使用一种分步回归的方法，通过创建潜在变量（Latent Variables）来减少自变量之间的多重共线性，并在这些潜在变量之间建立线性关系，然后用于预测因变量。PLS 回归可用于回归分析、分类问题和降维。

A. PLS 回归适用于以下情况：

a. 多重共线性：当自变量之间存在高度相关性时，传统的 OLS 回归可能表现不佳，PLS 回归能够处理这种情况。

b. 高维数据：当自变量数量远远大于观测数量时，PLS 回归可以用于降低数据的维度，提高建模效率。

c. 数据挖掘：用于探索大规模数据集中自变量与因变量之间的复杂关系，例如在化学、生物学和金融领域的应用。

d. 分类问题：PLS 回归可用于分类建模，如支持向量机和逻辑回归。

B. PLS 回归的局限性包括：

a. 黑盒模型：PLS 回归生成的潜在变量不易解释，因此模型的解释性较差。

b. 数据预处理：对于不同的数据集，需要进行适当的预处理，如缺失值处理和标准化。

c. 样本大小：PLS 回归在小样本情况下的性能可能较差，通常需要大样本来获得稳定的结果。

PLS 回归不是 Stata 的内置功能，在实证分析时，通常适用 Matlab、Smart-PLS 等软件实现。

⑦岭回归（Ridge Regression）：

Ridge 回归是一种改进的线性回归方法，旨在解决自变量之间高度相关的问题。它通过在 OLS 的损失函数中添加一个正则化项，来对系数进行惩罚，从而限制模型参数的幅度，减轻了共线性的影响。Ridge 回归的目标是最小化损失函数和正则化项之和。

A. Ridge 回归适用于以下情况：

a. 多重共线性：当自变量之间存在高度相关性时，OLS 回归的参数估计可能不稳定，Ridge 回归有助于减轻这个问题。

b. 预测准确性：当您的目标是提高回归模型的预测准确性时，Ridge 回归通常比 OLS 更有效。

c. 维度高：当自变量的数量远远大于观测样本数量时，Ridge 回归可以帮助控制模型的复杂性，并提高泛化性能。

B. Ridge 回归的局限性包括：

a. 参数解释性：Ridge 回归引入了正则化项，因此得到的系数估计值偏向于缩小，不易解释。

b. 超参数选择：需要选择合适的正则化参数（λ 或 α），这需要一定的经验或交叉验证等方法。

c. 不能做特征选择：Ridge 回归不会将系数收缩到零，因此不适用于特征选择。

在 Stata 中，Ridge 回归通常需要使用外部的命令或库来执行，通常 Lasso

回归使用 R 语言、Python、Matlab 等软件实现。

⑧Lasson 回归（Least Absolute Shrinkage and Selection Operator Regression）：

Lasso 回归是一种改进的线性回归方法，用于处理多重共线性问题和特征选择。它在 OLS 回归的损失函数中引入了 L1 正则化项，通过对系数进行惩罚来限制模型参数的大小。Lasso 回归的目标是最小化损失函数和 L1 正则化项之和。与 Ridge 回归不同，Lasso 回归倾向于将某些系数收缩到零，因此它还可以用于特征选择，即自动筛选出最重要的自变量。

Lasso 回归适用于以下情况：

a. 多重共线性：当自变量之间存在高度相关性时，OLS 回归的参数估计可能不稳定，Lasso 回归有助于减轻这个问题。

b. 特征选择：当您希望自动选择最相关的自变量时，并剔除不相关的自变量时，Lasso 回归非常有用。

c. 预测准确性：当您的目标是提高回归模型的预测准确性时，Lasso 回归通常比 OLS 更有效。

d. 维度高：当自变量的数量远远大于观测样本数量时，Lasso 回归可以帮助控制模型的复杂性，并提高泛化性能。

Lasso 回归的局限性与岭回归相同，Stata 中 Lasso 回归需要适用外部命令或库来执行。一般来说，Lasso 回归使用 R 语言、Python、Matlab 等软件完成。

（2）任务结果

对于本任务我们选择最小二乘回归，因变量是评论有用性，自变量是目标数量和图片的美学质量，调节变量是评论长度，其他作为控制量。图表 4－9 所示，模型（1）是不加调节变量的结果，模型（2）加入调节变量的结果。

表 4－9　　OLS 回归结果

VARIABLES	模型（1）	模型（2）
	评论有用性	评论有用性
目标数量	0.138*** (0.0422)	－0.215*** (0.0647)
美学质量	0.446*** (0.125)	0.236 (0.173)

续表

VARIABLES	模型（1）	模型（2）
	评论有用性	评论有用性
评论长度	0.00614 *** (0.000363)	-0.00563 (0.00431)
评论长度_目标数量		0.00254 *** (0.000357)
评论长度_美学质量		0.00161 (0.000996)
评论者身份	0.231 ** (0.0998)	0.200 ** (0.0996)
评论时间	0.00507 *** (0.00139)	0.00502 *** (0.00139)
评论评分	0.0119 (0.0439)	0.0128 (0.0438)
评论情感	0.00987 (0.0140)	0.00987 (0.0139)
评论可读性	0.0423 *** (0.0112)	0.0431 *** (0.0111)
餐厅总评论数	0.0111 (0.0349)	0.0130 (0.0348)
评论者总评论数	0.466 *** (0.0271)	0.478 *** (0.0271)
Constant	-4.503 *** (0.683)	-3.014 *** (0.851)
Observations	8273	8273
R-squared	0.142	0.148

Standard errors in parentheses

***，表示 $p<0.01$；**，表示 $p<0.05$；*，表示 $p<0.1$.

三、任务实现

以下呈现本章节任务的代码，从描述性统计、相关性分析至回归分析。

代码 4-25 Stata 任务实现

```
//描述性统计
summarize 评论有用性 目标数量 美学质量 评论长度 评论者身份 评论时间
 评论评分 评论情感 评论可读性 餐厅总评论数 评论者总评论数,detail

//相关性分析
logout,save(相关系数分析) word replace : pwcorr_a 评论有用性 目标数量 美学质量
 评论长度 评论者身份 评论时间 评论评分 评论情感 评论可读性 餐厅总评论数
 评论者总评论数

//生成调节项
gen 评论长度_目标数量 = 评论长度 * 目标数量
gen 评论长度_美学质量 = 评论长度 * 美学质量
//主效应回归
reg 评论有用性 目标数量 美学质量 评论长度 评论者身份 评论时间 评论评分
 评论情感 评论可读性 餐厅总评论数 评论者总评论数
est store e3
outreg2[e3]using 回归分析结果.doc,replace
//加入调节项的回归
reg 评论有用性 目标数量 美学质量 评论长度 评论长度_目标数量 评论长度_美学质量
 评论者身份 评论时间 评论评分 评论情感 评论可读性 餐厅总评论数 评论者总评论数
est store e4
outreg2[e4]using 回归分析结果.doc,append
```

第五章

社交媒体帖子与评论数据分析

第一节　社交媒体概述

社交媒体平台是当今数字时代的重要组成部分，它们在全球范围内改变了人们的社交互动方式、信息传播方式以及商业模式。

一、国内外社交媒体平台发展现状和趋势

1. 国内社交媒体平台发展现状

国内社交媒体平台正处于快速发展的阶段，各平台不断竞争和创新，以满足不断变化的用户需求。国内的社交媒体集中在几个主要平台，每个平台都有其独特的特点和优势。首先，微信作为一款综合性社交媒体平台，拥有数 10 亿的用户，不仅提供了即时通信功能，还支持支付、小程序、社交圈子等多种服务。其社交生态系统不断壮大，吸引了各种业务和品牌入驻。微博作为中国的博客平台，虽然在微信的竞争中略显劣势，但它仍是重要的信息传播平台，特别是在新闻、娱乐和社会议题上。用户可以轻松分享文字、图片和视频等多种内容，与其他用户互动。抖音是一款短视频分享平台，在国际市场上取得了巨大成功，被广泛认为是一种全新的社交媒体形式，吸引了大量的年轻用户。抖音的特色在于其创意性和娱乐性，用户可以通过创作各种有趣的短视频来表达自己。此外，小红书是一个以购物、时尚和生活方式为主题的社交平台，允许用户分享购物体验、美妆技巧和生活方式建议。它已成为年轻一代的消费者社区，为用户提供了丰富的购物和生活参考信息。

总体来说，我国社交媒体平台目前呈现多样化和竞争激烈的现状，各平台都在积极探索新的发展机会，以应对快速变化的数字时代需求。未来，国内社交媒体的发展趋势将逐渐涵盖以下几个重要方面。

2. 国外社交媒体平台发展现状

国外社交媒体领域一直以来都处于不断演进和创新之中，各大平台都在

不断寻求适应快速变化的数字时代需求。Facebook 作为全球最大的社交媒体平台之一，拥有数 10 亿的用户。它不仅包括主要的 Facebook 社交网络，还包括 Instagram、Whats 和 Messenger 等应用，形成了强大的社交媒体生态系统。Instagram 是一款以视觉内容为主的社交媒体平台，特别受到年轻用户和创作者的喜爱。它已成为品牌推广和营销的重要渠道，让用户能够分享生活瞬间和创意作品。Twitter 则是一个信息传播和社交互动平台，被广泛用于新闻报道、公共讨论和社会运动。它通过推文的形式让用户快速分享观点和信息，形成了实时的全球对话。YouTube 是全球最大的视频分享平台，用户可以上传和观看各种类型的视频内容。它不仅吸引了内容创作者，还成为广告商的首选平台之一。

3. 社交媒体平台发展趋势

社交媒体平台未来的发展趋势将集中在内容付费、社交电商、数据隐私、技术创新和线上线下整合等方面。这些趋势将塑造社交媒体行业的未来，使其更加多元化、创新化，满足不断变化的用户需求。同时，平台也将面临更多的监管和合规压力，需要寻找平衡点，确保用户权益和业务可持续发展。

（1）社交电商的崛起

社交媒体平台将继续向电子商务领域拓展，为用户提供购物和交易的便利。社交电商模式将成为未来的主要趋势，允许用户在平台上浏览和购买产品，与卖家互动，并参与各种促销活动。这将推动社交媒体平台与电商之间的融合，创造更多商业机会。

（2）数据隐私和监管

随着对数据隐私和内容监管的关注不断增加，社交媒体平台将需要更加注重用户数据的保护和合规性。这包括加强数据安全措施、提供更多的隐私选项以及积极响应监管机构的要求。合规性将成为社交媒体平台的一项重要工作，并可能导致一些变革和调整。

（3）人工智能和虚拟现实

社交媒体平台将积极探索人工智能和虚拟现实技术的应用，以提供更具交互性和沉浸感的用户体验。例如，虚拟社交活动、虚拟现实聚会和智能推荐系统都将成为未来的关键发展领域。这些技术将为用户带来更多创新和娱乐性。

(4) 线上线下整合

社交媒体平台将与线下业务更紧密地整合，以提高销售、品牌知名度和用户互动。这包括线上线下商店的合作、线下活动的在线推广、虚拟体验与实际产品的结合等。这种整合将促进社交媒体平台在商业领域的进一步发展，为企业提供更多机会与目标受众互动。

(5) 内容付费和创作者经济

社交媒体平台将继续发展创作者经济，为内容创作者提供更多的机会获得收入。这包括提供内容付费订阅、虚拟礼物和广告分成等方式，以激励创作者创作更多高质量的内容。这将有助于吸引更多有才华的创作者入驻平台，同时提供更多吸引用户的精彩内容。

(6) 内容筛选和隐私保护

社交媒体平台将继续改进内容筛选算法，以减少虚假信息和有害内容的传播。同时，用户对隐私保护的关注将推动平台提供更多隐私控制选项。

二、社交媒体极化现象的理解

社交媒体上的用户倾向于与他们意见相近的人互动，形成一个信息和观点的"过滤泡沫"。用户通过关注、点赞和分享与自己观点一致的内容，同时忽略或排斥与自己观点相反的信息。这导致了信息的孤立化，使人们更容易受到同一立场观点的强化，而不容易接触到不同的观点和信息来源。同时，社交媒体在一定程度上助长了政治极化，即社会和政治观点在社交媒体上呈现出极端化的趋势。政治极化表现为政治立场的分歧加剧，人们更倾向于支持极端、极左或极右的政治观点，而忽视中间派的立场。社交媒体提供了一个让人们表达和强化自己政治信仰的平台，也容易导致对立和对抗。除了政治极化，社交媒体也促进了情感上的极化。用户在社交媒体上更容易表达自己的情感，包括愤怒、激情和悲伤等。这些情感传播得更快，更广，同时更容易激发他人的情感。这种情感传播可能导致一种情感极化，即情感在社交媒体上变得更加强烈和极端，影响人们的决策和行为。

这些极化趋势可能导致社会和政治分裂，减少人们对不同观点的理解和包容性。过去有众多研究者提出政治事件帖子往往更容易造成极化现象相比于娱乐、体育、社会等一般事件。原因是政治是一个充满情感和价值观的领域，政治新闻通常涉及争议性和情感化的问题。这些问题容易触发人们的情感，如愤怒、激情和担忧，导致用户更容易陷入情感极端，而非理性讨论。其次，社交媒体平台上的极端政治观点和激进言论往往更容易引起关注和争议，因此更容易在用户之间传播。这些帖子通常会引发激烈的讨论，增加了政治极化的可能性。本章节想研究政治事件的类型会不会对极化产生影响，尤其是政治事件中具有群体性质的集体事件是否更容易造成社交媒体的极化。因此本章节后面我们需要解决以下问题：①社交媒体帖子类型分类；②帖子评论情感（用以衡量极化）的测量；③分析帖子类型对极化的影响。

三、了解社交媒体帖子及评论数据

本章主要针对 Twitter 上的新闻帖子及其评论数据进行分析。每个帖子评论是根据各自对应 URL 爬取的，第一列是帖子的 URL，第二列是该帖子对应的评论。URL 相同，即表示这是同一条帖子下面除图片、视频的文本评论。下面表格列出了两条帖子的评论。

四、探索社交媒体平台政治帖子类型对极化影响的步骤和流程

本章节的目的是探索不同类型政治事件帖子是否会对社交媒体的极化产生影响。因此，核心需要完成三件事：一是爬取社交媒体的帖子，我们关注 Twitter 上新闻账户发布的帖子，使用 python 的 Sweet 库进行 Twitter 帖子爬取；二是区分不同类型的帖子，这里我们使用多种机器学习模型来标记和预测，最终使用准确了吧、召回率、F 值等指标进行比较确定对本任务最有效的模型；三是社交媒体极化的测量，使用 LIWC 软件的情感强度计算。具体来说，主要步骤如下：

①利用 python 对四大新闻媒体账户的 2021 年至 2022 年帖子进行爬取。

②使用多种机器学习算法区分帖子类型。与本任务相关的是政治事件帖子，政治事件中的集体事件是我们的重点关注。因此，我们将帖子分成三类，即：集体事件、普通政治事件、一般事件（娱乐、体育、社会等话题）。

③利用 Selenium 库爬取两种政治事件帖子的评论。

④对评论数据进行数据清洗，并计算积极和消极情感强度。

⑤对帖子数据进行数据清洗，并进行情感强度计算等操作。

⑥运用 Stata 探索政治事件帖子类型对极化的影响。

第二节　获取社交媒体帖子数据

要分析帖子类型和帖子评论数据，首先需要对这部分数据进行采集。本章以 Twitter 四大新闻媒体的帖子和评论信息作为例子，利用 python 进行数据爬取。

一、了解 Twitter 爬虫的基本方法

1. 通过 Twitter API 爬取

使用 Twitter API 进行 Twitter 爬虫可以让你以合法和高效的方式获取 Twitter 上的数据。Twitter 提供了 API（应用程序编程接口），允许开发者访问和获取公开的推文、用户信息、趋势话题等数据。但是 Twitter API 获取较为困难，若需要获取 Twitter 数据，请务必提前申请，并做好尝试其他方法的准备。以下我们简单介绍利用 Twitter API 进行 Twitter 爬虫的步骤和方法。

（1）步骤一：创建 Twitter 开发者账户

需要首先在 Twitter 上创建一个开发者账户（Twitter Developer Account）。访问 Twitter Developer Portal 并使用 Twitter 帐户登录。接受 Twitter 的开发者协议并创建一个新的 Twitter 应用程序。

（2）步骤二：创建 Twitter 应用程序

在开发者门户中，需要创建一个新的 Twitter 应用程序。这将为个人提供所需的 API 密钥和令牌。同时，用户需要填写应用程序的相关信息，包括应用程序名称、描述和网站。

（3）步骤三：获取 API 密钥和令牌

在 Twitter 应用程序设置中，你将获得 4 个重要的凭证：API（API Key）、API 密钥（API Secret Key）、访问令牌（Access Token）、访问令牌密钥（Access Token Secret），这些凭证将用于通过 Twitter API 访问数据。

（4）步骤四：选择 Twitter API 端点

Twitter API 提供了各种端点用于访问不同类型的数据，如用户数据、推文

数据、趋势话题等。用户需要选择适当的 API 端点来获取需要的数据。例如，如果想获取特定用户的推文，可以使用 statuses/user_timeline 端点。以下是 Twitter API 常用的几个端点以及它们的功能：

①statuses/user_timeline：

a. 功能：获取指定用户的时间线上的最新推文。

b. 用法：你需要提供用户的 ID 或用户名作为查询参数，可以选择获取用户的最新推文，也可以指定时间范围和数量。

示例：

```
GET https://api.twitter.com/1.1/statuses/user_timeline.json?screen_name = TwitterAPI
```

②statuses/home_timeline：

a. 功能：获取授权用户的主页时间线上的最新推文。

b. 用法：不需要提供额外的查询参数，只需要授权用户的凭证。

示例：

```
GET https://api.twitter.com/1.1/statuses/home_timeline.json
search/tweets
```

③search/tweets：

a. 功能：执行关键词搜索，获取包含指定关键词的推文。

b. 用法：需要提供查询关键词作为查询参数，可以指定时间范围、数量等。

示例：

```
GET https://api.twitter.com/1.1/search/tweets.json?q = data% 20science
search/tweets
```

④statuses/update：

功能：发表新推文。

用法：需要提供推文文本作为请求正文，可以选择是否包括其他参数，如地理位置信息。

示例：

```
POST https://api. twitter. com/1. 1/statuses/update. json? status = Hello% 20Twitter%
20world
users/showsearch/tweets
```

⑤users/show：

a. 功能：获取特定用户的详细信息。

b. 用法：需要提供用户的 ID 或用户名作为查询参数。

示例：

```
GET https://api.twitter.com/1.1/users/show.json?screen_name = TwitterAPI
trends/placeusers/showsearch/tweets
```

⑥trends/place：

a. 功能：获取指定地区的趋势话题。

b. 用法：需要提供地区的 WOEID（Where on Earth IDentifier）作为查询参数。

示例：

```
GET https://api.twitter.com/1.1/trends/place.json?id = 23424977(全球趋势)
followers/list 和 friends/listtrends/placeusers/showsearch/tweets
```

⑦followers/list 和 friends/list：

a. 功能：获取用户的粉丝列表和关注列表。

b. 用法：需要提供用户的 ID 或用户名作为查询参数。

示例：

```
GET https://api.twitter.com/1.1/followers/list.json?screen_name = TwitterAPI
favorites/listfollowers/list 和 friends/listtrends/placeusers/showsearch/tweets
```

⑧favorites/list：

a. 功能：获取用户喜欢的推文列表。

b. 用法：需要提供用户的 ID 或用户名作为查询参数。

示例：

```
GET https://api.twitter.com/1.1/favorites/list.json?screen_name = TwitterAPI
lists/listfavorites/listfollowers/list 和 friends/listtrends/placeusers/showsearch/tweets
```

（5）步骤五：构建 API 请求

使用 API 密钥和令牌构建 HTTP 请求，向 Twitter API 发送请求以获取数据。请求的 URL、HTTP 方法和参数将根据所选的 API 端点和查询参数而有所不同。API 请求通常使用 OAuth 进行身份验证，确保你在请求中包括正确的凭证。

（6）步骤六：处理 API 响应

一旦发送 API 请求，Twitter 就将返回 JSON 格式的响应数据。用户需要解析这些数据以提取所需的信息。通常使用编程语言的 JSON 解析库来处理响应数据。

（7）步骤七：定期更新数据

如果需要定期更新数据，可以设置定时任务来定期发送 API 请求以获取最新的数据。

Twitter API 基于 RESTful 架构，使用 HTTP 协议进行通信。用户构建 HTTP 请求，将其发送到 Twitter API 服务器，并接收 JSON 格式的响应数据。API 请求需要包括授权标头，以验证你的应用程序。使用 API 端点和查询参数可以指定要获取的数据类型和过滤条件。例如，可以通过指定用户 ID 来获取特定用户的推文，或者通过关键词来搜索推文。Twitter API 的响应数据通常包括各种字段，包括推文文本、用户信息、日期时间戳、媒体链接等。可以解析 JSON 响应以提取这些信息，并将其用于个人应用程序或分析任务。但是需要注意的是 Twitter 的 API 有速率限制，即每 15 分钟内可以发送的请求数量有限制。使用者需要查看 Twitter 的 API 文档了解速率限制的详细信息，并根据需要进行请求配额管理。此外再使用 Twitter API 时，必须遵守 Twitter 的 API 使用规则和政策。要特别注意隐私和数据使用问题，确保你的爬虫操作遵循相关法规和 Twitter 的政策，不侵犯用户隐私，不滥用数据，确保爬虫操作合法且不会导致封禁。

2. 通过 Python 的“scweet”库爬取

“Scweet”是一个用于爬取 Twitter 数据的 Python 库，它是基于 Tweepy 和 pandas 构建的。“scweet”旨在提供一种方便的方式来收集和分析 Twitter 上的数据，尤其是与用户、关键词、日期范围等相关的数据。scweet 库使得从 Twitter 上爬取数据变得相对简单，特别是对于一般的数据需求。

使用“scweet”库进行 twitter 数据爬取需要经过以下几个步骤：首先，在 python 中安装并导入“scweet”库；其次，配置爬取参数，创建字典包含用于配置爬取的参数，常用的参数有：“words”，搜索关键词，可以是一个或多个关键词列表；“start time”开始日期，制定要爬取的数据的起始日期；“end data”结束日期，指定要爬取的数据的结束日期；“from_acount”，从特定用户的时间线上爬取数据；“lang”，要筛选的语言等；最后，执行爬取操作并保存数据。

尽管 Scweet 是一个有用的爬取 Twitter 推文数据的工具，但它也有一些局限性。首先，Scweet 的爬取功能通常限于较小的数据集，如果需要大规模的数据集，可能需要更复杂的爬取策略。其次，Scweet 通过模拟浏览器操作来获取数据，但它可能无法捕获动态加载的内容。如果推文数据是通过 JavaScript 加载的，Scweet 可能无法获取它们。同时，Scweet 不支持 Twitter 网页高级筛选的所有功能。最后，Scweet 需要一个浏览器驱动来执行爬取操作，这增加了复杂性和资源消耗。

二、任务实现

这里我们选择 Python 的 Scweet 库进行数据爬取，详细代码如代码 5 – 1 所示。

代码 5 –1 Twitter 数据采集

```
from Scweet.scweet import scrape
from Scweet.utils import init_driver,log_in
# 初始化浏览器驱动
driver = init_driver(headless = False,show_images = True)
```

```
# 登录 Twitter 帐户(通过 .env 文件配置凭证)
log_in(driver,env = ".env")
# 执行爬取操作
data = scrape(
    since = "2022 - 10 - 21",           # 开始日期,指定要爬取的数据的起始日期
    from_account ='CBSNews',        # 从特定用户(BBC News)的时间线上爬取数据
    interval = 1,                   # 连续的爬取间隔时间,以秒为单位
    headless = False,               # 是否在无头模式下运行浏览器(True 表示无头模式)
    display_type = "Top",              # 显示类型,可选项有 "Top"(热门推文)、"Latest"
(最新推文)和 "Images"(带有图像的推文)
    save_images = True,              # 是否保存推文中的图像(True 表示保存)
    resume = False,                  # 是否恢复之前的爬取(False 表示不恢复)
    filter_replies = False,          # 是否过滤回复推文(False 表示不过滤)
    proximity = False,               # 是否启用附近的推文(False 表示不启用)
    driver = driver                 # 使用已初始化的浏览器驱动
)
```

这段代码是爬取 Twitter 上特定新闻账户“CBSNews”特定时间线上的推文。最终爬取的数据将存储在 data 变量中，其中包含了指定日期以后 CBSNews 发布的推文数据。最终返回的结果有：“用户名”“推文文本”“推文中的表情”“点赞数量”“转发数量”“图像连接”和“推文连接”，结果如表 5 - 1 所示。但是，Twitter 自身返回数据的限制，我们不能看到根据筛选结果真实的平台的全部数据，只能查看并保留平台显示的数据。因此，为了获取更多数据，我们选择爬取 2021 年至 2022 年平台高级筛选显示的 4 个新闻账户的所有新闻。

我们也尝试了从特定用户的主页爬取其发布的所有推文，但由于用户和 Twitter 平台本身可以查看的推文数量限制，我们只能爬取到平台上能够看到的内容。由于数据量极少，对本任务用处较小，因此我们还是使用以上通过筛选功能的做法。我们在这里分享从特定用户主页爬取其推文的代码：

代码 5 - 2 主页推文爬取

```
import os
import re
from selenium.webdriver.common.keys import Keys
```

```
from selenium.webdriver.common.action_chains import ActionChains
import pandas as pd
from selenium import webdriver
import time
import csv
import warnings
warnings.filterwarnings("ignore")
enddate ='2022 年 4 月 1 日'
is_continue = 0
continue_time ='2022 年 6 月 1 日'
continue_date_list = [ ]
date_list = [ ]
url ='https://twitter.com/CBSNews'
high = 400
height_previous = 0
count = 0
driver = webdriver.Chrome( )
header = ['UserScreenName','UserName','Timestamp','Text','Embedded_text','Emojis',
'Comments','Likes','Retweets','Image link','Tweet URL']
data = [ ]
tweet_ids = set( )
write_mode ='w'
if is_continue == 1:
   write_mode ='a'
save_dir = "outputs"
if not os.path.exists(save_dir):
   os.makedirs(save_dir)
path = save_dir +'/'+'CBSNews.csv'
if write_mode =='w':
   # open the file
   with open(path,write_mode,newline = '',encoding ='utf-8') as f:
   with open(path,write_mode,newline = '',encoding ='utf-8') as f:
      writer = csv.writer(f)
      writer.writerow(header)
def get_data(card):
   """Extract data from tweet card"""
   image_links = [ ]
```

```
        try:
            #……
        except:
            return
option = webdriver.ChromeOptions()
# 开启开发者工具(F12)
option.add_argument("--auto-open-devtools-for-tabs")
driver = webdriver.Chrome(chrome_options = option)
# 打开目标推文页面
driver.get(url)
time.sleep(4)
if is_continue == 1:
    while True:
        try:
            #……
        except:
            pass
# 关闭浏览器
driver.quit()
```

第三节　对帖子进行分类

前面我们介绍过，本章节将新闻媒体账户的帖子分成两个主要类型，即政治事件帖子和一般新闻事件（即娱乐、体育等）。但我们重点关注政治事件中的集体事件帖子，因此，在帖子分类标记时，我们标记三种帖子类型，分别是政治事件、集体事件和一般事件。帖子分类问题我们使用百度 Paddle Paddle 机器学习算法来完成，同时将其与两种常用的解决分类问题的机器学习算法：支持向量机（SVM）和随机森林（SF）进行准确性等指标的比较。

一、机器学习基本内容

1. 机器学习基本概念和原理

机器学习是一种人工智能领域的分支，其核心目标是通过学习从数据中提取模式和知识，使计算机系统能够做出决策和预测，而无需显式编程。这一领域的基本概念包括数据、特征、标签和模型。数据是机器学习的基础，可以是结构化数据（如表格数据），也可以是非结构化数据（如文本、图像和音频）。特征是数据的属性或变量，用于描述事物的特性，有助于模型理解和预测。标签则在监督学习中扮演重要角色，它是我们希望模型预测或分类的结果。最后，模型是机器学习的核心组成部分，是数学函数或算法，通过将输入数据映射到输出来实现学习任务。模型的训练和测试通常需要使用训练和测试数据集，目标函数用来衡量模型的性能，而特征工程、模型选择、训练算法、泛化能力、超参数调优、交叉验证等概念则在模型开发过程中发挥关键作用。机器学习的广泛应用领域包括自然语言处理、计算机视觉、医疗健康、金融、自动驾驶、工业制造、推荐系统、游戏等，它持续推动着人工智能领域的发展。

机器学习的基本原理涉及一系列算法和技术，以下是其中一些关键概念：

（1）训练和测试数据集

通常数据集被分为两部分，一部分用于训练模型（训练集），另一部分用于评估模型性能（测试集）。训练数据集是用来训练机器学习模型的数据集。它包括了输入特征（特征矩阵）和对应的标签（目标变量）。在监督学习任务中，训练数据集中的标签是已知的，模型通过学习输入特征与标签之间的关系来进行训练。训练数据集的主要用途是让机器学习模型学习从输入数据到输出标签的映射关系。通过观察大量的训练样本，模型尝试捕捉数据中的模式和规律，以便在未见过的数据上做出准确的预测或分类。

测试集是用来评估机器学习模型性能的数据集。与训练集不同，测试集通常不用于模型的训练，而是用于在模型训练完成后，对模型进行评估和验证。测试集的主要用途是估计模型在未见过的数据上的性能。通过将模型的预测与测试数据集中的真实标签进行比较，可以确定模型的准确性、泛化能力和其他性能指标。测试集必须与训练集相互独立，确保评估模型的能力泛化到新数据。如果测试数据集中包含与训练数据集相似的样本，评估结果可能会不准确。在测试集上，可以使用各种评估指标来量化模型的性能（如准确率、精确度、召回率、F1 分数、ROC 曲线、AUC 等），具体指标取决于任务的性质。

（2）目标函数

目标函数也被称为损失函数或成本函数，是机器学习中的关键概念之一。目标函数是一个数学函数，它接受模型的预测结果和实际标签作为输入，并输出一个标量值，表示模型的性能指标。目标函数的主要任务是衡量模型的预测与实际标签之间的差异，从而确定模型的好坏。

模型的训练目标通常是最小化目标函数的值。通过不断调整模型的参数，使目标函数的值逐渐降低，模型就能够学习从数据中提取模式和规律。目标函数也用于评估模型的性能。在测试数据集上计算目标函数的值可以告诉我们模型在未见过的数据上的表现有多好。不同的问题和任务通常使用不同的目标函数，如均方误差、交叉熵、对数损失等。

常见的目标函数有：①均方误差（Mean Squared Error，MSE），用于回归问题，衡量模型的预测值与实际值之间的平方差的均值。MSE 目标函数的最小化目标是使模型的预测尽可能接近实际值；②交叉熵（Cross-Entropy），用于分类问题，衡量模型的预测分布与实际标签分布之间的差异。交叉熵在分类任务中是常用的目标函数，特别是在深度学习中；③对数损失（Log Loss）：

与交叉熵类似，通常用于二分类问题，衡量模型的预测概率与实际标签之间的差异。对数损失越低，模型的分类性能越好；④KL 散度（Kullback-Leibler Divergence）：用于衡量两个概率分布之间的差异，常用于生成模型的训练，如变分自编码器（Variational Autoencoder，VAE）。

（3）模型选择

模型选择（Model Selection）是机器学习中至关重要的步骤之一。它涉及选择合适的机器学习模型以解决特定的任务。机器学习中有各种各样的模型，包括线性回归、决策树、神经网络等。不同的机器学习模型适用于不同类型的问题。例如，线性回归适用于回归问题，而决策树适用于分类问题。选择适合问题性质的模型可以提高解决问题的效率和精度。同时，选择合适的模型对于解决特定问题至关重要，模型选择的质量直接影响到模型的性能和泛化能力。不同的模型有不同的计算复杂度。在资源有限的情况下，选择计算效率高的模型可以节省时间和计算资源。

模型选择首先要考虑问题的类型，是回归问题、分类问题、聚类问题还是其他类型的任务。数据集的规模对模型选择有影响。在大型数据集上，深度学习模型通常表现良好，而在小型数据集上，传统的机器学习模型也可能有效。数据的特征对于选择模型也很重要。如果数据具有复杂的非线性关系，可能需要使用更复杂的模型，如深度神经网络。其次，某些领域要求模型具有高度可解释性，如医疗领域。在这种情况下，选择线性模型或决策树等可解释性强的模型可能更合适。最后，可用的计算资源也是一个重要因素。深度学习模型通常需要大量计算资源，而传统机器学习模型则较为轻量。

（4）训练算法

训练算法是机器学习中的核心组成部分。它用于根据训练数据来调整模型的参数，使模型能够学习数据中的模式和规律。训练模型的过程通常涉及最小化目标函数的优化问题。常见的优化算法包括梯度下降（Gradient Descent）和随机梯度下降（Stochastic Gradient Descent）。

训练算法的第一步是定义一个目标函数，目标函数衡量模型的预测与实际标签之间的差异，通常表示为一个标量值。训练算法的目标是找到一组模型参数，使目标函数的值最小化或最大化。这通常涉及数值优化技术，如梯度下降、随机梯度下降、拟牛顿法等。为了优化目标函数，训练算法需要计算目标函数相对于模型参数的梯度（或导数）。梯度表示了目标函数在参数空间中的变化方向，可以用来指导参数的更新。一旦计算出梯度，训练算法使用梯度信息来更新模型的参数，通常按照梯度的反方向调整参数，以减小目标函数的值，参数更新的大小由学习率控制。训练算法通常需要多次迭代，每次迭代都会计算梯度、更新参数，并检查是否满足停止条件。迭代过程持续进行，直到达到预定的停止条件，如固定迭代次数或目标函数的改善不再显著。

常见的训练算法有：①梯度下降（Gradient Descent）：梯度下降是一种基本的优化算法，通过计算目标函数的梯度，并沿着梯度的反方向更新参数。梯度下降包括批量梯度下降、随机梯度下降和小批量梯度下降等变种。②拟牛顿法（Quasi-Newton Methods）：拟牛顿法是一种高效的优化算法。它尝试近似目标函数的二阶导数信息，从而更准确确定参数更新的方向和步长。BFGS 和 L-BFGS 是常见的拟牛顿法。③共轭梯度法（Conjugate Gradient）：共轭梯度法是一种用于解决特定形式的优化问题的算法，特别适用于求解线性回归和支持向量机等问题。④Adam（Adaptive Moment Estimation）：Adam 是一种自适应学习率的优化算法，结合了梯度的一阶矩估计和二阶矩估计，通常用于深度学习中。⑤随机梯度下降（Stochastic Gradient Descent，SGD）：SGD 是一种将每个训练样本用于参数更新的梯度下降变种，适用于大规模数据集和在线学习。⑥牛顿法（Newton's Method）：牛顿法使用目标函数的二阶导数信息来更新参数，它通常收敛速度较快，但也需要更多的计算资源。⑦强化学习算法：在强化学习中，常见的训练算法包括 Q-learning、Deep Q-Networks（DQN）、策略梯度方法等，用于训练智能体在环境中学习并制定最佳策略。⑧自动机器学习（AutoML）：自动机器学习工具可以自动选择和优化训练算法，无需手动选择或调整算法。

（5）泛化

泛化（Generalization）是指模型在未见过的数据上表现良好的能力。泛化能力是机器学习模型的一个重要性能指标，因为模型的主要目标之一是对新数据进行准确的预测或分类。一个具有良好泛化能力的模型可以适应新数据、将死过拟合风险、提高模型的鲁棒性。

影响泛化能力的因素有：①数据量，较大的训练数据集通常有助于提高泛化能力，因为模型能够从更多的样本中学习到更多的模式和规律。②数据质量，高质量的数据有助于模型学习更准确的模式。低质量的数据可能会引入噪声，降低模型的泛化能力。③复杂度，模型的复杂度指的是模型能够表示的函数族的大小。过于复杂的模型可能会过拟合训练数据，降低泛化能力。因此，需要根据问题的性质和数据量选择适当复杂度的模型。④正则化，正则化技术有助于控制模型的复杂度，防止过拟合。常见的正则化方法包括 L1 正则化和 L2 正则化。还有模型选择、超参数调优等。

为了评估模型的泛化能力，通常将数据集划分为训练集和测试集。模型在训练集上进行参数学习，然后在测试集上进行评估。常见的泛化性能评估指标包括准确率、精确度、召回率、F1 分数、AUC - ROC 等。这些指标用于衡量模型在新数据上的预测性能。除了划分数据集进行评估，还可以使用交叉验证等技术来更全面地评估模型的泛化能力。交叉验证将数据集分成多个子集，多次训练和测试模型，以减少评估结果的随机性。

（6）超参数调优

超参数调优是机器学习中的关键步骤之一，它涉及选择最佳的超参数组合，以优化模型的性能。超参数是在模型训练之前需要手动设置的参数，不同的超参数设置可能会导致不同的模型性能。通过调整超参数，可以改善模型性能。超参数和模型参数不同。模型参数是模型内部可学习的参数。它们是由训练数据自动学习得到，如神经网络的权重和偏差，模型参数的调整是通过训练算法自动完成的。而超参数是在训练模型之前需要手动设置的参数。它们控制了训练过程和模型的复杂度，如学习率、正则化系数、树的深度等。超参数的调整通常需要经验和实验。

超参数调优的方法有：①手动调优：最简单的方法是手动尝试不同的超参数组合，然后通过观察模型在验证集上的性能来选择最佳组合。这通常需要领域知识和经验。②网格搜索（Grid Search）：网格搜索是一种自动化的方法，它尝试所有可能的超参数组合，根据性能指标选择最佳组合。虽然容易实现，但对于大型超参数空间可能不够高效。③随机搜索（Random Search）：随机搜索从超参数空间中随机采样一组超参数，然后根据性能指标选择最佳组合。相对于网格搜索，它在大型超参数空间中更有效。④贝叶斯优化：贝叶斯优化是一种更高级的超参数调优方法，使用贝叶斯模型来估计超参数的性能曲面，然后在曲面上选择最佳超参数组合。这种方法在大型超参数空间中通常更高效。⑤自动机器学习（AutoML）：自动机器学习工具可以自动选择和调优模型的超参数，无需手动设置。这些工具通常包括超参数搜索、特征工程和模型选择等自动化步骤。

（7）交叉验证

交叉验证（Cross-Validation）是一种评估机器学习模型性能和帮助模型选择的重要技术。它通过将数据集划分成多个子集，反复训练和测试模型，减少因数据划分不同而引起的偶然性来更可靠地估计模型在未见过数据上的性能。

交叉验证首先需要将数据分成训练集和测试集。K - Fold 交叉验证是最常用的交叉验证方法。它将数据集分成 K 个相似大小的折（Folds），其中一个折被保留作为测试集，其他 K - 1 个折用于模型训练。其次，重复这个过程 K 次，每次选择不同的折作为测试集，最后计算 K 次验证结果的平均值。Leave - One - Out（LOO）交叉验证是 K - Fold 交叉验证的一种特殊情况。其中，K 等于训练样本的数量。每次仅保留一个样本作为测试集，其他所有样本用于训练。这意味着会执行与样本数量相等的“训练—测试”组合，但计算成本较高。在分层交叉验证中，确保每个折中的类别分布与整个数据集中的类别分布相似。这有助于防止在某个折中某个类别的样本太少，导致评估结果不准确的问题。

（8）无监督学习和强化学习

无监督学习是一种机器学习任务。其主要目标是从数据中发现模式、结构或规律，而不需要标记的目标变量。在无监督学习中，算法试图在数据中找到隐藏的结构，通常包括以下两种主要类型。

①聚类（Clustering）：聚类是一种无监督学习任务，其目标是将数据分成不同的组或簇，使同一组内的数据点相似性较高，而不同组之间的相似性较低。常见的聚类算法包括 K 均值聚类、层次聚类和 DBSCAN。

②降维（Dimensionality Reduction）：降维是另一种无监督学习任务，其目标是减少数据的维度，同时保留尽可能多的有用信息。降维技术有助于可视化数据、减少计算复杂性和处理高维数据。常见的降维方法包括主成分分析（PCA）和 t - 分布随机邻域嵌入（t - SNE）等。

强化学习是一种机器学习任务，其主要目标是让智能体（agent）通过与环境的交互来学习如何作出决策，以最大化累积奖励。在强化学习中，智能体通过尝试不同的动作来探索环境，并根据奖励信号来调整其行为。强化学习包括以下关键组成部分：

①智能体（Agent）：智能体是执行动作和作出决策的实体，它可以是机器人、虚拟角色或任何可以与环境交互的实体。

②环境（Environment）：环境是智能体所处的世界。它可以是真实的物理环境或虚拟的模拟环境。环境会对智能体的动作做出响应，并提供奖励信号。

③动作（Action）：动作是智能体可以执行的操作或决策。它们影响智能体与环境的互动。

④奖励（Reward）：奖励是环境返回给智能体的信号，用于评估智能体的行为。奖励可以是正数、负数或零，表示行为的好坏。

⑤策略（Policy）：策略是智能体根据观察到的环境状态选择动作的方法。策略可以是确定性的或概率性的。

⑥价值函数（Value Function）：价值函数用于衡量智能体在不同状态下的长期奖励预期。它有助于智能体决策何时采取某个动作。

⑦学习算法（Learning Algorithm）：学习算法是用于更新策略或价值函数的方法，以使智能体不断改进其决策能力。常见的强化学习算法包括 Q 学习、深度强化学习（DRL）和策略梯度方法等。

强化学习在许多领域有广泛的应用，包括自动驾驶、游戏玩法、机器人控制和金融交易等。它的独特之处在于需要通过与环境的互动来学习，而不是依赖于标记的训练数据。这使得强化学习在处理复杂决策问题时具有巨大潜力。

2. 机器学习与深度学习的应用区别

通常情况下，深度学习在处理大规模高维度数据和复杂任务时表现更出色，而机器学习则更适用于相对较小的数据和较简单的问题。机器学习同样应用在自然语言处理、计算机视觉、医疗保健、金融、制造业等领域。但它和深度学习存在一些区别，主要体现在以下几方面：

（1）应用领域的广泛性

机器学习：机器学习是一个广泛的领域，可以应用于多种任务，包括分类、回归、聚类、降维、异常检测、推荐系统等。它的应用领域涵盖了医疗保健、金融、制造业、社交媒体、自然语言处理、计算机视觉等众多领域。

深度学习：深度学习通常在处理大规模高维度数据和复杂任务时表现出色，主要应用于计算机视觉、自然语言处理、语音识别和强化学习等领域。它在这些领域的性能往往优于传统机器学习方法。

（2）数据需求

机器学习：传统机器学习算法对数据的需求相对较低。它们通常能够在相对小规模的数据集上表现良好，甚至可以处理数据缺失或噪声。

深度学习：深度学习模型通常需要大规模的标记数据来进行训练，特别是在计算机视觉和自然语言处理领域。这些模型的性能通常随着数据规模的增加而提高。

（3）模型复杂性

机器学习：传统机器学习模型通常具有较少的参数和较简单的结构，如线性回归、决策树、支持向量机等。它们适用于中小规模的数据和相对简单的问题。

深度学习：深度学习模型通常具有深层神经网络结构，拥有大量的参数，可以表示复杂的非线性关系。这使得深度学习在处理大规模高维度数据和复杂任务时具有优势。

（4）计算资源

机器学习：传统机器学习算法通常不需要大规模的计算资源，可以在普通的计算机上运行。训练和推理速度较快。

深度学习：深度学习模型通常需要大量的计算资源来进行训练，尤其是在深度神经网络中。通常需要使用图形处理单元（GPU）或者专门的深度学习硬件。

（5）数据标签

机器学习：机器学习算法可以应用于监督学习、无监督学习和半监督学习等不同类型的任务，数据可以有标签也可以没有标签。

深度学习：深度学习在大多数情况下需要大量标记数据进行监督学习，以训练深度神经网络。无监督学习和自监督学习等技术也在深度学习中得到了广泛应用。

3. 有监督和无监督机器学习算法

有监督和无监督机器学习算法是机器学习领域的两大主要类别。它们用于解决不同类型的问题。下面将详细介绍这两类算法，并列举常见的机器学习算法：

(1) 有监督学习（Supervised Learning）

在有监督学习中，算法接受一个带有标签的训练数据集，其中包括输入特征和相应的标签（或输出）。目标是学习一个映射函数，该函数能够将输入映射到正确的输出，并且可以在新数据上进行准确的预测。以下是一些有监督学习算法的示例：

①线性回归：

线性回归是一种用于建立输入特征（自变量）与输出目标（因变量）之间线性关系的统计模型。它假设特征与目标之间存在线性关系，即目标值是特征的线性组合，其中包括一个截距项和一组权重，这些权重表示特征对目标的影响程度。

线性回归的目标是找到最佳拟合的线性模型，使预测值与实际值之间的误差最小化。这通常通过最小二乘法来实现。模型的一般形式可以表示为：

$$y = b_0 + b_1x_1 + b_2x_2 + \cdots + b_px_p \tag{5-1}$$

其中，y 是目标变量，$x_1, x_2, \cdots\cdots, x_p$ 是特征，b_0 是截距项，$b_1, b_2, \cdots, b_p$ 是权重。

模型训练的目标是最小化残差平方和（实际值与预测值之间的差异的平方和）：

$$J(b_0, b_1, \cdots, b_p) = \sum_{i=1}^{n} (y_i - \hat{y}_i)^2 \tag{5-2}$$

这里，n 是样本数量，y_i 是实际目标值，$\hat{y}_i$ 是模型预测的目标值。最小二乘法的解可以通过数据计算得到，求解除最优权重 $b_0, b_1, b_2, \cdots, b_p$ 。

线性回归的应用涵盖了经济学、金融、房地产、医学、自然科学等多个领域。在经济学中，线性回归被用于预测销售额、通货膨胀率和市场趋势，帮助做出商业决策。在医学领域，它可用于分析疾病与风险因素之间的关系，预测患者的健康状况。在自然科学中，线性回归可用于分析实验数据，推断物理定律和趋势。此外，线性回归也用于工程控制系统的优化和特征选择，以提高生产效率和数据解释性。其简单性、可解释性和高效性使线性回归成为许多领域中重要的工具，有助于提供数据驱动的决策和洞察。

线性回归的优点在于其简单性和可解释性。它提供了一个直观的框架，通过线性关系建模特征和目标变量之间的关联。这使线性回归成为初学者入门机器学习的理想选择，也在需要快速建立基本模型并理解特征重要性的情境下非常有用。此外，线性回归的训练和预测速度通常很快，适用于大规模数据集，有助于实时决策和分析。其可解释性也有助于深入理解模型的运作方式，为决策提供了直观的依据。

然而，线性回归也有一些局限性。最显著的是它的线性假设，即假定特征和目标之间的关系是线性的。这在处理非线性数据时表现不佳。此外，线性回归对异常值敏感，单个异常值可以显著影响模型的性能。如果特征之间存在高度相关性，那么线性回归模型也可能不稳定，导致权重参数的不确定性。最后，线性回归主要用于预测数值型目标，不适用于分类问题，因而在分类任务上需要考虑其他算法。因此，在应用线性回归时，需要谨慎考虑数据的性质和问题的要求，以确保模型的有效性。

②决策树（Decision Trees）：

决策树是一种用于建立分类和回归模型的机器学习算法。它通过一系列决策规则将数据集分割成不同的子集，最终生成一个树状结构，其中每个叶节点表示一个类别或回归值。决策树的构建过程从根节点开始，选择一个特征进行划分，将数据集分成子集，接着对每个子集重复这个过程，递归地构建树，直到达到停止条件。在每次划分时，选择的特征和划分点是基于某个准则（如信息增益、基尼系数等）来最小化子集的不确定性（即不纯度）。构建完树后，通过沿着树的分支从根到叶节点的路径，可以进行分类或回归预测。

决策树在各领域中都有广泛的应用。在医疗领域，决策树可以用于疾病诊断，帮助医生根据病人的症状和检查结果进行分类，以确定最可能的疾病。在金融领域，决策树可以用于信用评分模型，帮助银行和金融机构决定是否批准贷款申请。在电子商务中，决策树可以用于推荐系统，根据用户的购物历史和偏好为他们推荐产品。在制造业中，决策树可以用于质量控制，帮助检测产品的缺陷。此外，决策树还在生态学、社交网络分析、市场细分、客户关系管理等领域得到广泛应用，用于数据挖掘、分类、预测和决策支持。

决策树易于理解和解释，生成的规则和树状结构可直观地呈现特征的重要性和影响因素。这对非专业人员也很有帮助。决策树可以处理混合数据类型，包括数值型和分类型特征，无需特别的数据转换。此外，决策树不需要复杂的参数调整，通常具有较快的训练和预测速度，适用于大规模数据集。决策树也具有非常好的可扩展性，可以通过集成方法（如随机森林和梯度提升树）进一步提高性能。最重要的是，决策树是一种强大的工具，可用于分类和回归问题，以及多类别和多输出问题，适用性广泛。但是，决策树有一些明显的缺陷。首先，决策树容易过拟合，特别是在构建深度较大的树时，可能会生成复杂的模型，需要采取剪枝等技术来降低过拟合风险。其次，决策树是贪婪算法，它们根据局部最优准则选择特征，可能导致生成的树不是全局最优的。再次，决策树对数据的小变化非常敏感，可能导致树结构的巨大变化，使模型不稳定。在处理类别不平衡的数据时，决策树也可能偏向多数类别，需要进行调整。最后，决策树在处理复杂的非线性关系时表现较差，通常需要其他模型来更好地拟合这些数据。

③随机森林（Random Forest）：

随机森林是一种集成学习方法。它是由多个决策树组成，每个决策树都是独立构建的。通过集成多个树的预测结果，随机森林旨在提高模型的预测性能和稳定性。它是一种强大的机器学习算法，广泛用于分类和回归问题。

随机森林的原理基于决策树和随机性。构建随机森林时，首先，从训练数据中随机选择一个样本子集（有放回抽样）。其次，针对每个子集独立地构建一个决策树。这导致了每个树都有不同的数据子集和不同的树结构。在构建每个决策树时，还引入了随机性。在每个节点上，不是选择所有特征进行分割，而是从所有特征中随机选择一部分特征来考虑分割。这种随机性有助于减少树之间的相关性，增加了模型的多样性，从而降低了过拟合风险。最后，当需要进行预测时，随机森林会汇总每个决策树的预测结果（分类问题中通常采用投票法，回归问题中采用平均值），以获得最终的集成预测结果。

随机森林广泛应用于各种机器学习和数据科学任务中，包括但不限于分类问题（用于将数据分为不同的类别，如图像分类、文本分类、垃圾邮件过滤等）、回归问题（用于预测数值型目标变量，如房价预测、销售额预测等）、特征选择（帮助识别哪些特征对问题的解释性最强，从而优化特征工程）、异常检测（用于识别异常数据点，如金融欺诈检测、工业设备故障检测等）、图像分割（在计算机视觉中，用于将图像分割成不同的区域或物体）等。

随机森林通常具有很高的预测性能，适用于各种复杂问题。随机森林对过拟合的抵抗能力很强，通过集成多个树的预测结果，降低了模型的方差，提高了模型的稳定性。随机森林能够处理大量特征，对于高维数据集具有较好的鲁棒性，无需进行特征选择。另外，它能够估计特征的重要性，有助于理解数据中哪些特征对模型的贡献最大。随机森林可以并行化处理，训练速度相对较快，适用于大规模数据集。随机森林也有一定的局限性。首先，它们的模型结构相对复杂，不如单个决策树容易解释，这可能在某些情况下降低了模型的可解释性。其次，随机森林在处理具有明显线性关系的数据集时，可能表现不如线性模型。再次，对于高度不平衡的数据集，随机森林可能对多数类别过于偏向，需要采取额外的措施来处理。最后，随机森林的模型规模较大，可能占用较多内存和计算资源，不适用于资源受限的环境。

④支持向量机（Support Vector Machines，SVM）：

支持向量机是一种用于分类和回归问题的机器学习算法。其主要思想是找到一个最优的超平面（对于二分类问题是一个线性分界面），以将不同类别的数据点分开，并且在分类或回归任务中最大化间隔（即数据点距离超平面的最小距离），从而使模型具有较好的泛化能力。支持向量机在文本分类、图像分类、生物信息学、金融领域、医学诊断、工业质量控制等领域有良好的应用。

a. 支持向量：这些是离分界面最近的训练数据点。它们对于定义超平面和计算间隔非常重要。

b. 超平面：对于二维数据是一条直线，对于高维数据是一个线性分界面。SVM 的目标是找到一个最优的超平面，使这个超平面最近的支持向量到超平面的距离最大化。

c. 间隔：间隔是指支持向量到超平面的最小距离，SVM 试图最大化这个距离，以提高分类或回归的鲁棒性。

支持向量机具有多个显著优点。首先，它在高维空间中表现出色，适用于处理具有大量特征的数据集。这对于许多现实世界的问题非常重要，如文本分类、图像识别和生物信息学。其次，SVM 通过最大化间隔的方式，能够生成具有出色泛化性能的模型。这意味着它在新数据上的预测能力强，对于未见过的情况具有较好的鲁棒性。再次，SVM 在处理线性可分和非线性问题时都表现出色，通过核技巧，可以将数据映射到更高维度的空间中，使其线性可分。这使 SVM 非常灵活，能够适应各种数据分布。另外，SVM 相对于许多其他机器学习算法，对异常值和噪声的鲁棒性较强，不容易受到这些干扰因素的影响。最后，SVM 的决策函数仅依赖支持向量。这意味着模型的存储和预测速度相对较快，特别适用于资源受限的环境和大规模数据集。但是，SVM 的计算复杂性随着数据集大小的增加而增加，尤其是在大规模数据集上，训练和预测速度可能会受到限制。其次，SVM 有多个关键参数需要调整，包括核函数的选择和正则化参数的设置，这需要领域知识和经验，以获得最佳性能。参数的选择不当可能导致模型的性能下降。再次，原始的 SVM 是为二分类问题设计的，对于多类别问题需要使用多种策略，如“一对一”（One - vs - One）和“一对多”（One - vs - Rest）方法，这增加了模型的复杂性。最后，SVM 对于高度不平衡的数据集可能会导致问题，因为它在训练时倾向于支持较多的类别，需要额外的处理方法来处理不平衡数据。综上所述，SVM 是一种强大的机器学习算法，但在应用时需要仔细考虑计算复杂性和参数选择，并根据具体问题来权衡其优点和局限性。

⑤朴素贝叶斯（Naive Bayes）：

朴素贝叶斯（Naive Bayes）是一种基于贝叶斯定理的机器学习分类算法，用于处理分类和概率估计问题。它的基本思想是根据特征之间的条件独立性假设，通过计算给定特征条件下目标类别的概率来进行分类。虽然这个条件独立性假设通常是不成立的，因此称为“朴素”，但在实践中，朴素贝叶斯通常表现出色，特别适用于文本分类和垃圾邮件检测等任务。

朴素贝叶斯算法基于贝叶斯定理，它的数学原理可以简化为以下公式：

$$P(C \mid X) = \frac{P(X \mid C) \cdot P(C)}{P(X)} \tag{5-3}$$

其中，$P(C \mid X)$ 是给定特征向量 X 来自类别 C 的概率，$P(X \mid C)$ 是在一直类别 C 的情况下观察到特征向量 X 的概率，$P(C)$ 是类别 C 的先验概率，$P(X)$ 是特征向量 X 的边缘概率。

朴素贝叶斯的“朴素”部分是假设特征 X 中的各个分量 $X_1, X_2, \cdots, X_n$ 是条件独立的，这使 $P(X \mid C)$ 可以分解为各个分量的概率乘积：

$$P(X \mid C) = P(X_1 \mid C) \cdot P(X_2 \mid C) \cdot \cdots \cdot P(X_n \mid C) \quad (5-4)$$

朴素贝叶斯在文本分类，垃圾邮件检测和情感分析等自然语言处理任务中有广泛应用。它被广泛用于识别垃圾邮件，通过分析邮件内容和特征，将邮件分为垃圾邮件和正常邮件。在社交媒体和产品评论中，朴素贝叶斯用于分析文本中的情感，以确定文本的情感极性，例如正面、负面或中性。在信息检索和文本分类中，朴素贝叶斯可以将文档分为不同的类别，例如新闻分类、文档主题分类等。

朴素贝叶斯是一种简单而高效的分类算法，计算速度快，适用于大规模数据集。它对高维数据和稀疏特征具有较好的性能，特别适用于文本分类和自然语言处理任务。朴素贝叶斯提供了良好的概率估计，可以用于不确定性建模，有助于理解模型的置信度。朴素贝叶斯在处理缺失数据时表现出色，能够保持模型的稳定性。最后，朴素贝叶斯易于实现和调整，对于初学者和快速原型开发非常友好。

首先，朴素贝叶斯的性能高度依赖条件独立性假设，这在实际数据中通常不成立，可能导致分类错误。其次，朴素贝叶斯不擅长处理连续特征，需要额外的特征工程来将连续数据离散化或使用其他处理方法。再次，朴素贝叶斯在类别不平衡的情况下可能出现问题，倾向于预测出现频率较高的类别，导致性能不均衡。此外，朴素贝叶斯对于训练样本中未出现的特征的概率估计可能会出现问题，需要使用平滑技术来缓解这一问题。最后，朴素贝叶斯模型的解释性相对较弱，难以提供特征之间的关联信息，因此在需要深入理解数据背后机制的任务中可能不太适用。综上所述，朴素贝叶斯是一种强大的分类算法，但在应用时需要谨慎考虑数据的特性和问题的要求，以充分利用其优点并应对其局限性。

（2）无监督机器学习（Unsupervised Machine Learning）

无监督机器学习是一种机器学习范式，其目标是从未标记的数据中发现隐藏的模式、结构或关系，而不依赖于已知的标签或输出。与有监督学习不同，无监督学习不需要事先提供训练样本的标签，而是通过数据自身的特征来进行学习和分析。无监督学习的主要目的是进行数据的探索性分析、降维、聚类和生成。

①K 均值聚类（K – Means Clustering）：

K 均值聚类是一种无监督学习算法，用于将数据集中的样本分成不同的簇，以便每个簇内的样本彼此相似，而不同簇之间的样本尽可能不相似。它的目标是将数据划分为 K 个簇，其中 K 是用户事先指定的聚类数量。每个簇都由一个代表性的中心点（质心）来表示，样本被分配到距离其最近的质心所对应的簇中。

K 均值聚类的工作原理基于迭代的优化过程。它开始时随机选择 K 个初始质心，然后通过以下步骤迭代地优化质心和簇的分配：首先，随机选择 K 个样本作为初始质心；其次，对于每个样本，计算它与每个质心的距离，并将它分配到距离最近的质心所对应的簇中；对于每个簇，计算所有样本的平均值，将这些平均值作为新的质心；再次，重复步骤 2 和步骤 3，直到质心不再变化或者达到预定的迭代次数；最后，得到 K 个簇，每个簇由一个质心和分配给它的样本组成。K 均值聚类的目标是最小化所有样本与其所属簇质心之间的平方距离之和，这被称为簇内平方和（Inertia）。这一过程使簇内的样本更加相似，而簇间的差异更加明显。

在市场营销领域，K 均值聚类被广泛用于将消费者划分为不同的群体或市场细分。通过分析消费者的行为、兴趣和偏好，企业可以更好理解不同市场细分的需求，从而调整产品定位、广告策略和促销活动，实现更精确的目标营销。在计算机视觉和图像处理领域，K 均值聚类用于图像分割。通过将图像像素分成不同的簇，可以实现对象识别、物体检测和图像压缩等应用。这对于医学图像分析、地理信息系统和图像编辑工具都具有重要意义。在天文学中，K 均值聚类被用于识别和分类星系、恒星群和宇宙物体。通过分析天体的观测数据，科学家可以将宇宙中的结构和天体群体归类，从而深入了解宇宙的组成和演化。在生物学和基因组学领域，K 均值聚类被用于基因表达数据的分析。在电子商务和在线内容推荐领域，K 均值聚类用于用户分群。在文本数据分析中，K 均值聚类用于文本分类、主题建模和聚类。

K 均值聚类存在一些明显的局限性。首先，它对初始质心的选择非常敏感，不同的初始值可能导致不同的聚类结果，因此需要多次运行算法以减轻这种影响。其次，K 均值聚类假设簇具有相同的形状和大小，对于非球形或不均匀分布的数据效果较差，可能会导致一些簇被合并或分裂。再次，K 均值聚类需要事先指定簇的数量 K，但在许多情况下，K 的选择不是显而易见的，不合适的 K 值可能导致不良的聚类效果。最后，K 均值聚类对噪声和异常点敏感，这些异常点可能会影响聚类结果，因此需要额外的数据预处理或异常检测步骤来处理异常数据。

②层次聚类（Hierarchical Clustering）：

层次聚类（Hierarchical Clustering）是一种聚类分析方法，旨在将数据点分成具有层次结构的群集。这意味着可以将数据点划分成多个层次，从整体到细分的不同层次。层次聚类通常分为两种主要类型：凝聚型和分裂型。

凝聚性层次聚类的主要步骤包括初始化、合并最近的簇、距离度量和决策划分。在初始化阶段，每个数据点被视为一个独立的簇。随后，算法迭代地选择距离最近的两个簇并将它们合并成一个新的簇，这一步骤持续进行直到满足停止条件。在合并过程中，需要选择一个距离度量方法来衡量两个簇之间的距离，常用的包括欧氏距离和曼哈顿距离。最后，通过检查生成的树状图，可以选择一个适当的划分，确定数据点属于哪些簇。

凝聚性层次聚类的优点在于它不需要事先指定簇的数量，而是通过树状图自动确定。这使它适用于各种数据类型和形状的簇结构。此外，它生成的层次结构有助于可视化和理解数据的分布，同时保留了原始数据点之间的拓扑关系。然而，凝聚性层次聚类的计算复杂度较高，特别是在大规模数据集上，因此不适合处理大型数据。此外，它对初始数据点的选择敏感，可能导致不同的聚类结果。尽管存在这些限制，凝聚性层次聚类仍是一种强大的聚类算法，特别适用于数据探索性分析和可视化。

分裂型与凝聚型相对，是从整体出发逐步将数据划分为较小簇的过程。与凝聚型不同，分裂型层次聚类从一个包含所有数据点的整体簇开始，逐步将簇分裂成更小的子簇，直到每个数据点单独成为一个簇或满足某种停止条件。分裂型层次聚类的主要步骤包括初始化、选择分裂点、划分簇、距离度量和决策划分。在初始化阶段，所有数据点被看作一个整体簇。随后，算法迭代地选择某个簇进行分裂，将其划分为两个或多个较小的簇。类似于凝聚型，分裂型也需要选择一个距离度量方法来决定如何分割簇。

分裂型层次聚类的优点是它能够从全局视角出发，逐层剖析数据的内部结构，从而可以捕捉到较为明显的全局模式。然而，分裂型层次聚类的计算复杂度通常比凝聚型更高，因为它需要在每一步寻找最优的分裂点且适合数据量较小的情况。此外，分裂型算法对于初始簇的选择非常敏感。这可能导致不同的划分结果。尽管存在这些挑战，但是分裂型层次聚类仍然是一种重要的聚类方法，尤其适合当我们希望从全局结构中逐步细化数据时使用。

二、PaddlePaddle 算法及任务实现

1. PaddlePaddle

百度深度学习平台（PaddlePaddle）是一种开源的深度学习框架，旨在为研究人员和工程师提供灵活、高效、易用的工具来开发深度学习模型。PaddlePaddle 允许用户自定义网络结构和损失函数，以适应不同的应用需求。这种高度可定制性使得 PaddlePaddle 适用于各种领域，包括计算机视觉、自然语言处理、语音识别等。PaddlePaddle 提供了多种深度学习算法和模型的实现，包括卷积神经网络（CNN）、循环神经网络（RNN）、生成对抗网络（GAN）等，使用户能够构建各种类型的深度学习模型。PaddlePaddle 支持将训练好的深度学习模型部署到不同的平台，包括服务器、移动设备和嵌入式系统，从而实现在各种应用中的实际应用。

本任务使用 PaddlePaddle 中的零样本文本分类模型对帖子进行分类。大致的流程是：①数据标注（选择部分帖子进行类型标注，标注方法自定，比如政治事件标记为 0，集体事件标记为 1，一般事件标记为 2）：在选择训练集的时候要注意数量，虽然模型中没有明确的训练集要求，但在本任务中一般事件明显种类是数量都是较多的，要想机器学习到它的特征需要增强训练集的样本量。②模型微调/训练：使用训练集数据对模型进行微调（fine - tuning）。微调过程中，模型会根据任务特定的数据进行参数更新，以适应零样本文本分类任务；③使用测试集数据对模型性能进行评估：通常会计算各种性能指标，如准确度、召回率、精确率和 F1 值，以确定模型在分类任务上的表现；④预测：针对爬取下来的其他数据，使用训练好的模型进行分类预测。主要是将文本输入模型中，并根据模型的输出确定文本所属类别。

2. 任务实现

下面我们主要展示模型预测的代码，github 分享了模型微调和训练的代码，感兴趣去可以前往学习（https://github.com/PaddlePaddle）。我们标记了 3000 条帖子标签为“0”“1”“2”。“0”代表普通政治事件，“1”代表集体

事件，“2”代表一般事件。其中2700条作为训练集，300条作为预测集。代码3－3显示我们使用训练好的模型进行分类预测，并使用训练集计算准确率等指标。

代码5－3 模型评估

```
from pprint import pprint
from sklearn import metrics
import pandas as pd
from paddlenlp import Taskflow
import numpy as np
```

这段代码导入相关库和模块。pprint是Python标准库中的一个模块，用于漂亮地打印数据结构，使其易于阅读。

sklearn（Scikit-learn）是一个机器学习库，提供了各种用于分类、回归、聚类等任务的工具和算法，同时包含了用于评估模型性能的度量标准。在此代码段中，我们导入了metrics模块。该模块包含了许多用于计算模型性能指标的函数。这些函数的参数根据具体的性能指标而不同。例如，accuracy_score用于计算准确度，recall_score用于计算召回率，precision_score用于计算精确率，f1_score用于计算F1值等。

pandas是一个用于数据分析和处理的Python库，提供了高效的数据结构和数据分析工具，用于读取、处理、分析和可视化数据。在此代码段中，使用import关键字将pandas库导入，并使用pd作为库的别名，以便在代码中更方便地引用。没有额外参数需要指定。

```
# 指定结果文件的保存路径
save_filename = "result.txt"
schema = ["0","1","2"]
my_cls = Taskflow("zero_shot_text_classification",model = "utc-base",schema = schema,
        task_path ='./checkpoint/model_best/checkpoint-800/plm',precision = "fp16")
```

这里定义了保存结果的文件名，命名为“result. txt”。配置了一个文本分类任务流程。schema参数指定了任务的架构，其中包含了三个类别（“0”、

“1”、“2”)。my_cls 对象表示了文本分类任务流程，其中包含了模型配置(“utc-base”)、任务架构、模型路径等信息。

```
df = pd.read_excel('预测集.xlsx',header = None)
docs = [ ]
for cell in df[1].values.astype(str):
    docs.append(str(cell))
```

这段代码用于读取名为“预测集.xlsx”的 Excel 文件中的数据，并将数据存储在名为 df 的 DataFrame 对象中。header = None 参数指示 Excel 文件没有列名。创建一个名为 docs 的空列表，用于存储从 Excel 文件中读取的文本数据。For 循环遍历 Excel 文件中的文本数据，将每个单元格的文本转换为字符串，并将其添加到 docs 列表中。

```
for i in docs:
    try:
        cls_result = my_cls(f'{i}')
        pprint(my_cls(f'{i}'))
        with open(f'{save_filename}','a +',encoding = "utf-8") as f:
            f.write(str(cls_result[0]['predictions'][0]['label']))
            f.write("\n")
    except:
        with open(f'{save_filename}','a +',encoding = "utf-8") as f:
            f.write(str(2))
            f.write("\n")
```

这个代码段用于遍历 docs 中的每个文本，并使用 my_cls 对文本进行分类预测。预测结果被打印并写入结果文件。如果出现异常，那么类别标记将被设置为 2。

```
predictions_list = [ ]
with open(f'{save_filename}','r',encoding = "utf-8") as f:
    for i in f.readlines():
        predictions_list.append(int(i.replace("\n","")))
```

这部分代码从之前保存的结果文件中读取预测结果，并将它们存储在名为predictions_list 的列表中。

```
test_col1 = df.iloc[:,0].values.flatten().astype(int).tolist()
test_Y = np.array(test_col1) # 测试集的真实标签
predict_Y = np.array(predictions_list) # 预测值
confusion_matrix = metrics.confusion_matrix(test_Y,predict_Y)
acc_score = metrics.accuracy_score(test_Y,predict_Y) # 准确度
recall_score = metrics.recall_score(test_Y,predict_Y,average ='macro') # 召回率
pre_score = metrics.precision_score(test_Y,predict_Y,average ='macro') # 精确率
f1_score = metrics.f1_score(test_Y,predict_Y,average ='macro') # F1 值
print("混淆矩阵：",confusion_matrix)
print("准确率：",acc_score)
print("召回率：",recall_score)
print("精确率：",pre_score)
print("F1：",f1_score)
```

这部分代码用于评估模型的性能。它计算了混淆矩阵、准确度、召回率、精确率和 F1 值等性能指标，并将它们存储在相应的变量中。最后，这部分代码打印并显示模型的性能指标，以便用户了解模型在文本分类任务中的表现。

完整的预测代码见表 5 -4。

代码 5 -4 帖子分类预测

```
from pprint import pprint
import pandas as pd
from paddlenlp import Taskflow
save_filename = "result.txt"
schema = ["0","1","2"]
my_cls = Taskflow("zero_shot_text_classification",model = "utc-base",schema = schema,
  task_path ='./checkpoint/model_best/checkpoint-800/plm',precision = "fp16")
df = pd.read_excel('tweet.xlsx')
docs = []
for cell in df.values.flatten():
    docs.append(cell)
```

```
for i in docs:
    try:
        cls_result = my_cls(f'{i}')
        pprint(my_cls(f'{i}'))
        with open(f'{save_filename}','a +',encoding = "utf-8") as f:
            f.write(str(cls_result[0]['predictions'][0]['label']))
            f.write("\n")
    except:
        with open(f'{save_filename}','a +',encoding = "utf-8") as f:
            f.write(str(2))
            f.write("\n")
```

三、支持向量机任务实现

支持向量机（SVM）我们已经作详细介绍。我们的样本是英文，而 Paddle 更多被验证在中文情况下有效。因此，我们使用两种常见的机器学习算法：支持向量机和随机森林进行任务实现，并与 Paddle 作比较选择最适合本任务的模型。代码 5 - 5 展示了支持向量机模型评估的代码：

代码 5 - 5 SVM 模型评估

```
import numpy as np
from sklearn.pipeline import make_pipeline
from sklearn.preprocessing import StandardScaler
import pandas as pd
from text2vec import SentenceModel,EncoderType
from sklearn.svm import SVC
from sklearn import metrics

#读取数据
df = pd.read_excel('data.xlsx')
col1 = df.iloc[:,0].astype(str).tolist()
col2 = df.iloc[:,1].values.flatten()
sentences_vector = []
# print(col2,type(col2))
```

```
#将句子转换为向量
def compute_emb(sentences):
    # 支持多语言的句向量模型(Sentence-BERT)
    sbert_model = SentenceModel("sentence-transformers/paraphrase-multilingual-MiniLM-
L12-v2",encoder_type = EncoderType.MEAN)
    sentence_embeddings = sbert_model.encode(sentences,show_progress_bar = True)
    print(type(sentence_embeddings),sentence_embeddings.shape)
    return sentence_embeddings
sentences_vector = compute_emb(col1)
print(sentences_vector)
X = sentences_vector
y = col2

#拟合模型
clf = make_pipeline(StandardScaler(),SVC(gamma ='auto',probability = True))
clf.fit(X,y)
```

```
#预测数据
new_data = pd.read_excel('预测集.xlsx')
new_data_col1 = new_data.iloc[:,1].astype(str).tolist()
new_sentences_vector = compute_emb(new_data_col1)
predictions = clf.predict(new_sentences_vector)

#评估模型
predictions_list = predictions.tolist()
test_col1 = new_data.iloc[:,0].values.flatten().astype(int).tolist()
test_Y = np.array(test_col1) # 测试集的标签
predict_Y = np.array(predictions_list) # 预测值
confusion_matrix = metrics.confusion_matrix(test_Y,predict_Y)
acc_score = metrics.accuracy_score(test_Y,predict_Y)  #准确度
recall_score = metrics.recall_score(test_Y,predict_Y,average ='macro')  # 召回率
pre_score = metrics.precision_score(test_Y,predict_Y,average ='macro')  # 准确率
f1_score = metrics.f1_score(test_Y,predict_Y,average ='macro') # F1 值
print("混淆矩阵:",confusion_matrix)
print("准确率:",acc_score)
print("召回率:",recall_score)
print("精确率:",pre_score)
print("F1:",f1_score)
```

```
#写入文件预测结果
with open('svm_result.txt','w',encoding = "utf-8") as f:
    f.write(f"准确率:{str(acc_score)}")
    f.write('\n')
    f.write(f"召回率:{str(recall_score)}")
    f.write('\n')
    f.write(f"精确率:{str(pre_score)}")
    f.write('\n')
    f.write(f"F1:{str(f1_score)}")
    f.write('\n')
    for i in predictions:
        f.write(str(i))
        f.write('\n')
print(predictions)
```

四、随机森林及任务实现

代码 5 – 6 展现了随机森林的模型评估代码：

代码 5 – 6 随机森林模型评估

```
import numpy as np
from sklearn import metrics
from sklearn.ensemble import RandomForestClassifier
from sklearn.model_selection import train_test_split
import pandas as pd
from text2vec import SentenceModel,EncoderType

#读取数据
df = pd.read_excel('data_forest.xlsx')
col1 = df.iloc[:,0].astype(str).tolist()
col2 = df.iloc[:,1].values.flatten()
sentences_vector = []
#将句子转换为向量
def compute_emb(sentences):
    # 支持多语言的句向量模型(Sentence-BERT),支持 fine-tune 继续训练
```

```
    sbert_model = SentenceModel( " sentence-transformers/paraphrase-multilingual-MiniLM-
L12-v2" ,encoder_type = EncoderType.MEAN)
    sentence_embeddings = sbert_model.encode( sentences,show_progress_bar = True)
    print( type( sentence_embeddings) ,sentence_embeddings.shape)
    return sentence_embeddings
sentences_vector = compute_emb( col1)
print( sentences_vector)

#训练并使用测试集测试分数
Xtrain,Xtest,Ytrain,Ytest = train_test_split( sentences_vector, col2, train_size = 0.9,
  test_size = 0.1,random_state = None,shuffle = True  ,stratify = None)
rfc =
  RandomForestClassifier( n_estimators = 200, criterion ='gini', max_depth = None, min_
  samples_split = 2,min_samples_leaf = 1,min_weight_fraction_leaf = 0.0,max_features ='sqrt',
  max_leaf_nodes = None,min_impurity_decrease = 0.0,bootstrap = True,oob_score = False,
  n_jobs = None,random_state = None,verbose = 0,warm_start = False,class_weight = None,
  ccp_alpha = 0.0,max_samples = None)
rfc = rfc.fit( Xtrain,Ytrain)
# score_r = rfc.score( Xtest,Ytest)
# print( "随机森林准确率:",score_r)

#预测数据
new_data = pd.read_excel('预测集.xlsx')
new_data_col1 = new_data.iloc[:,1].astype( str).tolist( )
new_sentences_vector = compute_emb( new_data_col1)
predictions = rfc.predict( new_sentences_vector)
#评估模型
predictions_list = predictions.tolist( )
test_col1 = new_data.iloc[:,0].values.flatten( ).astype( int).tolist( )
test_Y = np.array( test_col1) # 测试集的标签
predict_Y = np.array( predictions_list) # 预测值
confusion_matrix = metrics.confusion_matrix( test_Y,predict_Y)
acc_score = metrics.accuracy_score( test_Y,predict_Y)   #准确度
recall_score = metrics.recall_score( test_Y,predict_Y,average ='macro') # 召回率
pre_score = metrics.precision_score( test_Y,predict_Y,average ='macro') # 准确率
f1_score = metrics.f1_score( test_Y,predict_Y,average ='macro') # F1 值
```

```
print("混淆矩阵:",confusion_matrix)
print("准确率:",acc_score)
print("召回率:",recall_score)
print("精确率:",pre_score)
print("F1:",f1_score)
#写入文件预测结果
with open('forest_result.txt','w',encoding="utf-8") as f:
    f.write(f"准确率:{str(acc_score)}")
    f.write('\n')
    f.write(f"召回率:{str(recall_score)}")
    f.write('\n')
    f.write(f"精确率:{str(pre_score)}")
    f.write('\n')
    f.write(f"F1:{str(f1_score)}")
    f.write('\n')
    for i in predictions:
        f.write(str(i))
        f.write('\n')
print(predictions)
```

五、机器学习算法评估指标

1. 评估指标基本内容

(1) 准确率 (Accuracy)

准确率是一个分类模型的整体性能指标，表示模型正确分类的样本数与总样本数之比。准确度易于理解和解释，对于平衡类别分布的数据集有效。但是，在不平衡类别分布的情况下，准确度可能不是一个很好的性能指标，因为它可能受到主要类别的影响。

$$\text{Accuracy}=\frac{\text{正确分类的样本数}}{\text{总样本数}} \tag{5-5}$$

(2) 召回率 (Recall)

召回率衡量了模型正确预测为正类别的样本数量占所有实际正类别样本数

量的比例。召回率也称“真正例率”。召回率对于检测正类别样本的能力有很好的度量，适用于重视漏报的任务。但是召回率高时，可能伴随着更多的误报。

$$\text{Recall} = \frac{\text{真正例数}^{①}}{\text{真正例数} + \text{假负例数}} \tag{5-6}$$

（3）精确率（Precision）

精确率衡量了模型正确预测为正类别的样本数量占所有模型预测为正类别的样本数量的比例。精确率对于避免误报的任务有很好的度量，适用于需要高精确度的情况。

$$\text{Precision} = \frac{\text{真正例数}}{\text{真正例数} + \text{假正例数}} \tag{5-7}$$

（4）F1 值

F1 值是精确率和召回率的调和平均值。它综合考虑了模型的准确度和召回率。F1 值越高，表示模型在平衡准确度和召回率方面表现越好。F1 值适用于不平衡类别分布的数据集，可以同时考虑误报和漏报。

$$F1 = \frac{2 \cdot \text{Precision} \cdot \text{Recall}}{\text{Precision} + \text{Recall}} \tag{5-8}$$

总之，准确度衡量模型整体的正确性，召回率衡量模型发现正类别的能力，精确率衡量模型避免误报的能力，而 F1 值综合考虑了精确率和召回率，适用于平衡不同性能指标的任务。选择合适的性能指标取决于具体的任务和目标。

2. 任务结果

前面我们已经列出机器学习算法评估指标的代码，评估模型性能的度量标准来自 sklearn（Scikit - learn）机器学习库的 metrics 模块。该模块包含了许多用于计算模型性能指标的函数。三个模型的比较结果如下表 5 - 1 所示。

① 注：真正例数是指模型将正类别样本正确地预测为正类别；假正例数是指模型将负类别样本错误地预测为正类别；真负例数是指模型将负类别样本正确地预测为负类别；假负例数模型将正类别样本错误地预测为负类别（假负例）。

表 5-1 机器学习评估结果

	Accuracy	Precision	Recall	F-Score
Paddle	0.9534	0.9446	0.9471	0.9458
SVM	0.7564	0.8033	0.7691	0.7564
RF	0.8856	0.8799	0.8864	0.8790

由表 5-1 发现，无论是准确性还是 F 值，在三个算法中 Paddle 都是最高的，因此本任务使用百度 Paddle 开源代码进行文本分类。最终在我们分类结果中，有 5843 条普通政治事件帖子，有 1432 条集体事件帖子，9436 条一般事件帖子。

帖子分类完成后我们立即对分类后的帖子数据进行处理，以便后续帖子评论数据爬取和数据分析。我们重点使用 Excel 和 Stata 删除空缺值和无效数据：由于本章节研究主体是普通政治事件和集体事件，一般事件对本任务研究没有价值，因此我们第一步将帖子分类中分类为 2 的数据进行剔除，只保留分类为 0（普通政治事件）和 1（集体事件）的数据。其次，本章节研究的因变量是评论的情感，通过观察 Twitter 网站数据，我们发现评论非常少的推文可以获得的情绪反应很小，因此研究价值不大。所以，我们又剔除了帖子评论数量小于 30 的推文。

第四节　获取帖子评论数据

要分析政治帖子类型是否会导致社交媒体极化，我们必须对帖子的评论数据进行采集。本章节针对前面已经爬取下来并分类处理后的有效帖子数据进行对应评论爬取。

一、Selenium 库

Selenium 是一个用于自动化浏览器操作的 Python 库，主要用于 Web 应用程序的自动化测试。它可以模拟用户在网页上点击、输入和滚动等操作，也可以获取当前页面或跳转页面后的网页源代码。在数据挖掘时经常使用 Selenium 库，selenium 的工作原理是模拟用户在浏览器中的交互操作，包括打开网页、填写表单、点击链接等。通过控制浏览器，可以加载动态生成的内容，例如使用 JavaScript 生成的评论部分。以下是利用 Selenium 爬取帖子评论数据的基本步骤：

1. 步骤一：安装与配置

你需要安装 Selenium 库和一个浏览器驱动程序（如 Chrome 驱动程序或 Firefox 驱动程序）。Selenium 库只需要在 Python 终端安装即可，为了操作方便，建议大家安装 Pycharm 应用。Python 是一种编程语言，而 PyCharm 是一个用于编写、测试、调试和管理 Python 代码的工具。安装 Selenium 库直接在终端输入：pip install selenium 命令即可。

图 5－1　Python 终端

需要下载并配置一个浏览器驱动程序（如 Chrome 驱动程序或 Firefox 驱动程序），以便 Selenium 可以控制浏览器。可以在以下链接下载 Chrome 驱动程序：https：//sites. google. com/chromium. org/driver/，并启动浏览器会话。这里以 Chrome 浏览器为例：

示例代码：

```
from selenium import webdriver
# 配置驱动程序路径
driver_path ='/path/to/chromedriver'
driver = webdriver.Chrome( executable_path = driver_path)
```

2. 步骤二：打开目标网页

首先需要指定目标网页的 URL，然后使用 driver.get（　　）方法打开目标网页，将指定的 URL 传递给该方法。这将启动浏览器并导航到目标网页。

示例代码：

```
url ='https://example.com/post/123'# 替换为目标网页的 URL
driver.get( url)
```

3. 步骤三：查找评论元素

在使用 Selenium 查找评论元素之前，需要了解如何准确定位这些元素。评论元素通常包含在网页的 HTML 结构中，可以使用不同的方法来定位它们：

①按类名查找：如果评论元素具有特定的类名，可以使用 find_elements_by_class_name（　　）方法查找。

②按标签名查找：如果评论元素是特定标签（如 <div>）的子元素，可以使用 find_elements_by_tag_name（　　）方法来查找。

③按 XPath 查找：使用 XPath 表达式可以更精确地定位评论元素。XPath 是一种用于在 XML 和 HTML 文档中定位元素的语言。

④按 CSS 选择器查找：CSS 选择器也是一种常用的定位元素的方法，可以

使用 find_elements_by_css_selector（　）方法。

示例代码：

```
comments = driver.find_elements_by_class_name('comment')
comments = driver.find_elements_by_tag_name('div')
comments = driver.find_elements_by_xpath('//div[@class="comment"]')
comments = driver.find_elements_by_css_selector('.comment')
```

4. 步骤四：查找评论元素

对于每个评论元素，可以使用 Selenium 的查找元素方法来提取需要的数据，如评论文本、用户名、时间戳等。这需要使用 find_element_by_xpath（　）、find_element_by_css_selector（　）等方法来访问评论元素内的子元素。

示例代码提取评论文本和用户名：

```
for comment in comments:
    comment_text = comment.find_element_by_class_name('comment-text').text
    username = comment.find_element_by_class_name('username').text
    print(f'Username: {username},Comment: {comment_text}')
```

5. 步骤五：翻页处理

如果评论分页显示，那么可能需要模拟点击翻页按钮或链接以获取更多评论。你可以使用 driver.find_element_by_xpath（　）或 driver.find_element_by_css_selector（　）来找到翻页元素，并使用 click（　）方法模拟点击。

示例代码点击下一页：

```
next_page_button = driver.find_element_by_class_name('next-page-button')
next_page_button.click()
```

6. 步骤六：关闭浏览器

完成数据提取后，使用 driver.quit（　）关闭浏览器窗口，释放资源。

```
driver.quit()
```

二、任务实现

代码 5－6 展现了我们爬取推文评论的过程：

代码 5－6 获取评论

```
# 导入必要的库
from selenium import webdriver
import time
import csv
import warnings
save_filename = "BBC.txt"
warnings.filterwarnings("ignore")
```

首先导入所需要的 Python 库。"selenium" 用于自动化浏览器操作。"time" 用于添加时间延迟以等待页面加载和其他操作。"CSV" 用于读取 CSV 文件。"warnings" 用于忽略警告信。

```
# 打开 CSV 文件
with open('result.csv',newline='',encoding='utf-8') as csvfile:
  # 读取 CSV 文件
  reader = csv.DictReader(csvfile)
  # 创建一个空数组
  urls = []
  # 循环遍历每一行数据,获取 Tweet URL 列的值并添加到数组中
  for row in reader:
    urls.append(row['Tweet URL'])
# 打印数组
print(urls)
```

这部分先打开前面爬取的推文数据，读取文件中的数据，创建一个空数组 "urls" 储存从 CSV 文件中读取的推文 URL。再在 for 循环中，遍历 CSV 文件

的每一行，提取名为 'Tweet URL' 的列的值，将它们添加到 urls 数组中。最后将该数组打印出来，确保成功获取 URL 列表。

```
comments_list = [ ]
for url in urls:
  try:
    height = 800
    high = 800
    height_previous = 0
    count = 0
    option = webdriver.ChromeOptions( )
    # 开启开发者工具(F12)
    option.add_argument( " --auto-open-devtools-for-tabs" )
    option.add_argument('--headless')
    # 创建浏览器实例
    driver = webdriver.Chrome( chrome_options = option)
    driver.headless = True
    # 打开目标推文页面
    driver.get( url)
    time.sleep(4)
    while True:
      #加载更多评论
            try:
      driver.execute_script('var element = document.evaluate( "//span[ contains(., \'显示更
多回复\')]",document,null,XPathResult.ANY_TYPE).iterateNext( );element.click( );')
      except:
        pass
driver.find_elements_by_xpath( " .//div/div/article/div/div/div[2]/div[2]/div[2]/div" )
      for comment in comments:
        comments_list.append( comment.text.replace('\n',") )
        print( comment.text.replace('\n',") )
      height = driver.execute_script( " return document.body.scrollHeight" )
      if height == height_previous:
        count + = 1
      else:
        count = 0
      if count == 3:
```

```
        break
      driver.execute_script(f"window.scrollTo(0,{high});")
      time.sleep(2)
      high = high + 800
      height_previous = height
height_previous = height
      try:
      driver.execute_script('var element = document.evaluate("//span[contains(.,\'显示更多回复\')]",document,null,XPathResult.ANY_TYPE).iterateNext();element.click();')
      except:
        pass
```

这部分代码初始化了一个空的 comments_list 列表，用于存储爬取到的评论数据。然后，它循环遍历每个推文的 URL，打开浏览器，加载评论，提取评论数据，并在循环结束后关闭浏览器。在循环中，使用了 Selenium 的方法执行一系列操作，包括加载更多评论、提取评论数据、滚动浏览器窗口以及设置终止条件。

```
#将去重后的元素写入文件
    with open(f'{save_filename}','a+',encoding='utf-8') as f:
      f.write(url)
      for comment in comments_list:
        f.write('\n')
        f.write(comment)
        f.write('\n')
    # 打开要去重的 txt 文件
    with open(f'{save_filename}','r',encoding='utf-8') as f:
      # 读取文件中的所有行
      lines = f.readlines()
    # 使用字典去重并保留第一条
    unique_lines = {}
    for line in lines:
      # 去除行中的空格和换行符
      line = line.strip()
      # 将行作为字典的键,值为 None
      if line not in unique_lines:
```

```
            unique_lines[line] = None
        # 将去重后的行写回文件中
        with open(f'{save_filename}','w',encoding='utf-8') as f:
            # 将字典的键转为列表并写回文件中,每个元素后面加上换行符
            f.writelines([line +'\n'for line in unique_lines.keys()])
        #关闭浏览器
        driver.quit()
    except:
        pass
```

最后这部分代码使用一个字典来去重评论数据，然后将去重后的评论数据写回文件中。去重的目的是确保每条评论只出现一次。

第五节　对帖子和评论数据进行处理

一、对帖子数据进行处理

帖子数据处理我们首先进行文本数据清洗，帖子中会包含一些特殊字符、HTML 标签等，这些对我们数据分析是无用的，因此选择去除，示例代码如代码 5－7 所示：

代码 5－7 数据清洗

```
import re
def clean_text(text):
    # 去除 HTML 标签
    text = re.sub(r'<.*?>','',text)
    # 去除特殊字符
    text = re.sub(r'[^\w\s]','',text)
    return text
cleaned_tweets = clean_text(tweets)
```

帖子数据的处理我们主要计算了帖子的情感和词数，作为我们回归的调节变量。测量方法与餐馆平台计算情感强度一致，使用 LIWC 软件中的 pos_emotion、neg_emotion 和 emotion 三个情感变量，词数也是通过 LIWC 统计得出。

二、对评论数据进行处理

同样评论数据处理的第一步我们进行数据清洗工作。首先，去除评论中的特殊字符和标记，去除评论中的链接、重复评论，避免影响分析。其次，使用 LIWC 计算每条评论的积极和消极情感强度。最后，以每条帖子为一条数据计算每条帖子评论的平均情感强度。我们以某条推文评论为例。

第六节　Stata 实现

一、描述性统计

首先对变量进行分组描述性统计。根据帖子类型进行分类，0 代表普通政治事件，1 代表集体事件，这也是我们主要自变量。类型为 0 的帖子有 5325 条，类型为 1 的帖子有 1388 条，集体事件在社交媒体帖子中相对较少，符合现实情况。消极和积极情感强度指评论的两种情感强度，使用 LIWC 软件计算得出，是我们主要因变量。帖子长度同样使用 LIWC 软件计算，我们对其进行了对数化处理。URL 是指帖子是否包含链接，有研究表明有链接说明帖子的信息性更强，进而产生更加丰富的评论。描述性统计见表 5－1。

表 5－1　描述性统计

Variables	帖子类型 =0					帖子类型 =1				
	Obs	Mean	Std.dev	Min	Max	Obs	Mean	Std.dev	Min	Max
消极情感强度	5325	0.950	0.863	0	17.55	1388	1.063	0.819	0	6.87
积极情感强度	5325	1.045	1.115	0	15.53	1388	1.006	1.114	0	12.18
帖子长度	5325	1.334	0.217	0.60	1.74	1388	1.292	0.237	0.78	1.71
帖子情感强度	5325	1.574	2.629	0	21.07	1388	1.688	2.924	0	25
URL	5325	0.205	0.404	0	1	1388	0.244	0.430	0	1

二、单因素方差分析

本章节的关注重点是社交媒体中发布的集体事件是否比普通政治事件更容易引发极化现象，社交媒体中的负面情绪是极化的导火线。因此，我们使用评论的积极和消极情感强度来衡量极化。我们首先对不同类型的帖子评论情感进行比较，确定两种帖子的情感是否存在显著差异。根据上表描述性统计结果，我们发现集体事件帖子的消极情感强度比普通政治事件略高，积极情感强度比普通政治事件略低。从描述性统计的数值上我们不能判断两者是否有显著差异，因此使用单因素方差分析确定显著性。

单因素方差分析（One－Way Analysis of Variance，ANOVA）是一种统计方法，用于比较两个或多个不同水平（或组）的单一因素对一个连续性因变量的影响是否显著不同。该方法可以用于确定是否存在不同组之间的均值差异，以及这些差异是否统计上显著。单因素方差分析通常包括以下关键概念和步骤：

（1）组（Treatment）

在单因素方差分析中，有一个因变量（也称“响应变量”）和一个独立变量，这个独立变量通常被称为“组”或“处理”。组是实验中的不同水平，我们希望比较它们对因变量的影响是否显著不同。

（2）假设

单因素方差分析基于以下假设：

- 原假设（Null Hypothesis，H0）：各组的均值相等，即组间无显著差异。
- 备择假设（Alternative Hypothesis，Ha）：至少有一组的均值与其他组不同，即组间存在显著差异。

（3）方差

方差是数据的变异程度的度量。在方差分析中，我们关注组内方差和组间方差。组内方差度量了每个组内数据点的变异程度，而组间方差度量了不同组之间均值的差异。

（4）F 统计量

F 统计量是用于检验组间和组内方差之间差异的统计量。如果组间方差大于组内方差，F 统计量将较大，这可能表明组间均值存在显著差异。F 统计量的计算是单因素方差分析的关键。

（5）显著性水平

在进行方差分析时，你需要选择一个显著性水平（通常为 0.05 或 0.01）来确定是否拒绝原假设。如果计算得到的 F 统计量超过了显著性水平对应的临界值，那么就拒绝原假设，认为组间存在显著差异。

（6）后续分析

如果单因素方差分析的结果表明存在组间差异，通常需要进行进一步的后续分析，如 Tukey 的事后多重比较或 Bonferroni 校正，以确定哪些组之间存在显著差异。

表5-2显示了单因素方差结果，从表我们发现，集体事件和普通政治事件的消极情感强度存在显著差异，积极情感强度无显著差异。这初步验证了我们的猜想，即集体事件帖子导致的消极情感更强，更可能引起极化现象。

表5-2 ANOVA

		平方和	自由度	均方	F	显著性
积极情感强度	组间	1.672	1	1.672	1.346	0.246
	组内	8341.503	6711	1.243		
	总计	8343.175	6712			
消极情感强度	组间	14.047	1	14.047	19.257	0.000
	组内	4895.302	6711	0.729		
	总计	4909.349	6712			

三、回归分析

下表是最小二乘回归的结果，自变量是帖子类型，模型（1）的因变量是消极情感强度，模型（2）的因变量是积极情感强度。OLS回归结果见表5-3。

表5-3 OLS回归结果

VARIABLES	模型（1）	模型（2）
	消极情感强度	积极情感强度
帖子类型	0.112*** (0.0255)	-0.0519 (0.0337)
帖子长度	0.160*** (0.0466)	-0.311*** (0.0615)
帖子情感强度	0.0472*** (0.00383)	0.00688 (0.00505)
URL	0.0448* (0.0252)	-0.0176 (0.0332)
Constant	0.653*** (0.0635)	1.452*** (0.0837)
Observations	6713	6713

Standard errors in parentheses

***，表示 $p<0.01$；**，表示 $p<0.05$；*，表示 $p<0.1$。

四、任务实现

代码 5－8 是本任务 Stata 统计分析的命令：

代码 5－8 任务实现

```
*修改变量名称
rename (avg_emo_pos avg_emo_neg type log_t_wc T_intensity)(积极情感强度 消极情感强度 帖子类型 帖子长度 帖子情感极性 帖子情感强度)

*根据帖子类型进行分组描述性统计
by 帖子类型:summarize 积极情感强度 消极情感强度 帖子长度 帖子情感强度 URL

*OLS 回归
reg 消极情感强度 帖子类型 帖子长度 帖子情感强度 URL
est store e1
outreg2[e1]using Stata.doc,replace
reg 积极情感强度 帖子类型 帖子长度 帖子情感强度 URL
est store e2
outreg2[e2]using Stata.doc,append
```

第六章

直播电商数据收集与分析

第一节 直播行业发展和趋势分析

直播行业发展迅速，得益于高速互联网的普及、智能手机的普及和社交媒体的崛起。观众需求的改变、社交媒体的影响、跨界合作的增加、商业化转型、直播技术的创新是直播行业发展的主要趋势。全球直播用户数量和年收入呈指数级别增长，直播已成为多个领域的主要互动方式之一。直播行业在不断演变和创新中展现了巨大的潜力和广阔的前景。

一、直播行业的发展趋势

随着互联网的发展、普及和技术的不断进步，直播行业的用户数量快速增长。在全球范围内，数十亿的用户每天使用各类直播平台进行观看和参与直播内容。观众对内容的需求和观看方式的改变，推动了直播行业的快速扩展。

社交媒体的普及和用户参与度的增加，为直播行业提供了更广泛的用户群体和更丰富的互动体验。用户可以通过社交媒体平台分享和参与直播内容，与主播和其他观众进行互动，形成了更加活跃和有趣的直播社区。这为直播行业的发展提供了更多机会和挑战。

除了娱乐领域，直播行业在各个行业中也展现出广阔的应用前景。跨界合作的增加使得直播行业与电子商务、教育、体育等领域进行合作，实现了内容的多样化和商业化。直播平台成为品牌推广、产品销售、教育培训、音乐演出等的主要渠道，为各行业的用户提供了更好的参与和体验。

技术创新是直播行业发展的另一个关键趋势。随着直播技术的不断创新，用户可以获得更高的画质、更低的延迟和更强大的互动功能。增强现实（AR）和虚拟现实（VR）等技术的应用，使用户能够获得更加沉浸式的直播体验。这些技术进步推动了直播行业的不断发展和用户体验的提升。

在直播行业发展的同时，相关数据特征凸显了其快速增长和商业化转型的趋势。首先，全球直播行业的用户数量呈指数级别增长，数十亿的用户每天通过各类直播平台观看和参与直播内容，这显示了直播行业在全球范围内的广泛普及程度和用户的持续参与度。其次，随着直播行业商业化转型的加速，年收入不断增长。广告、支付和虚拟礼物等商业模式为直播平台带来了可观的收入，使其成为一个具备强大盈利能力的商业市场。再次，直播行业与其他领域的跨界合作逐渐加深，电子商务、教育机构、体育赛事和音乐产业等行业与直播平台展开合作，实现了内容的多元化和商业化。这为直播行业的发展提供了更多的机会和挑战。最后，技术创新是直播行业发展的重要驱动力。随着技术的不断创新，直播行业提供了更高画质、更低延迟和更强互动性的直播体验。增强现实（AR）、虚拟现实（VR）和人工智能（AI）等技术的应用，使用户能够获得更加沉浸式和个性化的直播体验。这些数据特征集体显示了直播行业的快速发展和用户体验不断提升的趋势。

总体而言，直播行业正处于蓬勃发展的阶段，且潜力巨大。随着用户需求的不断变化和技术创新的推进，直播行业将继续发展和演变。商业化转型、内容多样化和用户体验的不断提升将是直播行业发展的重要方向。

二、直播行业的发展历程和背景

直播行业的发展历程和背景可以从互联网的普及和流媒体技术的进步开始讲起。随着互联网的普及，人们对于实时信息和娱乐的需求不断增加，而流媒体技术的发展为实现实时音视频传输提供了基础。

在2005年左右，随着网络视频技术的不断发展，第一批直播平台开始出现。最初的直播内容主要是个人日常生活、游戏等个人兴趣领域。由于技术限制和用户规模有限，直播行业还未形成规模化的商业化。

然而，随着互联网智能化的进一步推进，直播行业开始发生转变。Twitch.tv于2011年成立，专注于游戏直播，迅速发展成为全球最大的游戏直播平台。游戏直播成为直播行业的重要驱动力之一，吸引了大量的观众和用户。

2016年至2017年是直播行业的关键转折点。中国的直播行业迅速崛起，成为全球直播行业的关键市场。一些中国直播平台如斗鱼、虎牙等迅速崛起，引领了直播行业的商业化和观众规模的扩大。

在这一时期，直播行业开始得到广告商和品牌商家的关注。他们看到了直播平台的巨大潜力，开始将直播作为一种新型的广告推广渠道。同时，用户对直播内容的需求也不断增加，直播行业的用户规模和收入开始快速增长。

2019 年以后，随着技术的进一步创新和商业化深入，直播行业获得了更多的关注和投资。直播行业开始拓展到更多领域，包括电子商务、教育、体育等，在内容多样性和商业变现方面取得了显著进展。直播行业发展历程如表 6－1 所示。

表 6－1　直播行业发展历程

直播 1.0 阶段	
2005—2010 年	以 PC 端为主，直播内容主要是个人日常生活、游戏等个人兴趣领域。
直播 2.0 阶段	
2011—2014 年	以 PC 端为主，随着 2011 年 Twitch. tv 成立，游戏直播成为直播行业的重要驱动力之一，吸引了大量的观众和用户。
直播 3.0 阶段	
2015—2016 年	直播由 PC 端转向移动端，由秀场直播演变而来的娱乐直播平台获得发展，同时，直播电商也正式上线。
直播 4.0 阶段	
2017 年至今	以移动端为主，直播电商获得爆发式增长。直播内容渗透到电商、体育、财经、教育、社交、音乐等各个领域。

未来，直播行业有望继续蓬勃发展。随着技术的持续创新和用户需求的增加，直播行业将在内容丰富性、用户体验和商业化方面不断进步。同时，直播行业也面临着内容监管、产业规范等方面的挑战，需要产业方共同努力来促进行业的健康发展。

三、直播用户数量和收入的增长趋势

根据艾媒研究的数据，中国直播电商行业的总规模在 2021 年达到 12 亿元，预计到 2025 年将达到 21373 亿元。麦肯锡的数据显示，到 2026 年，直播商务产生的销售额可能占总商业额的 20%。许多流行的社交媒体平台将流媒体直播商业作为其商业模式的一部分，包括 YouTube Live、Facebook Live、抖音直播和淘宝直播。根据 2022 年中国直播用户经常使用的直播平台情况，69.1% 的消费者使用抖音直播，60.7% 的消费者使用淘宝直播，58.6% 的消费者使用腾讯体育直播，56.5%的消费者使用虎牙直播，48.8%的消费者使用斗鱼直播。

这些数据显示了中国直播行业的巨大潜力和快速增长。直播电商成为该行业的重要组成部分，其规模逐年扩大并在未来有望继续增长。各大社交媒体平台也意识到直播的商业价值，并将其纳入其商业模式。这些平台通过提供直播功能，使用户能够以更直观和互动的方式体验内容，并且直播电商已经成为各大平台的重要业务之一。

在中国，抖音直播、淘宝直播、腾讯体育直播、虎牙直播和斗鱼直播等直播平台受到广大用户的广泛使用。这些平台提供了丰富多样的直播内容和互动方式，吸引了大量的用户参与。用户通过这些平台观看直播内容、互动交流，并购买直播中展示的产品或服务，推动了直播商务的快速发展。

我们深入探讨中国直播电商行业的增长趋势时还可以看到，一些关键的因素在推动这一行业迅速扩张。

数字化转型的推动力起到了重要作用。随着互联网技术的飞速发展，越来越多的消费者习惯在线购物和观看内容。这使得直播电商能够满足消费者更加个性化、即时化的需求。商家能够通过直播向观众展示产品的特点、用途和性能，实时回答他们的问题，从而建立起更紧密的购物体验。

社交媒体的影响也不容小觑。人们在社交平台上建立关系、分享兴趣，而直播电商巧妙地将社交与购物融合在一起。用户可以在观看直播的同时与主播互动，与其他观众交流。这种社交性能够创造更多的参与感和购买冲动。

另一个推动因素是创新的商业模式。随着直播电商的兴起，许多企业开始尝试新的销售策略和商业模式。例如，一些主播利用有趣的互动方式、限时促销和独特的购物体验来吸引消费者，从而增加销售额。这种创新在一定程度上促进了整个行业的发展，也为企业提供了更多实验和发展的机会。

还有一点值得注意的是，消费者对于真实性和信任的需求。在直播中，观众可以看到产品的实际演示、听到主播的使用体验。这种实时展示有助于建立信任，降低了消费者购买的犹豫感。

总之，中国直播电商行业的增长趋势是由多个因素共同驱动的。数字化转型、社交媒体的融合、创新的商业模式以及对真实性和信任的需求，这些因素共同推动了直播电商的蓬勃发展。未来，随着技术不断进步和消费者需求变化，这一行业还将不断迎来新的机遇和挑战。

四、直播行业涉及的领域和用户群体

直播行业涉及的领域非常广泛，吸引了各个行业和领域的参与。除了传统的娱乐领域，直播也在电商、教育、健康、旅游等领域得到广泛应用。

在电商领域，直播已经成为许多商家进行产品展示和销售的一种重要方式。通过直播平台，商家可以向用户展示各种产品的特点、功能和使用方法，实时呈现产品的实际效果和效果。这种形式的直播购物为用户提供了一个与商家互动和购买产品的机会，营造了一种即时的购物体验。通过直播购物，用户可以在观看直播的同时与商家进行实时互动。用户可以在直播中询问问题、提出疑虑，商家可以即时回答并提供解决方案。这种实时的互动让用户感觉更加参与其中，增强了购物的信心和满意度。同时，直播购物也为商家提供了一个直接接触用户的渠道。商家可以通过直播向用户展示产品的优势和独特之处，即时回答用户的疑问，并提供专业的购买建议。这样，用户可以更加全面地了解产品，并作出更明智的购买决策。直播购物的另一个吸引力是即时购买的机会。在直播过程中，商家通常会提供特殊的促销活动和限时优惠，激发用户的购买欲望。用户可以直接在直播中完成购买操作，享受到即时的购物体验和便利。

在教育领域，直播为教育机构提供了一种新的在线教学方式。通过直播，教育机构可以实时向学生提供在线课程，不受时间和地域的限制。学生可以通过直播与老师进行互动，提出问题并获得即时的解答。这种形式的教学方式在远程教育和在线培训领域得到广泛应用。通过直播教学，学生可以在家中或任何地方参加课程，无需亲自到校或特定的教室上课。这为那些无法定期到校上课的学生提供了便利。同时，直播课程还可以满足对灵活学习时间的需求，因为学生可以根据自己的时间安排选择参加课程。直播教学通过实时的互动功能，使学生能够与教师进行互动和交流。学生可以在直播中提问、讨论问题，并及时获得教师的回答和解释。这种教学模式可以更好保持学生的专注和参与度，提高学习效果。此外，直播教学还为教育机构和教师提供了更广阔的受众和市场。通过直播，教育机构可以面向全国甚至全球范围内的学生提供课程，无需物理上的课堂和设施。同时，通过直播教学，教师可以与更多的学生建立联系和互动，扩大自己的教学影响力。

在健康领域，直播为医疗机构提供了一种远程诊疗的新途径。通过直播，医生可以通过视频咨询和诊断的方式与患者进行远程医疗服务。这种形式的直播诊疗可以解决患者就医难、医生资源分布不均等问题，为患者提供更便捷和高效的医疗服务。通过直播诊疗，患者可以在家中或任何其他地方与医生进行远程视频咨询。这种方式消除了患者前往医院或诊所的必要，节省了时间和旅行成本。患者可以通过直播向医生描述症状，医生可以通过视频观察患者并提供诊断和治疗建议。这种面对面的远程交流可以在某种程度上模拟传统医疗环境中的就诊过程。直播诊疗还可以解决医生资源分布不均的问题。通过直播，一名医生可以同时为多个患者提供服务，无需物理上到场。这样，即使在医生资源相对不足的地区，患者也能够获得及时和质量较高的医疗服务。同时，直播诊疗还可以提高医生的效率和工作灵活性，让医生在更广泛的范围内提供医疗服务。此外，直播诊疗还为患者提供了更多的医疗选择和便利性。患者可以通过直播与全球各地的专业医生进行咨询和治疗，无论他们身在何处。这为患者提供了更多的医疗资源和专业知识，使他们能够获得最适合自己的医疗服务。

在旅游领域，直播为旅游机构提供了一个强大的工具，可以通过实时展示各个旅游景点的风景和特色来吸引用户的兴趣。通过直播，用户可以看到真实的景点美景，感受不同地区的独特魅力。例如，他们可以看到世界上最美丽的海滩、壮丽的山脉、迷人的城市风景等。同时，直播还可以提供更多的信息，如当地的文化、风俗习惯、特色活动等，帮助用户更好了解目的地，从而激发他们的旅游欲望。

通过直播，旅游机构可以将用户带到远离他们所在地的目的地，为他们提供一种全新的体验。用户可以在家中或办公室里坐着，却可以感受到世界各地的美景。这不仅提供了方便性，还可以有效降低旅游成本和时间成本。无论是为了计划未来的旅行，还是通过观看直播来体验虚拟旅游，直播都为用户带来了与众不同的旅游体验。

在体育领域，直播为观众提供了一种便捷的方式，让他们无需亲临现场就能实时观看体育赛事。直播使观众可以在家中、办公室或任何其他地方通过互联网观看比赛。这对于那些远离比赛现场或无法亲自前往的观众，提供了极大的便利性和娱乐性。通过直播，观众可以在比赛过程中感受到紧张刺激的氛围。他们可以实时观看比赛的场面、选手的表现以及比赛的结果。观众可以通过直播观看自己喜欢的运动项目（如足球、篮球、网球、高尔夫等），支持自己喜欢的运动队或选手。这种观看比赛的方式让观众能够更深入地参与体育赛事中，增加了他们的娱乐体验和参与感。直播在体育领域的应用也为运动项目和俱乐部带来了更多的曝光和粉丝基础。通过直播，无论是大型比赛还是小型比赛，都可以触达更广泛的观众群体。观众可以通过直播了解到更多的比赛和运动项目，为自己感兴趣的俱乐部或选手提供支持。此外，直播还为体育赛事的品牌推广和商业化提供了机会。通过与广告合作和品牌赞助商合作，直播平台可以为体育赛事提供财务支持，并在广告中为品牌提供曝光机会。这种商业化模式不仅让体育赛事更加可持续发展，同时为广告商和品牌提供了更多的目标受众。

在音乐领域，直播为观众提供了欣赏音乐会、演唱会和其他音乐活动的现场表演的机会。通过直播，艺术家可以将自己的音乐作品带给全球各地的观众，无论他们身在何处，观众都可以在家中或其他地方欣赏到世界各地的音乐表演，尽情享受音乐的美妙。通过直播音乐表演，观众可以在舒适的环境中欣赏到专业艺术家的精彩演出。观众可以通过直播平台观看到艺术家的表演，还能与其他音乐爱好者进行互动和交流。这种形式的音乐直播为观众提供了更多的选择和便利性，无需亲自到场就能感受到音乐的魅力。直播音乐表演还可以将音乐的魅力传播到更广泛的受众中。通过直播，音乐艺术家可以将自己的音乐作品推广到全球范围内的观众，为自己扩大影响力。观众无需在特定时间和地点才能欣赏到音乐表演，他们可以根据自己的时间和喜好选择观看直播，在世界各地的音乐风格中畅享。除了音乐会和演唱会，直播还可以让观众欣赏到其他类型的音乐活动，如音乐比赛、音乐节等。观众可以通过直播近距离观看和聆听音乐家的演奏，感受到音乐的独特魅力。这也为音乐家提供了一个新的平台，展示自己的才华和艺术。

总的来说，直播行业涉及的领域广泛多样，吸引了不同行业和领域的用户群体。无论是娱乐、购物、教育、健康还是旅游、体育和音乐等，直播都可以为用户提供了便捷、实时和互动的观看体验，满足了用户对实时信息和娱乐的需求。

第二节 直播行业的数据特征和挑战

一、直播行业的数据和流量特征

直播行业是如今互联网领域中一个异常活跃且充满活力的领域，通过对直播行业的数据特点及其内涵进行深入了解，可以进一步解释这一行业市场的多样性和吸引力。直播行业市场通过互联网实时传输视频内容，呈现出一系列引人入胜的数据和流量特点。这些特点都在推动着直播行业市场蓬勃发展。

首先，直播市场的最引人注目的特点之一是其庞大的观众数量。在这个数字时代，直播市场凭借其独特的魅力，能够吸引数百万、甚至数千万的观众，共同见证主播们的精彩表现。这个庞大的观众基础不仅反映了人们对于实时互动内容的渴望，也为主播们提供了广阔的舞台。这不仅展示了内容创作者的吸引力。这也激励了内容创作者们不断提升自己的创意和表现力，以吸引更多的观众，他们可以借助直播平台来与观众实时互动，了解观众的反馈和需求，从而更好调整和优化自己的内容，持续吸引和保持观众的关注。另一方面也说明了观众们对于多样化内容的渴望，无论是娱乐、游戏、体育还是教育。

直播数据的实时性特征是直播行业的核心特点之一。是指观众能够实时地收看主播的内容，而不需要等待或延迟。实时性对于直播行业非常重要，因为观众希望能够在第一时间获得最新、最精彩的内容。实现数据的实时传输需要高效的数据处理和传输技术。首先，直播平台需要能够高效地编码、解码和传输视频、音频等多媒体内容。这要求平台拥有强大的数据处理能力，以便在实时的情况下对大量数据进行处理和传输。实时性要求直播平台能够即时收集和记录观众的互动数据，如弹幕、点赞、送礼等。这些数据可以帮助平台了解观众的喜好、观看行为和参与程度。通过及时获取这些数据，直播平台可以实时监测和分析观众的反馈，从而及时做出相应的调整和改进。其次，高速的数据传输通道也是实现实时性的关键。直播平台需要具备稳定的网络连接，以确保数据能够快速地传输到观众终端设备。如果传输速度慢或网络不稳定，那么观众可能会遇到视频卡顿、延迟等问题，从而降低观看体验。最后，实时性也对直播平台的数据分析产生影响。由于直播数据是实时生成的，平台需要能够迅速处理和分析大量的数据。快速的数据分析可以帮助平台实时监控观众对直播内容的反应，发现潜在的问题和机会，并做出适时的决策。例如，如果观众对某个直播内容的反应较为积极，平台可以针对性地增加类似内容；如果观众对某个直播内容的反应不佳，那么平台可以及时调整或改进。

另一个不能忽视的直播行业市场特点是其流量高峰的集中性。晚上和周末，成为观众们追逐直播的时间窗口。白天大多数人都投身于忙碌的工作和生活。而在晚上和周末，人们终于有了片刻闲暇，他们迫不及待地涌向直播平台，与喜爱的主播互动，共同分享欢乐时光。这在一定程度上也反映了人们对娱乐和社交的需求。通常在晚上和周末，直播市场的流量会迎来高峰。这种流量高峰集中特点对于直播平台和主播都是一个很好的机会，因为它们可以在这些时间段提供更多的吸引人内容，吸引更多观众参与互动。同时，也需要考虑到观众的兴趣和喜好，以便在晚上和周末为他们提供最吸引人的直播内容。

观众在直播市场的互动性也是一个不容忽视的关键特征。观众通过使用弹幕、点赞、送礼等多种方式与主播互动，观众不再只是被动接受内容，而是能够积极参与其中，与主播实时互动，分享情感和快乐。观众可以通过弹幕表达自己的想法、点赞支持喜爱的主播甚至送礼来展示对主播的喜爱和支持。这种积极的互动不仅让观众感受到被重视，还加深了他们与主播之间的情感连接，同时加深了观众对于直播内容的投入感、参与感和忠诚度。这种紧密的互动连接着主播和观众，为整个直播体验注入了活力。对于主播和直播平台，这种观众互动不仅提高了直播的活跃度，也为他们提供了更多的机会与观众互动，了解他们的喜好和反馈。这种密切的互动关系为整个直播体验注入了活力，也是构建更强大的社群和粉丝基础的关键之一。

而在内容的多元性方面，直播市场可谓是百花齐放。直播平台为不同类型的观众提供了各种各样的内容，满足了他们多样化的兴趣和需求，从而创造了一个多元丰富的直播生态系统。游戏直播、娱乐直播、体育直播、教育直播等各种类型的内容在直播市场中呈现出百花齐放的局面。观众可以欣赏到游戏高手的精彩表现，感受到娱乐节目带来的欢乐，体验到体育比赛的紧张刺激，还可以参与教育内容的学习和分享。这种多样性不仅为观众提供了更多选择，也为内容创作者和主播们创造了更多展示自己才华的机会。而在直播市场中，这种多元性还激励了创新和创意的迸发。内容创作者们不断寻找新的方式和切入点，以吸引观众的注意力并留下深刻的印象。这不仅促进了直播平台的多样化发展，也为观众带来了更加丰富和有趣的观看体验。

直播市场的广告变现能力也是其引人瞩目的一大特点。多种收益模式的存在为主播提供了多元化的收入来源，使他们能够更好获得回报并持续创作吸引人的内容。接受广告赞助是其中一个重要的方式，通过与品牌合作，主播可以为产品或服务进行宣传，同时赚取赞助费用。这种方式不仅能够给主播带来稳定的收入，还可以增加品牌曝光和影响力。销售商品也是一个有潜力的收入来源，主播可以借助自己的影响力将特定商品推荐给观众，从中获得销售提成。观众的打赏是另一个有趣的变现方式，它不仅是一种支持和鼓励，也是观众对主播内容的认可和感激。这种方式可以在互动中增加观众与主播的连结，也为主播提供了一种额外的收益途径。这种多样的变现方式不仅激励了内容创作者们不断提升自己的表现和创作，还为整个直播市场的可持续发展提供了强大的动力。随着市场的不断成熟和创新的不断涌现，广告变现能力将继续为直播市场增添亮点，并鼓励更多人加入这个充满潜力的领域。

最后，社交属性在直播市场中占据着重要地位。直播平台为观众创造了一个社交互动的空间，使他们能够通过关注主播、加入粉丝群等方式与其他观众建立联系，促进交流和互动。这种社交性不仅拉近了主播与观众之间的距离，也创造了一个共同体感觉，使观众更加投入直播内容之中。通过关注主播，观众可以及时获取主播的最新动态和内容，建立起一种持续的互动关系。加入粉丝群则为观众提供了一个与其他有共同兴趣的人们交流的平台，让他们能够分享想法、讨论话题甚至结交新朋友。这种社交互动不仅丰富了观众的体验，也为主播们建立了更紧密的粉丝社群，增强了互动和交流的可能性。社交属性的存在也为直播市场带来了更多的机会。主播们可以通过与观众互动，了解他们的喜好和反馈，从而调整和优化自己的内容。观众之间的互动和交流也可以引发更多有趣的话题和讨论，进一步推动直播内容的创新和发展。

总体而言，直播市场是一个多姿多彩、充满活力的领域。这个庞大且活跃的市场的确以其强大的互动性、多样的视频内容、广告变现能力以及社交属性脱颖而出。不仅吸引了大量的观众和内容创作者，还为数字娱乐产业带来了巨大的机遇和潜力。直播市场的繁荣发展将继续塑造我们的娱乐方式和社交互动，成为数字时代中不可忽视的一部分。

二、直播行业的数据和流量挑战

直播行业除了有上述推动行业发展的、引人入胜的数据和流量特点，直播行业还面临着一些重要的挑战。

数据规模和处理是直播平台面临的重要挑战之一。随着每天产生的大量数据，包括观众互动数据、直播内容数据等，直播平台需要高效地收集、存储和处理这些数据。为了应对这个挑战，直播平台需要投入大量人力和资源以满足庞大的数据处理需求。一方面，直播平台需要考虑数据的安全性和完整性。保护数据的机密性，防止数据泄露，对于直播平台至关重要。平台需要采取相应的措施。例如，加密技术和访问控制，确保只有授权人员能够访问敏感数据。此外，数据的完整性也需要得到保证，防止数据在传输或存储过程中遭到损坏或篡改。另一方面，直播平台可以利用各种技术和算法来处理大规模数据。其中一种常见的方法是采用分布式存储和计算技术。通过将数据分散存储在多个节点上可以提高数据的处理速度和容错性。这意味着即使一个节点发生故障，数据仍然可靠地保存在其他节点上。此外，直播平台还可以使用大数据分析和机器学习算法来提取有价值的信息。通过分析观众的行为和反馈数据，直播平台可以优化内容推荐和个性化服务，提升用户体验。

确保高速数据传输对于直播行业也是一项重要的挑战。观众希望能够在几乎实时的情况下观看直播内容，因此传输速度的快慢直接关系到他们的观看体验。为了实现高速数据传输，直播平台采用了多种技术和策略。其中一个重要的技术是内容分发网络（CDN）。CDN 技术通过将直播内容缓存在全球各地的服务器上，以就近获取内容并减少数据传输路径，提高传输效率和速度。这意味着观众可以从距离更近的服务器获取数据，减少了传输的延迟。除了 CDN 技术，直播平台还可以使用更高效的编码算法和视频压缩技术来降低数据传输的带宽需求。这些技术可以将视频压缩为更小的文件大小，减少传输所需的时间和带宽。例如，常用的视频编码标准如 H. 264 和 H. 265 采用了高效的压缩算法，可以在减少数据量的同时保持较高的视频质量。此外，直播平台还会不断优化网络基础设施，包括增加带宽、改善网络稳定性和可靠性，以确保数据传输的速度和稳定性。他们也会积极监测网络状况，及时发现并解决潜在的传输问题，以提供更好的观众体验。

此外，网络带宽限制是直播行业面临的一个重要挑战。当有大量用户同时观看直播时，网络带宽的需求会急剧增加，可能导致网络拥堵和传输问题。为了应对这个挑战，直播平台需要与网络服务提供商密切合作，确保能够提供足够的网络带宽和稳定的传输环境。平台可以与网络服务提供商签订合作协议，获得专用的网络带宽或优先传输的服务，以保证在高峰时段仍能提供稳定的直播体验。这种合作可以是长期的合作伙伴关系，确保平台在网络带宽方面得到持续的支持。直播平台还可以采用一些压缩和优化技术来减小数据传输的带宽需求。网络带宽优化技术可以根据网络条件和观众的终端设备情况，自动调整数据传输的质量和带宽占用。例如，通过动态码率调整和视频分层技术，平台可以根据网络状况实时调整视频的质量，确保在有限的带宽下仍能提供较好的观看体验。直播平台还可以与观众合作，鼓励他们在低网络带宽环境下选择适当的视频质量，以减少带宽的需求。平台可以提供多个画质选项，并在用户端进行自动选择或手动调整，以适应不同网络条件下的观看需求。

对于直播平台，保护用户数据的安全和隐私是一个重要挑战。直播过程中涉及大量用户互动和个人信息的传输，因此直播平台需要采取措施来确保用户数据的安全，并防止数据泄露和滥用的风险。首先，直播平台可以通过使用加密技术来保护用户数据的机密性。加密可以确保在数据传输的过程中只有授权人员能够解读和访问数据。平台可以使用强大的加密算法，例如 TLS/SSL 协议，以保护数据在传输过程中的安全性。其次，直播平台需要建立严格的访问控制机制，以确保只有授权人员能够访问用户数据。这可以通过使用身份验证和授权技术来实现，例如使用用户名和密码、双因素认证或生物识别技术。通过限制对用户数据的访问权限，直播平台可以降低数据泄露和滥用的风险。另外，直播平台还需要审查和优化其内部数据处理流程，以确保用户数据的安全。这包括限制数据访问的范围、制定严格的数据保留和销毁政策以及培训员工关于数据保护和隐私的意识。此外，直播平台应该遵守适用的隐私法规和法律要求。这包括获得用户明确的同意，并明确告知用户关于他们的数据使用方式和目的。平台还应该在隐私政策中清楚说明数据处理和保护措施，以建立用户对平台的信任。最后，直播平台还可以建立独立的数据安全团队或与专业的数据安全公司合作，进行定期的安全审计和漏洞测试。这有助于及早发现和修复潜在的安全问题，确保用户数据的安全和隐私。

保证内容审核和版权保护对于直播平台来说至关重要。直播平台需要建立有效的内容审核系统，以确保直播内容的合法性和质量。这包括监测和审核直播内容的实时流，以识别和屏蔽不符合规定的内容，如暴力等违规、违法内容。平台可以运用自动化的内容过滤技术和人工审核团队相结合的方式来进行审核。自然语言处理和图像识别技术可以辅助检测内容中的敏感信息，并通过设置关键词过滤和用户举报机制来保持内容的合法性。同时，保护知识产权和版权也是直播平台需要解决的重要问题。平台可以与版权方合作，签署合法的内容授权协议，确保只有获得授权的内容能够在平台上进行直播或传播。通过与版权方建立合作关系，直播平台可以获取合法的内容，并获得技术支持用于检测和阻止未经授权的内容传播。此外，平台可以采用数字水印技术，将唯一的标识信息嵌入内容中，以便跟踪和防止未经授权的传播。为了加强版权保护，直播平台还应该加强版权监控和积极响应侵权行为。平台可以建立专门的版权团队来监测平台上的直播内容，使用数字指纹技术来识别和屏蔽侵权内容，并与版权方和相应的监管机构密切合作，及时处理和清除侵权内容。最后，直播平台还可以开展用户教育和宣传活动，加强用户的版权意识和法律意识。通过向用户普及版权保护的重要性，促使用户尊重他人的知识产权，避免上传未经授权的内容。

为了应对这些挑战，直播行业不断发展和采用创新的技术。例如，利用大数据和人工智能技术进行数据分析和推荐算法优化，采用 CDN（内容分发网络）来提高数据传输的速度和稳定性，加强用户数据的安全保护等。这些技术和措施有助于解决直播行业的数据和流量挑战，提升观众体验和平台的竞争力。

三、科学研究工作者面临的直播数据获取挑战

1. 直播数据获取经济和资源成本

当科学研究工作者进行直播数据获取时，经济和资源成本是一个重要的挑战。购买或租用特定的直播数据可能需要付费，而对于某些研究项目，这些成

本可能是昂贵的。此外，获取大规模直播数据可能需要投资在设备、技术和人力资源方面。这涉及购买高性能服务器、使用强大的数据处理工具、招聘或培训专业人员来处理和分析直播数据。在预算有限的情况下，科学研究工作者需要仔细评估需要的资源，并找到经济高效的方法来获取直播数据，以确保研究的可行性和可持续性。

此外，对于某些特定类型的直播数据，可能需要在获取设备和技术方面进行额外的投资。例如，如果研究需要对具有高分辨率和高帧率的视频进行分析，科学研究工作者可能需要购买高质量的摄像设备和视频处理工具。同样，如果研究需要对大规模的直播数据进行处理和存储，那么可能需要购买更大容量的存储设备和更强大的计算机资源。因此，科学研究工作者需要预先评估研究需求，并根据需要选择适当的设备和技术，以确保能够有效地获取和处理直播数据。

在寻找具有代表性和可支持研究目标的直播数据源方面，科学研究工作者可能需要考虑多个因素。首先，他们需要确定研究的范围和目标，以确定需要哪些类型的直播数据。其次，他们可以寻找与研究主题相关的直播平台、应用程序或网站，并与其合作获取相关数据。最后，他们还可以尝试与行业组织、学术机构或其他研究团体合作，以获得特定领域的直播数据。通过与各方建立合作关系，科学研究工作者可以更容易地获得所需的直播数据，并确保数据的代表性和可靠性。

总之，对于科学研究工作者，直播数据获取可能涉及经济和资源成本的挑战。他们需要寻找经济高效的方法来获取直播数据，并评估和选择适当的设备和技术。此外，他们还需要识别和建立合作关系，以获得具有代表性和可支持研究目标的直播数据源。通过克服这些挑战，科学研究工作者可以获得高质量的直播数据，支持他们的研究工作，并取得有价值的发现和洞见。

2. 直播数据的可访问性

对于科学研究工作者，直播数据的可访问性是一个重要的挑战。直播数据可能受到法律、道德或商业协议的限制，不容易获得或共享。某些直播平台可能限制对其数据的访问，并只向特定的合作伙伴或研究领域开放。这些限制可能会导致科学研究工作者面临困难，无法获取特定的直播数据源。

为了克服这些挑战，科学研究工作者需要积极与直播平台合作或寻找合适的数据共享机制。首先，他们可以与直播平台建立合作关系，以获得对其数据的访问权限。这可以涉及与平台代表进行合作，讨论他们的研究目标，并寻求数据获取的支持。此外，一些直播平台可能有研究合作项目或数据共享计划，科学研究工作者可以主动申请参与，并分享他们的研究计划和目标。

此外，科学研究工作者还可以探索其他数据共享机制，以提高直播数据的可访问性。例如，他们可以寻找行业组织、学术机构或其他研究团体，探讨数据共享和合作的可能性。这些组织可能会有专门的数据共享平台或机制，科学研究工作者可以通过这些平台获取特定领域的直播数据。

然而，在与直播平台或其他组织进行合作和数据共享时，科学研究工作者需要遵守相关法律、伦理和商业协议。他们需要确保获得数据的合法性，并遵循任何与数据使用和共享相关的约束。此外，他们还应考虑保护数据的隐私和安全，并采取适当的措施来保护直播数据的机密性和敏感性。

总的来说，直播数据的可访问性是科学研究工作者面临的挑战之一。为了克服这些挑战，他们需要积极与直播平台合作或寻找其他数据共享机制，并遵守相关法律、伦理和商业协议。通过建立合作关系和寻求适当的数据共享方式，科学研究工作者可以获得更广泛和适用的直播数据资源，支持他们的研究工作。

3. 直播数据隐私性

确保直播数据隐私是科学研究工作者面临的另一个重要挑战。随着直播内容中涉及个人隐私和敏感信息的增加，科学研究工作者需要遵守相关隐私保护法律、伦理准则和政策规定。

为了保护直播数据使用者和观众的隐私，科学研究工作者可能需要采取一系列措施。首先，他们可以对直播数据进行去标识化处理，即删除或替换能够识别个人身份的信息。这可以减少数据的敏感性，并降低可能的隐私风险。其次，科学研究工作者可以采用匿名化技术，将直播数据中的个人身份与数据分离开来。这样可以在一定程度上保护数据使用者和观众的隐私。

此外，科学研究工作者还可以使用其他隐私保护技术来处理和共享直播数据。例如，加密技术可以用来保护数据的机密性，确保只有授权人员能够访问和使用直播数据。数据脱敏技术可以将敏感信息进行模糊化处理，以降低数据的敏感性。此外，访问控制和权限管理机制也可以用来限制对直播数据的访问和使用权限，确保只有经过授权的人员可以处理和使用数据。

除了实施隐私保护技术，科学研究工作者还需要对使用直播数据的目的进行合理评估。他们需要确保直播数据的使用与研究目标相符，并遵守相关的法律、伦理和政策要求。一些法律要求可能需要获得数据主体的知情同意或权限，尤其是涉及个人敏感信息的情况下。

总体而言，直播数据的隐私保护是科学研究工作者面临的重要挑战之一。他们需要遵守隐私保护法律和伦理准则，并采取合适的技术和措施来保护直播数据使用者和观众的隐私。通过实施去标识化、匿名化和其他隐私保护技术，科学研究工作者可以最大程度地降低数据的敏感性和隐私风险，同时支持创新的研究和分析工作。

4. 直播数据质量

确保直播数据的质量是科学研究工作者面临的另一个重要挑战。直播数据的准确性、完整性和一致性是确保研究结果可靠性和可重复性的关键。

为了确保直播数据的质量，科学研究工作者需要进行仔细的数据评估和验证。他们需要对直播数据的来源进行调查和验证，了解数据的采集方法、数据生成过程以及相关的质量控制措施。这样可以评估数据的可靠性和可信度，并在需要时采取纠正措施。

另外，科学研究工作者还需要关注直播数据采集过程中可能存在的偏见和误差。例如，直播数据可能受到主播、观众或平台算法等因素的影响，从而引入了偏见或错误。为了减少这些影响，科学研究工作者可以采取多种方法。他们可以使用合适的数据采样技术，确保采样的数据具有代表性。此外，他们可以分析并纠正潜在的偏见或误差并对数据进行质量控制，以确保数据的一致性和可靠性。

在进行直播数据分析时，科学研究工作者还可以采用统计方法和数据挖掘技术来处理错误和噪音。例如，他们可以使用异常检测算法来识别和排除异常值或噪音数据。另外，数据清洗和归一化技术也可以用来纠正数据中的错误和不一致性。通过使用这些技术和方法，科学研究工作者可以最大程度地提高直播数据的质量，并获得可靠的研究结果。

总之，直播数据的质量是科学研究工作者面临的重要挑战之一。为了确保数据的准确性、完整性和一致性，科学研究工作者需要仔细评估和验证直播数据的来源，并采取措施来纠正或减少数据中的错误和噪音。此外，他们还需要注意数据采集过程中的可能偏见和误差，并进行质量控制，以确保研究结果的可靠性和可重复性。通过克服这些挑战，科学研究工作者可以获得高质量的直播数据并支持创新的研究工作。

科学研究工作者在直播数据获取方面面临成本、可访问性、隐私和质量等挑战。他们需要在预算和资源限制下谨慎选择直播数据获取策略，并遵守法律和伦理准则，保护直播数据使用者和观众的隐私。此外，他们还需要评估和确保直播数据的质量，以提高研究结果的可靠性和可重复性。通过克服这些挑战，科学研究工作者可以更好地利用直播数据进行创新的研究和分析。

第三节　了解直播电商数据

一、探索直播电商数据的意义

通过对直播行业的发展和趋势分析以及直播行业数据特征和挑战的讨论，我们可以清楚看到，直播行业的迅猛发展和日益增长的重要性。直播电商作为直播行业中正在蓬勃发展的领域之一，正逐渐成为人们关注的焦点。

随着直播电商的壮大，人们对直播电商数据的了解变得越来越重要。通过对直播电商数据的深入探索，我们可以更好了解这个充满活力的领域。这些数据可以提供有关直播电商交易、观众和平台的关键指标和趋势，从而帮助我们全面了解直播电商行业的规模、增长率、用户行为和竞争格局。

在探索直播电商数据时，我们要以客观、公正、合理和有逻辑的方式进行研究。我们需要采用科学的方法来收集、整理和分析数据，确保数据的准确性和可靠性。同时，我们还需要充分考虑数据收集的难点和挑战，如数据获取的问题、数据质量的控制和数据的一致性等。

通过对直播电商数据的深入研究，我们可以获取洞察力，了解直播电商行业的现状和未来趋势，为相关决策提供有力支持。同时，我们也需要关注数据的局限性，并在分析和解释数据时保持谨慎和审慎。只有通过客观、全面地分析直播电商数据，我们才能更好把握这个充满活力的领域，并为进一步的研究和发展提供有价值的参考。

二、直播电商数据示例

本节主要以抖音平台上的一家农产品直播间的数据为例进行分析，数据通过网络爬虫的方法获得。

数据集主要有两类。

一类是主播在直播过程中的视频数据，经过处理后转换成每分钟产生的直播内容文本数据，以供接下来的数据分析用，需要注意的是，主播直播内容数据是通过视频转换成的文本文字。为了保持数据的真实性，我们保留了主播的口头话语。这可能会导致语句在表达上不够充分或存在重复，并带有语气性的文字。然而，这些因素不会对后续的研究造成影响，部分数据如表 6－2 所示：

表 6－2　　抖音某直播间部分主播直播内容数据

时间	内容
2023－05－03 19：31	买到的不只是黑豆粉，你花钱买到的是我作为吃货的快乐，如果你也想要快乐的话，你也可以买买，而且这个黑豆粉营养价值也很丰富，是吧？里边都是各种的黑食材，都是好东西，你冲点当一个早餐或者当一个下午充饥的东西，我觉得都可以。有朋友说孕妈、孕爸建议遵医嘱，但我觉得这配料很干净。再读一遍，你看这个配料，就是这个东西你要不能吃的话，那估计啥都吃不了了。黑芝麻、黑米、赤藓糖醇、黑豆、核桃仁、奇亚籽、三色藜麦、黑木耳、紫淮山和黑果枸杞，就都是对吧？都是这个应该正常的人都可以吃，除非你坚果过敏。有些人核桃过敏的，你这个吃不了。没有这个过敏源就没什么问题。怎么冲啊？水跟粉的比是多少？水跟粉的比例要根据于你这个喜欢吃稠的还是稀的，你要是喜欢吃稠的，你就多放点这个粉。
2023－05－04 20：17	积分兑换了优惠券以后，再买咱们的经营产品会更划算一些。真的！这个也是一个自营品，加了会员再拍，有一包的尝鲜装了，也有 2 包的，有 3 包的，有 5 包的，有 8 包的，看情况去拍。对，就是我觉得很少人会不喜欢吃这个，除非你特别拒绝榴莲。而且这个榴莲是来自泰国的。金枕榴莲糖度非常的高，没有糖，没有防腐层的，那个看着多，但是酸奶涂层它本身占克重。你想想，是酸奶贵还是榴莲？咬下去以后，榴莲橡皮糖的感觉也挺好吃。你吃让你吃过，你要给楠楠拿一个放皮了吃，真的很好吃。是不是不一样的感觉？榴莲橡皮糖。
2023－05－09 21：23	最近非常干燥，北京已经很长时间没有痛痛快快下过一场雨了。所以，家里需要用一个大的瓶子或者壶，多准备一些水。然后，家人在吃饭的时候或者晚上看电视的时候，多喝一些水，但是你临近睡觉那一会就别喝了。百香果会成为一个非常好的选择，首先，它里头有很多的维 C 含量，没错，然后百香果还有自己独特的且浓郁的果香，它的英文叫做“passion fruit”，翻译过来叫“热情果”。所以，你能闻到这种浓郁的香味在里头，仿佛带着你对生活的热情一般。每一个都很饱满，你看这个。这个一箱里头应该是给大家送那个切开的。那大家就自己用刀切，切开之后你用勺子把它挖出来，放在大的这个瓶子里，再加上之前我们直播间自营的那个蜂蜜。
2023－05－10 19：21	工作真好！对，不用做饭，平时都省了饭钱了。两岁宝宝可以吃吗？看宝宝能不能吃？牛肉吧，两岁的宝宝长牙了吗？长了很多牙了已经是吧？而且这个很好吃。嗯，反正就是就是我们这一盘就是一道的料，我们这一排就是一袋的量，再给大家展示一下，美化也很大，下锅一煎直接煎 5 分钟就可以。肉很嫩，不是说那种就是你嚼的时候嚼不动的感觉。对，就煎 5 分钟就熟了，然后它其实给您带的是这个黑胡椒的酱，您可以看到带 7 包，因为是 7 袋，一道大一包。不蘸酱我觉得更好吃一点。你拍一单尝一尝挺好吃的。希望给主播上的样品都是热乎的。放心放心。放心。对吧？你得荤素搭配嘛你说。

续表

时间	内容
2023－05－11 19：35	全脂纯牛奶，啊这一箱牛奶24盒，它的生产日期是什么时候？我现在手上拿的这一箱是3月份生产的，3月份生产的，然后它的保质期是12个月，一直到明年的3月，84元一大箱拍回去，里面是24盒，平均一盒的话应该是3.5元。如果大家拍两箱的话，一共是48盒，平均一盒的话也是3.5元。这个奶呀，咱主打的点有两个：第一，它的蛋白质含量特别高，是4.0克的。如果你去看其他，咱推荐的奶有3.1克有3.2克蛋白质的。咱这个是4.0克的蛋白质，很高，那早上孩子要来点蛋白质含量比较高的牛奶。对于身材管理的朋友，每天去做完一些身材管理的一些运动之后，我需要一些蛋白质吧，这个奶是我一定会喝的，然后再搭配鸡胸肉、西兰花，再来点这个小水果。这就是很好的一顿。它的配料表也非常干净。100%的生牛乳，他所选择的这个奶源在新西兰，在全球只有不到10%的那个奶牛群里面。那些奶牛是草饲的牛，它们所挤出来的奶，就是现在大家所看到的4.0克的全脂。
2023－05－12 21：12	5袋直接到手了99元，对不对？来我来帮大家尝一下，尝一下这个卤牛肉味肉味浓不浓？尝一下。我跟你讲软软烂，不行了赶紧来一块。特别软，直接上手没关系。来来来，尝一尝。特别软了，你尝一下是不是软了，真的真的不塞牙，一点不塞牙。肉味浓不浓？特别浓，肉味特别浓。是不是软烂？因为牛肉我最怕的，因为尤其是牛后腿肉最怕的就是柴就是好吃，柴就很尴尬，为什么呢？因为很多朋友都是西班牙，然后完了之后稍微一缠就塞牙，卡得特别难受。你想象一下你这个我要开始又要开始情景剧了。就是你想象一下，你是那个马上“520”了嘛对吧？你邀请你的那个心仪的对象来你家里面，吃一个那个烛光晚餐，你说你要展示一下你贤惠的一些厨艺，你说咱们就是说买了一包酱油，但是我假装是自己卤的，然后我说那个端上来那个Jessica，Jessica尝一尝，我给你亲自卤的一盘酱牛肉。都很好吃，牛肉味道风味都很不错，你们就是聊得也很开心。
2023－05－13 19：39	刚99元咱现在84元，那这个价格还是划算的，而且咱们这个是低脂的，所以身材管理的朋友们拍全脂的有在2号链接，而且这个是保质期12个月的啊2月，16日之后生产。这就是说明可以喝到2024年2月16日拍一单真的是啊这个建议大家这是至少拍两单。因为你“618”之前都买不到这个价格。咱直播间没法卖了，因为官方要去控价，这是实时的超市的价格，人家一箱卖109元，咱们一箱卖84元，对吧？反正咱们这个东方证券主打的就是能买什么赶紧买要不然马上就没有。真的是这样。对，就是清楚明白告诉你6月20日之前肯定没有。这个这个所以既然都肯定没有了，你就趁着这个有便宜的机会，你就稍微的囤个，我觉得至少拍个两单啊拍个当然差不太多，拍一单只有24个不太够喝，而且咱们这一个是250毫升的大容量，喝着很爽，低脂的拿来冲咖啡其实也不错。有朋友说，这个买了那就对了，这个不买更待何时。

另一类数据是在直播过程中用户行为的数据，包括点赞、关注、评论、送礼等，观众主播互动数据，部分数据如表6－3所示。

表 6-3　　抖音某直播间部分用户行为数据

序号	类型	昵称	粉丝数	关注数	内容	时间	消费等级
1	进入	西×××	751	786	进入直播间，直播间人数 11010	2023-05-03 19：31：00	0
2	送礼	一×××	22	419	一×××：送给主播 1 个小心心	2023-05-03 19：31：00	4
3	点赞	外×××	778	1970	点赞了 10 次，直播间总点赞数 1070060	2023-05-03 19：31：00	11
4	发言	咖×××	29	110	要用热牛奶冲吗?	2023-05-03 19：31：02	1
5	关注	咕×××	41	63	关注了直播间	2023-05-03 19：31：02	3
6	进入	早×××	3312	1004	进入直播间，直播间人数 14541	2023-05-04 19：35：00	16
7	送礼	e×××	8	317	e×××：送给主播 1 个粉丝团灯牌	2023-05-04 19：35：05	33
8	点赞	猪×××	1222	684	点赞了 6 次，直播间总点赞数 1141462	2023-05-04 19：35：06	7
9	发言	姐×××	1383	1434	看着就好吃	2023-05-04 19：35：04	0
10	关注	用×××	0	144	关注了直播间	2023-05-04 19：35：20	7
11	进入	异×××	156	502	进入直播间，直播间人数 104309	2023-05-09 21：23：00	26
12	送礼	听×××	92	113	听×××：送给主播 1 个粉丝团灯牌	2023-05-09 21：23：02	15
13	点赞	醒×××	29	142	点赞了 9 次，直播间总点赞数 15256669	2023-05-09 21：23：03	3
14	发言	用×××	50	29	前天买了，已收到货。一直在吃的。	2023-05-09 21：23：03	20

续表

序号	类型	昵称	粉丝数	关注数	内容	时间	消费等级
15	关注	这×××	230	993	关注了直播间	2023-05-09 21:23:10	7
16	进入	慢×××	10	43	进入直播间，直播间人数 18267	2023-05-10 21:38:00	8
17	送礼	许×××	16	212	许×××：送给主播 1 个人气票	2023-05-10 21:38:19	9
18	点赞	曾×××	16	87	点赞了 7 次，直播间总点赞数 2350058	2023-05-10 21:38:21	13
19	发言	曾×××	27	495	有料包吗？带香菜吗？	2023-05-10 21:38:12	7
20	关注	馨×××	373	277	关注了直播间	2023-05-10 21:38:16	3
21	进入	剑×××	21	108	进入直播间，直播间人数 14991	2023-05-11 19:35:00	8
22	送礼	张×××	174	124	张×××：送给主播 1 个粉丝团灯牌	2023-05-11 19:35:04	28
23	点赞	子×××	1	172	点赞了 10 次，直播间总点赞数 14928210	2023-05-11 19:35:05	3
24	发言	A×××	3	31	买了两次了，好喝	2023-05-11 19:35:03	5
25	关注	用×××	3	6	关注了直播间	2023-05-11 19:35:09	0

这些数据集是基于 2023 年 5 月的实时直播数据，采集时间段通常在 19 点到 22 点之间，这是直播电商中用户最活跃的时间段，因此收集到的数据样本较为丰富。在直播过程中，不同日期、时间、主播、用户和产品都会导致数据内容的差异。由于篇幅所限，本节主要选取每天两个时间点的数据进行展示，包括主播直播内容数据和用户行为数据。这两组数据在时间上是对应的，通过对比查看这些数据，可以初步了解直播电商的数据情况。

第四节　直播数据收集与分析

一、直播电商数据收集

直播电商是一个快速发展的领域，其销量和带货能力令人惊叹。根据统计数据，2021 年上半年抖音直播的销量超过 28 亿件。相比带货短视频销量，这是其 7 倍以上。直播电商之所以如此受欢迎，主要是因为它能够以强大的带货能力和实时互动与用户互动。随着社交媒体平台的不断发展和用户对新鲜、有趣购物方式的追求，直播电商已经成为众多品牌和商家利用流量 IP 进行商品营销的重要途径之一。

通过直播，品牌和产品能够通过实时演示、直接互动等方式与消费者建立更紧密的联系，从而增强用户对产品的信任和购买欲望。此外，直播也为消费者提供更直观、真实的购物体验，使他们能够更好地了解产品的特点和优势。

电商直播会产生大量的数据，研究人员可以通过收集、整理和分析这些数据来深入研究直播电商领域。这种研究能够帮助我们更好了解市场的变化、用户的需求以及营销策略等方面的情况，从而协助品牌和商家制定更合适的市场推广策略和战略决策。因此，对直播电商进行研究具有很大的价值。

二、直播电商数据清洗

在这一节中，我们将对所收集的抖音农产品直播间主播的原始直播内容视频数据以及用户行为数据进行初步的清洗和处理。由于我们最初以秒为单位进行数据收集，实际数据量相当庞大。然而，考虑到每一秒钟的数据内容都非常短暂。这可能不利于后续的数据分析工作。因此，我们计划将所有的原始数据转化为分钟级的数据，以便在保持数据量的同时，也能够提升每个数据单元的代表性。最后将直播内容数据与用户行为数据按时间进行匹配，以得到完整的数据，数据可用于分析主播的行为对于用户的影响、用户的某些行为对于其他用户行为的影响等。

这个步骤将有助于优化我们的数据集，使其更适合后续的分析和解释。通过将数据处理为分钟级别，我们可以更好捕捉到主要的趋势和模式，从而使分析结果更具有实际应用价值。

1. 主播直播内容数据清洗

由于获取到的主播直播内容数据的原始数据为视频数据，因此需要对其进行处理。当然可以。将视频转换为以分钟为单位的文本数据通常是指从视频中提取对话、旁白或其他音频信息并将其转换为文本格式。这里有三种常见的方法。

①手动转录是一种传统的方法，通过人工观看视频并手动输入其中的文本内容。这种方法的优点是能够确保高度的准确性，特别是当视频中包含大量专业术语、方言或其他难以识别的音频内容时。人的理解能力，手动转录可以捕捉微妙的语义差异和非语言信息，这是自动转录技术难以实现的。然而，手动转录的劣势也是显而易见的。首先，它非常耗时，特别是对于大量视频而言，可能并不切实际。此外，由于人为因素的存在，人工错误也可能发生，因此在手动转录过程中需要进行校对来确保准确性。尽管手动转录是一种耗时且可能出现错误的方法，但在某些情况下，它仍然是最可靠的选择。对于重要内容、具有专业性的视频或需要高度准确性的场景，手动转录可以提供最好的结果。对于那些时间紧迫或数量庞大的任务，可以考虑结合其他转录方法，使转录过程更高效。

②自动语音识别（ASR）技术是一种现代的语音识别技术，利用大量数据和深度学习模型，可以将音频内容自动转换为文本。一些知名的 ASR 系统，例如 Google Cloud Speech - to - Text、IBM Watson 和 Amazon Transcribe 等，都在这方面取得了很大的突破。ASR 的最大优势之一是其速度和处理能力。它可以快速处理大量的音频和视频，节省了大量的时间和人力资源。由于自动化的特点，无需大量人工干预，使语音转录工作变得高效且成本较低。然而，ASR 技术并非完美，它也存在一些劣势。其中一个是可能会产生识别错误。尤其是在音质较差的音频、存在噪音或多人交谈的场景下，ASR 系统的准确性可能会受到一定影响。这是因为 ASR 模型往往是由训练数据中的干净音频生成的，无法完全适应复杂或嘈杂的环境。此外，特定的方言、口音和专业术语可能会对 ASR 的准确性造成挑战。为了解决 ASR 技术的识别错误问题，通常需要进行人工校对。人工校对者可以通过审查 ASR 输出文本，修正错误或缺失的部

分，从而提高整体的准确性。这种结合人工校对的方式可以确保输出文本的准确性，并为后续的应用场景提供更可靠的数据。虽然 ASR 技术仍然存在一些局限性，但已经在诸多领域取得了显著进展，并被广泛应用。它为自动转录提供了一种高效且可行的方法，尤其对于大量且较为简单的音频内容。

③利用专业的转录服务是一种有效和方便的方式，可以获得高质量的文本转录。一些公司或平台，如 Rev. com 和 Scribie，提供了专业的转录服务，它们通常结合人工和自动化工具来完成任务。与其他方法相比，专业的转录服务能够提供较高的准确率，因为这些服务通常有经验丰富的转录员和编辑团队。这些专业团队经过训练，熟悉各种行业术语和口音，可以更好理解和转录复杂的音频内容。他们会将音频逐字逐句地转录成文本，并进行校对以确保准确性和完整性。使用专业的转录服务有很多优势。这种服务可以节省用户的时间和精力，因为用户只需将音频文件提交给专业团队，然后稍后就能收到高质量的转录文本。这对于那些没有时间或资源进行烦琐的转录工作的用户来说非常方便。然而，专业的转录服务也有一些劣势。首先是费用方面，这些服务可能相对较贵，特别是对于大量视频内容而言。此外，涉及人工参与、服务的交付时间可能相对较长，尤其是在高峰期时，因此对于那些时间紧迫或预算有限的项目，专业的转录服务可能不是最佳选择。因而，利用专业的转录服务可以获得高质量的文本转录，尤其对于重要的项目或需要高度准确性的场景来说非常有价值。然而，用户在选择转录服务时需要权衡时间、预算和准确性等因素，以找到最适合自己需求的解决方案。

当然，还有其他方法可以将视频转换为文字形式的内容。根据个人需求和实际情况，可以选择适合自己的方法。在本节中，我们介绍了一种基于 Python 编程语言的方法，结合了前面提到的自动语音识别（ASR）技术，用于将收集到的视频文件转录为文本。这种方法的步骤如下：首先，我们使用代码将视频按每分钟的时间戳进行切分，将长视频分割为多个较短的视频文件。其次，我们将每分钟的视频文件批量转换为音频文件，以便后续的转录工作。最后，使用 ASR 技术将音频文件转录为文本文件。

通过这种方法，我们可以实现对大量视频进行高效转录的目的。这种自动化的转录过程可以帮助节省时间和人力资源，并提高整体的工作效率。当然，在使用这种方法之前，需要确保所选择的 ASR 技术和代码的准确性和可靠性。

需要注意的是，针对不同的视频和转录需求，可能需要对这种方法进行一些自定义和调整。根据具体情况，可以选择不同的 ASR 技术、音频处理工具和文本输出格式，以满足个人或项目的需求。

在视频转录过程中，我们需要用到 Python。如果从未使用过 Python 的话，这里给出简单的下载和安装过程，以供参考。首先，可以免费从 Python 官网（https：//www. python. org）下载 Python 语言。然而，Python 作为一种开源软件，经常需要调用一些标准库，逐一下载和安装这些标准库可能有些烦琐。为了简化这一过程，可以直接 Anaconda 平台下载 Python。Anaconda 平台集成了许多 Python 标准库和流行的集成开发环境（IDE），如 PyCharm、Jupyter 和 Spyder 等，因此非常方便。需要下载 Anaconda，可以登录其官网（https：//www. anaconda. com）并在页面底部选择适合的 Anaconda 安装包（Anaconda Installer），下载页面如图 6 – 1。例如，如果要在 64 位 Windows 系统上安装 Python 3，可以点击最左侧的“64 – Bit Graphical Installer（898. 6 MB）”。下载 Anaconda 安装包后，可以运行该安装程序，并按照提示进行安装。在安装过程中，可以选择是否将 Anaconda 添加到系统路径中，以便在命令行中直接使用 Python 和相关工具。安装完成后，就可以开始使用 Python 和 Anaconda 提供的标准库和开发环境来进行编程和转录工作。Python 的安装非常简单，具体步骤可能因操作系统和安装包版本而略有差异。如果在安装过程中遇到任何问题，那么可以查阅官方的安装文档或寻求社区支持来获取帮助。

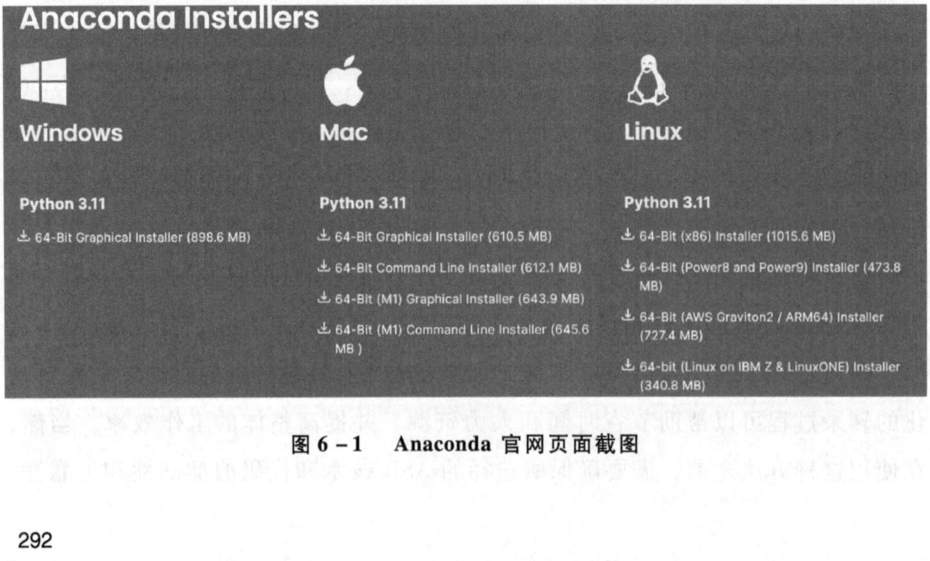

图 6 – 1　Anaconda 官网页面截图

（1）视频按时间戳切分

给定的 Python 代码用于将视频文件分割成多个较小的片段，每个片段的持续时间为 60 秒，并且将原始视频文件的音频合并到每个较小的片段中。

首先导入所需的库：`os` 用于文件和目录操作，`moviepy.video.io.videofileclip` 用于读取视频文件，`moviepy.editor.audiofileclip` 用于读取音频文件。

获取当前目录下所有 mp4 格式的视频文件。通过使用 `os.listdir('.')` 获取当前目录中的所有文件和文件夹，然后使用列表解析式来筛选出以 '.mp4' 结尾的文件。

遍历每个视频文件：

①读取视频文件。使用 `videofileclip(　　)` 函数从视频文件中获取视频剪辑对象。`fps` 用于获取视频的帧率，`frame_count` 获取视频的总帧数。

②分割视频并合并音频。使用循环对视频进行逐帧分割，每次分割一定的帧数（这里设定为 fps60）。

③创建视频剪辑。使用 `subclip(　　)` 方法创建分割后的视频剪辑，设置起始时间和结束时间，单位为秒。

④合并音频。使用 `audiofileclip(　　)` 函数读取视频的音频剪辑对象，并使用 `subclip(　　)` 方法设置音频的起始时间和结束时间。

⑤将分割后的视频剪辑写入文件。使用 `write_videofile(　　)` 方法将分割后的视频剪辑输出为文件，文件名添加分割的索引。

参数 `fps` 指定输出视频的帧率，`codec` 指定编码器为 libx264，`audio` 参数为 `True` 表示将音频合并到输出文件中。

```
#导入模块
import os
from moviepy.video.io.VideoFileClip import VideoFileClip
from moviepy.editor import AudioFileClip
#获取当前目录下所有 mp4 格式的视频文件
video_files = [ f for f in os.listdir('.') if os.path.isfile(f) and f.endswith('.mp4') ]
#使用循环语句遍历每个视频文件:
for video_file in video_files:
    video_clip = VideoFileClip(video_file) # 读取视频
```

```
    fps = video_clip.fps # 获取视频的帧率
    frame_count = video_clip.reader.nframes # 获取视频的总帧数
for i in range(0,frame_count,int(fps * 60)): # 分割视频并合并音频
        start_frame = i # 分割视频的起始帧数
        end_frame = min(i + int(fps * 60),frame_count) # 分割视频的结束帧数
        duration = (end_frame-start_frame) / fps # 分割视频的时长
        #创建视频剪辑
        subclip = video_clip.subclip(start_frame / fps,end_frame / fps) # 根据帧数计算时
间,并获取分割后的视频剪辑
        subclip.set_duration(duration) # 设置分割后视频剪辑的时长
        # 合并音频
        audio_clip = AudioFileClip(video_file) # 读取原始视频的音频
        audio_clip = audio_clip.subclip(i / fps,(i + fps * 60) / fps) # 根据帧数计算时间,
并获取分割后的音频剪辑
        subclip.audio = audio_clip # 将分割后的音频剪辑与视频剪辑合并
        subclip.write_videofile(f'{video_file}_{i // fps}.mp4',fps = fps,codec ='libx264',
audio = True) # 将分割后的视频剪辑写入文件
```

（2）视频转音频

以下代码是用于遍历指定视频文件夹中的所有视频文件，并将视频文件提取出来转换为 WAV 格式的音频文件的程序。

```
#导入模块
import os
from moviepy.editor import *
#定义视频文件夹的路径,此处示例路径为 C:\Users\MP4,请根据实际路径进行修改
video_folder = r"C:\Users\MP4"
#定义音频文件夹的路径,此处示例路径为 C:\UsersWAV,请根据实际路径进行修改
audio_folder = r"C:\Users\Surface\WAV"
#遍历视频文件夹中的所有视频文件
for file in os.listdir(video_folder):
    #只处理视频文件
    if file.endswith(".mp4") or file.endswith(".avi") or file.endswith(".mov"):
        #构造视频文件路径和对应的音频文件路径
        video_file = os.path.join(video_folder,file)
        audio_file = os.path.join(audio_folder,file.replace(".mp4",".wav").replace(".avi",
".wav").replace(".mov",".wav"))
```

```
# 读取视频
video = VideoFileClip(video_file)
# 提取音频
audio = video.audio
# 将音频保存为 WAV 文件
audio.write_audiofile(audio_file)
```

（3）音频转文字

音频转文字调用的是科大讯飞的语音转写接口，代码参考科大讯飞官网提供的示例 demo（https：//www.xfyun.cn/doc/asr/lfasr/API. html），并结合相关资料进行了修改和解释说明。

①这段代码是一个调用非实时转写服务的 Python 脚本，使用了讯飞（iFlytek）提供的 LFASR（Lfasr 在线识别）服务。LFASR 服务允许用户上传音频文件，并获取相应的转写结果。在这个脚本中，包含了一些可配置的参数，可以根据需求进行修改。其中，一些参数包括转写类型（0 表示转写），是否开启分词，生成的候选词个数，以及子用户标识。要使用这段代码，首先需要拥有讯飞的账号，并获取相应的 API 凭证。获取凭证后，就可以通过 API 调用来执行文件准备、上传、合并、获取进度和检索最终结果等任务。

```
# 导入模块
import base64
import hashlib
import hmac
import json
import os
import time
import requests
lfasr_host = 'http://raasr.xfyun.cn/api'
# 请求的接口名
api_prepare = '/prepare'
api_upload = '/upload'
api_merge = '/merge'
api_get_progress = '/getProgress'
api_get_result = '/getResult'
```

```
# 文件分片大小10 M
file_piece_sice = 10485760
# 转写类型
lfasr_type = 0
# 是否开启分词
has_participle = 'false'
has_seperate = 'true'
# 多候选词个数
max_alternatives = 0
# 子用户标识
suid = ''
```

②为了确保每个文件都有唯一标识，以下代码用于生成递增切片 ID，在文件的上传过程中，可以使用这些切片 ID 来标识和管理不同的切片。

```
# 定义名为'SliceIdGenerator' 的类,用于生成切片ID
class SliceIdGenerator:
    """slice id 生成器"""
# 在构造函数 '__init__'中,私有变量 '__ch'的初始值为'aaaaaaaaa'
    def__init__(self):
        self.__ch = 'aaaaaaaaa`'
# 生成下一个切片 ID
    def getNextSliceId(self):
        ch = self.__ch
        j = len(ch)-1
        while j > =0:
            cj = ch[j]
            if cj ! = 'z':
                ch = ch[:j] + chr(ord(cj) + 1) + ch[j + 1:]
                break
            else:
                ch = ch[:j] +'a' + ch[j + 1:]
                j = j-1
        self.__ch = ch # 将更新后的字符串ch 赋给私有变量__ch 以备下次调用方法使用
        return self.__ch # 返回生成的切片ID
```

③根据不同的接口名称和相关参数，动态生成 LFASR 服务的请求字典。

`gene_params` 方法用于根据不同的 `apiname`（接口名称）生成不同的参数。在方法内部，首先，将构造函数中传入的变量赋给对应的局部变量。其次，根据当前时间生成一个时间戳字符串 `ts`。接下来，使用 `hashlib. md5` 计算出应用 ID 和时间戳拼接后的字符串的 `MD5` 哈希值，并将其取出。使用密钥和上述哈希值，通过 `hmac. new` 和 `hashlib. sha1` 生成签名 `signa`。签名再经过 base64 编码为字符串。使用 `os. path. getsize` 获取上传文件的大小，并使用 `os. path. basename` 获取上传文件的文件名。最后，定义一个空的字典 `param_dict`，用于存储生成的参数。

接下来，根据 `apiname` 的不同，设置不同的参数。对于 `api_prepare` 接口，计算分片数量，并将相关参数添加到 `param_dict` 中。对于 `api_upload` 接口，将 `appid`、`signa`、`ts`、`tasked` 和 `slice_id` 等参数添加到 `param_dict` 中。对于 `api_merge` 接口，将 `appid`、`signa`、`ts`、`tasked` 和 `file_name` 等参数添加到 `param_dict` 中。对于 `api_get_progress` 或 `api_get_result` 接口，将 `appid`、`signa`、`ts` 和 `tasked` 等参数添加到 `param_dict` 中。最后，返回生成的参数字典 `param_dict`。

```
class RequestApi(object):
  def__init__(self,appid,secret_key,upload_file_path):
    self.appid = appid
    self.secret_key = secret_key
    self.upload_file_path = upload_file_path
  # 根据不同的`apiname` 生成不同的参数
  def gene_params(self,apiname,taskid = None,slice_id = None):
    appid = self.appid
    secret_key = self.secret_key
    upload_file_path = self.upload_file_path
    ts = str(int(time.time()))
    m2 = hashlib.md5()
    m2.update((appid + ts).encode('utf-8'))
    md5 = m2.hexdigest()
    md5 = bytes(md5,encoding ='utf-8')
    # 以`secret_key` 为key,上面的`md5` 为`msg`,使用`hashlib.sha1` 加密结果为`signa`
    signa = hmac.new(secret_key.encode('utf-8'),md5,hashlib.sha1).digest()
```

```
        signa = base64.b64encode(signa)
        signa = str(signa,'utf-8')
        file_len = os.path.getsize(upload_file_path)
        file_name = os.path.basename(upload_file_path)
        param_dict = {}
    if apiname == api_prepare:
            # slice_num 是指分片数量,如果您使用的音频都是较短音频也可以不分片,直
接将slice_num 指定为1 即可
            slice_num = int(file_len / file_piece_sice) + (0 if (file_len % file_piece_sice == 0)
else 1)
            param_dict['app_id'] = appid
            param_dict['signa'] = signa
            param_dict['ts'] = ts
            param_dict['file_len'] = str(file_len)
            param_dict['file_name'] = file_name
            param_dict['slice_num'] = str(slice_num)
    elif apiname == api_upload:
            param_dict['app_id'] = appid
            param_dict['signa'] = signa
            param_dict['ts'] = ts
            param_dict['task_id'] = taskid
            param_dict['slice_id'] = slice_id
        elif apiname == api_merge:
            param_dict['app_id'] = appid
            param_dict['signa'] = signa
            param_dict['ts'] = ts
            param_dict['task_id'] = taskid
            param_dict['file_name'] = file_name
        elif apiname == api_get_progress or apiname == api_get_result:
            param_dict['app_id'] = appid
            param_dict['signa'] = signa
            param_dict['ts'] = ts
            param_dict['task_id'] = taskid
        return param_dict
```

④这段代码的目的是发送请求并解析响应结果，若请求成功则返回结果；否则，打印错误信息并退出程序。该函数首先使用 `requests. pos`t 方法发送

POST 请求，请求的主机名和 API 名称通过 `lfasr_host + apiname` 进行拼接。然后，它使用 `json. loads` 方法将响应结果解析为 JSON 格式的数据。接下来，函数检查响应结果中的 `ok` 字段是否为 0。如果是，则表示请求成功，函数会打印出相应的成功信息，并返回解析后的结果。如果不是，则表示请求失败，函数会打印出相应的错误信息，并退出程序。

```
        # 请求和结果解析,结果中各个字段的含义可参考：
https://doc.xfyun.cn/rest_api/%E8%AF%AD%E9%9F%B3%E8%BD%AC%E5%86%99.html
        def gene_request(self,apiname,data,files = None,headers = None):
            response = requests.post(lfasr_host + apiname,data = data,files = files,
headers = headers)
            result = json.loads(response.text)
            if result["ok"] == 0:
                print("{} success:".format(apiname) + str(result))
                return result
            else:
                print("{} error:".format(apiname) + str(result))
                exit(0)
                return result
```

⑤下述代码分别用于发送预处理、上传、合并、获取进度和获取结果的请求，其中调用了 `gene_params` 和 `gene_request` 方法来生成请求的参数并发送请求，具体功能实现了 LFASR 服务的不同操作。`prepare_request` 方法用于发送预处理请求。先调用 `gene_params` 方法生成 `api_prepare` 接口的参数字典，再调用 `gene_request` 方法发送 POST 请求并返回结果。`upload_request` 方法用于发送上传请求。首先，打开上传文件作为二进制文件对象。其次，使用 `SliceIdGenerato`r 类实例化一个切片 ID 生成器。在循环中，读取文件指定大小的内容作为切片内容，并生成参数字典 `files`，包含切片 ID 和内容。接着调用 `gene_request` 方法发送 POST 请求，并根据响应结果判断上传是否成功。若上传失败，则打印错误信息并返回 False。若上传成功，则打印成功信息并继续下一切片的上传。最后，关闭文件对象并返回 True。

```
    # 预处理
    def prepare_request(self):
        return self.gene_request(apiname = api_prepare,
                                 data = self.gene_params(api_prepare))
    # 上传
    def upload_request(self,taskid,upload_file_path):
        file_object = open(upload_file_path,'rb')
        try:
            index = 1
            sig = SliceIdGenerator()
            while True:
                content = file_object.read(file_piece_sice)
                if not content or len(content) == 0:
                    break
                files = {
                    "filename": self.gene_params(api_upload).get("slice_id"),
                    "content": content
                }
                response = self.gene_request(api_upload,data = self.gene_params(api_upload,
taskid = taskid,slice_id = sig.getNextSliceId()),
                                             files = files)
                if response.get('ok')! = 0:
                    # 上传分片失败
                    print('upload slice fail,response:' + str(response))
                    return False
                print('upload slice' + str(index) +'success')
                index + = 1
        finally:
            'file index:' + str(file_object.tell())
            file_object.close()
        return True
```

```
# `merge_request` 方法用于发送合并请求。首先调用`gene_params` 方法生成
`api_merge` 接口的参数字典,然后调用`gene_reques`t 方法发送POST 请求并返回结果。
  # 合并
    def merge_request(self,taskid):
```

```
        return self.gene_request(api_merge,data = self.gene_params(api_merge,taskid = taskid))
# `get_progress_request` 方法用于发送获取进度请求。首先调用`gene_params` 方法生成`api_get_progress` 接口的参数字典,然后调用`gene_request` 方法发送POST 请求并返回结果。
    # 获取进度
        def get_progress_request(self,taskid):
        return self.gene_request(api_get_progress,data = self.gene_params(api_get_progress,taskid = taskid))
# `get_result_request` 方法用于发送获取结果请求。首先调用 `gene_params` 方法生成 `api_get_result` 接口的参数字典,然后调用 `gene_request` 方法发送 POST 请求并返回结果。
    # 获取结果
    def get_result_request(self,taskid):
        return self.gene_request(api_get_result,data = self.gene_params(api_get_result,taskid = taskid))
```

⑥下面这段代码的作用是将音频进行预处理、上传、合并，然后获取任务进度并获取最终结果，并将结果保存到 txt 文件中。首先调用 `prepare_request` 方法获取任务的 `tasked`。然后调用 `upload_request` 方法上传文件的切片。接下来调用 `merge_request` 方法进行文件合并。之后，进入一个循环，每隔20 秒获取一次任务的进度，并判断任务是否完成。如果任务出现错误，打印错误信息并返回。如果任务状态为 9（完成状态），打印完成信息并跳出循环。否则，继续打印任务进行中的信息。在获取结果前，先调用 `get_result_request` 方法获取最终的结果，再将结果保存到 txt 文件中并逐行保存。

```
def all_api_request(self):
    #1. 预处理
    pre_result = self.prepare_request()
    taskid = pre_result["data"]
    #2. 分片上传
    self.upload_request(taskid = taskid,upload_file_path = self.upload_file_path)
    #3. 文件合并
    self.merge_request(taskid = taskid)
```

```
    #4. 获取任务进度
    while True:
# 每隔20 秒获取一次任务进度
        progress = self.get_progress_request(taskid)
        progress_dic = progress
        if progress_dic['err_no']!  =0 and progress_dic['err_no']! =26605:
            print('task error:' + progress_dic['failed'])
            return
        else:
            data = progress_dic['data']
            task_status = json.loads(data)
            if task_status['status'] ==9:
                print('task' + taskid +'finished')
                break
            print('The task' + taskid +'is in processing,task status:' + str(data))
        # 每次获取进度间隔20S
        time.sleep(20)
    #5. 获取结果
    res = self.get_result_request(taskid = taskid)
    # 保存到txt
    data = res['data'].strip('[').strip(']')
    for d in eval(data):
        a = d['onebest']
        fw.write(a +'\n')# 逐行保存
```

⑦由于我们处理的是批量多个音频文件，首先，指定文件夹的路径 \`folder_path\` 和输出文件夹路径 \`output_folder_path\`。然后使用 \`os.listdir(folder_path)\` 遍历文件夹中的所有文件名。如果文件名以". wav" 结尾，则处理该音频文件。获取音频文件的路径 \`speechpath\` 和输出文件的路径 \`save_path\`。其次，打开输出文件 \`fw\`，并使用 \`RequestApi\` 类创建一个 \`api\` 对象，设置对应的参数 \`(appid、secret_key 和 upload_file_path)\`。最后，调用 \`api.all_api_request(    )\` 方法，对每个音频文件执行音频处理及文本输出的操作。整个过程会遍历文件夹中的所有 . wav 文件，并将每个音频文件处理后的结果保存到对应的输出文件中。

```
folder_path = r"C:\Users\WAV" # 文件夹路径(可根据实际情况修改路径)
output_folder_path = r"C:\Users\TEXT" # 输出文件夹路径(可根据实际情况修改路径)
for filename in os.listdir(folder_path):
    if filename.endswith(".wav"): # 只处理mp3 文件
        speechpath = os.path.join(folder_path,filename) # 获取文件路径
        save_path = os.path.join(output_folder_path,filename + ".txt") # 设置输出文件路径
        fw = open(save_path,'w') # 打开输出文件
        api = RequestApi(appid = " * ",secret_key = " * ",upload_file_path = speechpath)
#实际处理时可将` * `替换为在科大讯飞获取的appid 和secret_key )
        api.all_api_request() # 调用处理函数
```

⑧经过上述操作处理完成的数据会以 . txt 文本文档的形式储存在文件夹中，由于后续的分析需要与用户行为数据匹配，需要进一步将数据转换为 Excel 格式，以便后续处理。最后输出的内容效果为将指定文件夹中所有 . txt 文件的内容按顺序写入 Excel 文件中的两列：一列是文件名，另一列是文件内容。最后为了保持数据的严谨性，由人工进行了数据内容的准确性查验。

```
# 导入模块
import os
import pandas as pd
# 设置文件夹路径和文件名
folder_path = r"C:\Users\TEXT"  # 替换为自己的文件夹路径
file_name ='直播内容.xlsx'# 替换为自己的输出文件名
# 读取文件夹中的所有txt 文件
file_list = [f for f in os.listdir(folder_path) if f.endswith('.txt')]
# 创建一个两列的空列表
df = pd.DataFrame(columns = ['filename','text'])
# 按顺序将每个txt 文件的内容写入Excel 中
for file in file_list:
    with open(os.path.join(folder_path,file),'r',encoding ='UTF-8') as f:
        text = f.read()
        df = df.append({'filename': file,'text': text},ignore_index = True)
# 将数据写入Excel 文件
df.to_excel(file_name,index = False)
```

经过处理后的直播内容数据，可以对其进行 LDA 主题分析、语言风格分

析、语义分析、情感分析等，可根据实际情况，使用具体方法进行后续处理。

2. 用户行为数据

电商直播的数据特征是数量大、种类多和内容分散。根据这些特点，我们可以选择特定的数据来进行处理和分析。在这个场景中，我们选择了用户的五种基础行为数据："进入""送礼""点赞""发言"和"关注"。我们将这些行为数据分类汇总，并将它们合并为一个完整的数据集。在此基础上，我们计算了每分钟的"进入数""点赞数""关注数""弹幕数""送礼数""送礼总价值"和"弹幕情感"等数据，以供后续的回归分析使用。这些处理步骤有助于更好地理解和分析电商直播的数据，并提取有用的信息，以支持后续的决策和分析工作。

（1）五大类基础行为数据的分类与合并

①关于用户"进入"行为数据，我们需要获取的是每一分钟用户进入直播间的数量，可通过如下代码实现。

```
# 导入模块
import pandas as pd
# 读取原始 Excel 文件，文件名可根据实际修改
df = pd.read_excel('0517.xlsx',sheet_name ='进入')
# 将时间列转换为时间类型，并将秒数置为0
df['time']= pd to_datetime(df['time'],format='%H:%M:%S')
df['time']= df['time']. apply(lambda x: x replace(second= 0))
# 创建一个新的 DataFrame 用于存储结果
new_df= pd DataFrame(columns= ['time','count'])
# 统计每个时间点内数据的条数，并添加到新的 DataFrame 中
for time, group in df groupby('time'):
    count= len(group)
    new_df loc[len(new_df)]= [time,count]
# 将结果保存到新的 Excel 文件中，新的文件名可根据实际修改
new_df to_excel(0517 进入. xlsx',index= False)
```

②关于新用户"关注"行为数据，我们需要获取的是每一分钟有多少新的用户关注了直播间，成为直播间的新粉丝，可通过如下代码实现。

```
# 导入模块
import pandas as pd
# 读取原始 Excel 文件，文件名可根据实际修改
df = pd.read_excel('0517.xlsx',sheet_name ='关注')
# 将时间列转换为时间类型，并将秒数置为0
df['time'] = pd.to_datetime(df['time'],format ='%H:%M:%S')
df['time'] = df['time'].apply(lambda x: x.replace(second =0))
# 创建一个新的 DataFrame 用于存储结果
new_df = pd.DataFrame(columns = ['time','count'])
# 统计每个时间点内数据的条数，并添加到新的 DataFrame 中
for time,group in df.groupby('time'):
    count = len(group)
    new_df.loc[len(new_df)] = [time,count]
# 将结果保存到新的 Excel 文件中，新的文件名可根据实际修改
new_df.to_excel('0517 关注.xlsx',index = False)
```

③关于新用户“点赞”行为数据，我们需要获取的是每一分钟有多少新的用户给直播间点赞，可以通过如下代码实现。

```
# 导入模块
import pandas as pd
# 读取 Excel 数据并转换为 DataFrame 格式，文件名可根据实际修改，
df = pd.read_excel('0517.xlsx',sheet_name ='点赞')
# 将“time”列的数据转换为 datetime  datetime 类型
df['time'] = pd.to_datetime(df['time'])
# 将“time”列以分钟为单位进行向下取整
df['time'] = df['time'].dt.floor('min')
# 以“time”列为基准，将 DataFrame 按照分钟进行分组，并计算“点赞次数”列的和
grouped = df.groupby('time')['点赞次数'].sum().reset_index()
# 将计算结果保存到新的 Excel 表格中
grouped.to_excel('0517 点赞.xlsx',index = False)
```

④ 关于新用户“发言”行为数据，我们需要获取的是每一分钟有多少用户在直播间发言，并且将发言内容提取出来用于后续的情感分析，可以通过如下代码实现。

```
# 计算弹幕条数
# 导入模块
import pandas as pd
# 读取原始 Excel 文件，文件名可根据实际修改
df = pd.read_excel('0517.xlsx',sheet_name ='发言')
# 将时间列转换为时间类型，并将秒数置为0
df['time'] = pd.to_datetime(df['time'],format ='%H:%M:%S')
df['time'] = df['time'].apply(lambda x: x.replace(second =0))
# 创建一个新的 DataFrame 用于存储结果
new_df = pd.DataFrame(columns = ['time','count'])
# 统计每个时间点内数据的条数，并添加到新的 DataFrame 中
for time,group in df.groupby('time'):
    count = len(group)
    new_df.loc[len(new_df)] = [time,count]
# 将结果保存到新的 Excel 文件中，新的文件名可根据实际修改
new_df.to_excel('0517 弹幕数.xlsx',index = False)
```

```
# 统计发言内容
# 按照每一分钟来汇总数据，并将同一分钟内的发言内容合并
df_new = df.groupby(pd.Grouper(key ='time',freq ='1min')).agg({'发言内容':';'.
join}).reset_index()
# 将新的数据写入新的 Excel 表格中,新的文件名可根据实际修改
df_new.to_excel('0517 发言.xlsx',index = False)
```

⑤关于新用户“送礼”行为数据，需要先进行礼物价格的填充和礼物价值的计算，再获取每一分钟用户送礼的数量和送礼的价值，可通过如下代码实现。

```
# 导入模块
import pandas as pd
# 读取 Excel 数据，并转换为 DataFrame 格式，文件名可根据实际修改
df = pd.read_excel('0517.xlsx',sheet_name ='送礼')
# 将“time”列的数据转换为 datetime  datetime 类型
df['time'] = pd.to_datetime(df['time'])
# 将“time”列以分钟为单位进行向下取整
df['time'] = df['time'].dt.floor('min')
```

```
# 以"time"列为基准，将 DataFrame 按照分钟进行分组，并计算"送礼数量"和"礼物总价值"列的和
grouped = df.groupby('time').agg({'送礼数量':'sum','礼物总价值':'sum'}).reset_index()
# 将计算结果保存到新的 Excel 表格中，新的文件名可根据实际修改
grouped.to_excel('0518 送礼.xlsx',index = False)
```

⑥可以通过将分散的数据汇总到一个 Excel 表格中来进行整合和分析。这个过程可以对其他表格的合并也具有类似的作用。根据具体的使用情景和代码内容，可以进行相应的修改和调整。最终的目标是将各个数据整合在一起，以便于更好地分析和使用这些数据。首先导入 pandas 模块，使用 `pd. read_excel(　　)` 函数分别读取 Excel 文件，存储到 df1 - df5 的 DataFrame 中。接下来，将各个 DataFrame 中的"time"列转换为日期时间类型，以便后续按照时间进行合并。其次通过使用 `pd. merge(　　)` 函数，按照"time"列对 DataFrame 进行连续合并操作，使用 `outer` 方式进行合并。最后将合并后的 DataFrame 保存到一个新的 Excel 文件中，命名并将索引列的输出取消。

```
# 导入模板
import pandas as pd
# 读取第一个 Excel 表格
df1 = pd.read_excel('0517 进入.xlsx')
# 读取第二个 Excel 表格
df2 = pd.read_excel('0517 关注.xlsx')
# 读取第三个 Excel 表格
df3 = pd.read_excel('0517 送礼.xlsx')
# 读取第四个 Excel 表格
df4 = pd.read_excel('0517 点赞.xlsx')
# 读取第五个 Excel 表格
df5 = pd.read_excel('0517 发言.xlsx')
# 将所有 DataFrame 按照time'列进行合并
df1['time'] = pd.to_datetime(df1['time'])
df2['time'] = pd.to_datetime(df2['time'])
df3['time'] = pd.to_datetime(df3['time'])
df4['time'] = pd.to_datetime(df4['time'])
df5['time'] = pd.to_datetime(df5['time'])
```

```
merged_df = pd.merge(df1,df2,on='time',how='outer')
merged_df = pd.merge(merged_df,df3,on='time',how='outer')
merged_df = pd.merge(merged_df,df4,on='time',how='outer')
merged_df = pd.merge(merged_df,df5,on='time',how='outer')
# 将合并后的 DataFrame 保存到 Excel 文件中
merged_df.to_excel('0517.xlsx',index = False)
```

3. 直播内容及用户评论数据情感分析

直播内容及用户评论数据的情感分析是一项重要的任务，可以帮助企业或研究人员更好地理解主播的直播内容和用户评论的情感倾向。对于直播内容，通过分析主播的情感表达，结合用户行为数据，来研究主播在直播时情绪对于直播效果的影响；对于用户评论，情感分析可以帮助企业了解用户对产品或服务的满意度、投诉或建议等，并及时处理和回应，提升用户体验和口碑。

在进行直播内容及用户评论数据的情感分析时，可以使用的方法主要有词袋模型、TF－IDF、Word2Vec、情感词典、深度学习模型、LIWC（Linguistic Inquiry and Word Count）等。其中，词袋模型将文本数据转换为词语的向量表示，统计每个词语的出现频率作为特征，并使用机器学习算法进行分类或回归分析。TF－IDF 根据词语在文本中的出现频率和在整个语料库中的出现频率进行加权，计算每个词语的重要性。Word2Vec 将词语转换为向量表示，通过训练深度学习模型，使具有相似语义的词语在向量空间中距离较近。情感词典是使用人工标注的情感极性词语，将文本中的词语与情感极性进行匹配，从而进行情感分析。深度学习模型，如循环神经网络（RNN）、长短时记忆网络（LSTM）和注意力机制（Attention）等，可以提取文本的语义和上下文信息。LIWC（Linguistic Inquiry and Word Count）是一种文本分析工具，用于计算文本中特定词语和语言特征的频率，并据此分析文本的情感、心理状态、社会行为等方面。

因此，直播内容及用户评论数据的情感分析可以利用多种方法和技术，以更好理解用户情感倾向，优化直播策略和用户体验。根据具体情况和需求，可结合多种方法进行分析，以获得更全面和准确的情感分析结果。

①词袋模型（Bag of Words）是一种简单高效的文本表示方法，适用于处

理大量文本数据进行分类或回归分析。它将文本数据转化为词语的向量表示。首先，将文本分解为独立的词语，并统计每个词语在文本中的出现频率。然后，使用机器学习算法对这些词语的频率进行分类或回归分析。在词袋模型中，词语的顺序和语义关系被忽略。这意味着不考虑词语之间的先后顺序，每个词语都被视为独立的特征。这在一些情况下可以带来一定的局限性，因为文本的含义往往是由词语之间的关系和语言结构共同决定的。尽管词袋模型忽略了词语之间的顺序和语义关系，但由于其简单、高效的优点，仍广泛应用于文本分类、情感分析和垃圾邮件过滤等任务中。在实际使用中，通常会结合其他方法或技术来解决词袋模型忽略语义和顺序的问题。例如，使用 N - grams 将相邻词语组合为特征，或者使用深度学习模型来提取更丰富的语义信息。

②TF - IDF（Term Frequency - Inverse Document Frequency）是一种常用的文本特征表示方法，用于进行情感分析。TF - IDF 通过计算文本中每个词语的重要性来衡量词语在文本中的贡献程度。在 TF - IDF 方法中，词频（Term Frequency，TF）表示一个词语在文本中的出现频率，即该词在文本中出现的次数。逆文档频率（Inverse Document Frequency，IDF）则是衡量一个词语在整个语料库中的普遍程度。常见的计算方式是使用 log 函数将文档总数除以包含该词语的文档数，并取其倒数。TF - IDF 的计算公式为：$TF-IDF(w,d) = TF(w,d) \cdot IDF(w)$，其中 w 表示词语，d 表示文档。$TF(w,d)$ 表示词语 w 在文档 d 中的词频，$IDF(w)$ 表示词语 w 的逆文档频率。在进行情感分析时，通常会对每个词语计算其 TF - IDF 值，然后将这些计算结果作为特征向量进行情感分类或回归分析。TF - IDF 能够突出在某个文本中频繁出现，但在整个语料库中出现较少的词语，从而提取出词语的重要性，帮助模型分辨词语对于情感的贡献。

③Word2Vec 是一种常用的文本表示方法，用于将词语转换为向量表示。通过训练一个深度学习模型，Word2Vec 使得具有相似语义的词语在向量空间中距离较近。这种方法基于一个假设，即在语料库中经常出现在相似上下文中的词语具有相似的语义。在进行情感分析时，可以使用 Word2Vec 将文本中的句子转换为对应的向量表示。通过训练 Word2Vec 模型，每个词语都可以表示为一个向量，使具有相似语义的词语在向量空间中距离较近。这样，可以通过比较词语向量之间的距离或计算词语向量的相似度来判断情感分类或回归分析。Word2Vec 能够捕捉到词语之间的语义关系，对于处理含有上下文信息的文

本数据更有效。由于它能够将词语转换为连续的向量表示，因此可以更好表达词语之间的语义关联和上下文信息，帮助模型更准确地理解文本中的情感倾向。

④情感词典是一种常用的情感分析方法，通过使用事先编制好的情感词典，将文本中的词语与情感类别进行匹配，并统计积极、消极和中性词语的数量。通过分析文本中各个情感类别词语的分布情况，可以推断出文本的情感倾向。这种方法相对简单快速，可以方便地对文本进行情感分析。情感词典通常包括积极和消极情感词语，如“开心”“悲伤”“满意”“失望”等。通过匹配文本中的词语，可以统计每个情感类别词语的出现次数，进而计算出积极、消极和中性词语的比例或数量。然而，情感词典也存在一些限制。情感词典通常是基于一定领域或语料库进行构建的，对于新兴或特定领域的词语可能不够准确。情感词典可能无法捕捉到一些隐含或复杂的情感表达，因为它只关注情感词语的存在与否，而没有考虑词语的上下文信息。因此，在使用情感词典进行情感分析时，需要注意其适用范围和局限性。对于常见的词语和一般领域的文本，情感词典可以提供一定帮助。但对于特定领域、复杂的文本或新兴词语，可能需要结合其他方法进行更准确的情感分析。

⑤深度学习模型是一类广泛应用于情感分析的方法，包括循环神经网络（RNN）、长短时记忆网络（LSTM）和注意力机制（Attention）等模型。这些模型能够处理文本的上下文信息，从而提取文本的语义和情感信息。通过训练这些复杂的神经网络模型，可以对文本进行情感分类或回归分析。这些深度学习模型能够学习到文本数据中的复杂模式和语义关系，从而更好理解文本的情感倾向。然而，深度学习模型的训练和调参过程较为复杂，需要大量的标注数据和计算资源。为了训练一个准确且泛化能力强的深度学习模型，通常需要一个大规模的有标签的数据集，并进行适当的模型架构设计和参数调整。尽管深度学习模型具有处理文本上下文和提取语义信息的优势，但也需要权衡其复杂性和计算资源需求。在应用深度学习模型进行情感分析时，需要根据具体情况评估其适用性，并合理分配数据和计算资源以达到理想的情感分析效果。

⑥LIWC（Linguistic Inquiry and Word Count）是一种经典的文本分析工具，通过计算文本中特定词语和语言特征的频率，并据此分析文本的情感、心理状态、社会行为等方面。LIWC 的核心思想是将文本中的词语按照其语言特征进行分类，如积极、消极、情绪、认知等，然后统计每个类别词语的出现频率。

基于这些统计结果，可以推断出文本的情感倾向或其它相关信息。LIWC 包含一个预定义的词语和语言特征词典，其中包含了各种常见词语及与之相关的特征词。这些词语和特征词可以根据具体的研究或分析需求进行扩展或修改。利用这个词典，可以计算文本中各个类别词语的出现频率，并生成相关的指标或特征。然而，LIWC 也有一些限制。例如，LIWC 的效果取决于词典的准确性和适用性，对于特定领域或文本的词语可能不准确或不适用；LIWC 主要基于词语的存在与否，并未充分考虑词语的上下文信息和语义关联。因此，对于含有较为复杂语境的文本，LIWC 的效果可能有限。

本章对文本进行情感分析采用的是 LIWC 软件。LIWC 已被广泛应用于文本分析的许多研究中，并且其信度和效度得到了验证。在应用 LIWC 进行文本分析时，可以使用 Python 的 jieba 库将主播直播内容和用户评论文本进行分词，并去除该文本中的停用词。然后，可以使用 LIWC 软件对分词后的文本进行编码。LIWC 通过将文本中的词语与内置词典中的词进行比较来分析文本。该词典包括大约 6400 个词语、词干和选定的表情符号。通过将文本中的词语与词典进行比较，可以计算出各个语言特征的频率，从而推断出文本的情感、心理状态和其他方面的信息。使用 jieba 进行分词可以将文本按照词语进行划分，去除停用词有助于减少分析时的干扰。之后，将分词后的文本输入 LIWC 软件中编码，可以得到相应的分析结果。

（1）对文本数据进行分词

分词是文本信息处理的关键环节，它将一个连续的字符串切分成一个个独立的单词或词语。准确的分词可以显著提高计算机对文本信息的识别和理解能力，为后续的文本分析和处理奠定基础。

相反，如果分词不准确，就会产生大量的噪声，严重干扰计算机对文本的识别和理解能力，从而对后续的文本处理工作产生较大的影响。不准确的分词可能会导致单词或词语被错误地切分成多个部分或者合并在一起，进而改变了原本的单词或词语的语义和上下文信息。

例如，将一个句子误分词为错误的单词序列，会导致计算机无法准确理解句子的含义。这会影响词语的语义分析、实体识别、情感分析等文本处理任务。

因此，在文本处理中进行准确的分词非常重要。通过采用有效的分词工具（如 Jieba 库）和优化的分词算法，可以提高分词的准确性和鲁棒性，从而有效地为计算机对文本的进一步处理提供可靠的基础。

（2）去除停用词

停用词（Stop Words）是指在文本处理过程中被自动忽略的一类常见字或词语。在搜索引擎和信息检索中，为了节省存储空间和提高搜索效率，常常会将一些常见且没有实际检索价值的字或词定义为停用词，并在索引页面或处理搜索请求时自动忽略这些停用词。

停用词通常是一些虚词、常用词和语法连接词，如“的”“是”“和”“在”等。这些词语在文本中频繁出现，但对于文本的意义理解和信息检索来说并没有太大的贡献。

在文本处理任务中，去除停用词可以提高算法和模型的效果，减少干扰和噪声。通过去除这些常见的、没有实际语义和信息价值的停用词，可以提高文本处理的准确性和效率，使算法和模型更集中地关注在那些具有实际含义和重要性的词语上。

为了去除停用词，常常会使用事先定义好的停用词列表，并在文本处理的过程中将这些停用词从文本中过滤掉。这样可以减少计算机处理文本时的冗余和干扰，使得后续的文本分析和处理更加准确和有效。常用的中文停用词库包括哈工大停用词表、百度停用词表等。

请确保已经安装必要的库（pandas、jieba），并且将Excel文件（'input_file.xlsx'）放置在与代码相同的目录中。此外，请确保停用词文件（'stopwords.txt'）也位于正确的位置。该代码使用pandas的pd.read_excel(　　)函数从'input_file.xlsx'中读取数据。然后，它将preprocess(　　)函数应用于'title_content'列，并将处理后的数据存储到一个名为'title_content_cutted'的新列中。最后，它使用df.to_excel(　　)函数将处理后的数据保存到名为'output_file.xlsx'的新Excel文件中。可以根据具体需求修改代码，如调整列名或文件路径。

对文本分词和去除停用词的代码如下所示：

```
# 导入模块
import pandas as pd
import jieba
import jieba.posseg as psg
import r
```

```
# 加载停用词列表
def load_stopwords(filepath):
    stopwords = [line.strip() for line in open(filepath,'r',encoding='utf-8').readlines()]
    return stopwords
# 预处理函数(分词 + 去除停用词)
def preprocess(text):
    # 初始化 Jieba 分词库
    jieba.initialize()
    # 停用词文件路径
    stop_file ='stopwords.txt
    # 加载停用词列表
    stopwords_list = load_stopwords(stop_file)
    # 分词和去除停用词
    seg_list = psg.cut(text)
    word_list = []
    # 处理分词结果中的每个词语
    for seg_word in seg_list:
        word = re.sub(u'[^\u4e00-\u9fa5]','',seg_word.word) # 仅保留中文字符
        # 排除停用词和某些词性
        if seg_word.flag not in['x','m']and len(word) > 1 and word not in stopwords_list:
            word_list.append(word)
    return word_list
# 从 Excel 文件中读取数据
df = pd.read_excel('input_file.xlsx')
# 对'title_ content'列进行预处理
df['title_content_cutted'] = df['title_content'].apply(preprocess)
# 将处理后的数据保存到新的 Excel 文件中
df.to_excel('output_file.xlsx',index = False)
```

三、直播电商数据分析

在本节中，我们选取了5月在抖音平台上某农产品直播间的部分数据为样本。利用Stata软件，我们对这批数据进行了系列深入的回归分析。需要注意的是，此处所列的命令只是基本的示例。针对不同的研究问题和背景，读者可根据具体需要对这些建议的命令进行调整和完善。我们鼓励研究者根

据实际的研究目标和需求，灵活运用这些工具，以得到更加精确和有意义的分析结果。此次研究仅提供一个基本框架，旨在引导读者更好地理解如何使用 Stata 软件进行数据分析。希望本文能为大家对于直播间数据分析提供一些参考和启示。

```
*直播数据分析
*设置工作目录
cd C:\Users\直播数据分析
*导入数据
import excel using "C:\Users\直播 5 月数据.xlsx",firstrow clear
*描述性统计
summarize 主播积极情感 主播消极情感 点赞数 实时评论数 送礼数 送礼价值 关注数 积极评论情感 消极评论情感
summarize 主播积极情感 主播消极情感 点赞数 实时评论数 送礼数 送礼价值 关注数 主积极评论情感 消极评论情感,detail
*对变量取对数,并保存在新的变量中(命令以点赞数为例,其他变量可根据其偏离正态分布情况或幅度差异情况进行对数化处理)
gen_ln_点赞数= ln_(点赞数)
**相关系数分析
logout,save(相关系数分析)word replace : pwcorr_a 主播积极情感 主播消极情感 点赞数 实时评论数 送礼数 送礼价值 关注数 积极评论情感 消极评论情感,star1(.001) star5(.01)star10(.05)
*缩尾处理
winsor2 主播积极情感 主播消极情感 点赞数 实时评论数 送礼数 送礼价值 关注数 积极评论情感 消极评论情感,replace cuts (1 99)
```

表 6－4　描述性统计

Variable	Obs	Mean	Std. dev.	Min	Max
主播积极情感	1481	3.957029	2.234484	0	21.19
主播消极情感	1481	1.311128	1.234858	0	7.21
点赞数	1481	6237.849	32663.79	10	342405
实时评论数	1481	137.2519	147.9078	1	777
送礼数	1481	2971.196	23193.52	5	504197
送礼价值	1481	310.8413	2322.797	0.5	50455.9
关注数	1481	14.81837	18.90907	0	123

续表

Variable	Obs	Mean	Std. dev.	Min	Max
积极评论情感	1481	5.433768	2.826824	0	31.19
消极评论情感	1481	0.8349966	1.187293	0	21.71

表 6－5　　　　　　　　　　　　相关性分析

Var	(1)	(2)	(3)	(4)	(5)	(6)	(7)	(8)	(9)
(1)	1								
(2)	−0.061 *	1							
(3)	0.120 ***	−0.076 **	1						
(4)	−0.103 ***	0.111 ***	0.084 **	1					
(5)	−0.083 **	0.100 ***	0.00500	0.341 ***	1				
(6)	−0.083 **	0.102 ***	0.00500	0.350 ***	0.998 ***	1			
(7)	−0.186 ***	0.123 ***	0.0350	0.723 ***	0.387 ***	0.388 ***	1		
(8)	0.0150	0.0490	0.068 **	0.0380	0.0400	0.0400	0.125 ***	1	
(9)	−0.0340	0.0370	−0.071 **	−0.137 ***	−0.0330	−0.0360	−0.132 ***	−0.056 *	1

注：(1) 主播积极情感；(2) 主播消极情感；(3) 点赞数；(4) 评论数；(5) 送礼数；(6) 送礼价值；(7) 关注数；(8) 积极评论情感；(9) 消极评论情感。$*p<0.05$，$**p<0.01$，$***p<0.001$。

下面使用直播数据集，对主播积极情感表达和点赞数进行一元回归分析示例，在 Stata 中，进行一元回归的命令为 `reg y x`，在此例中，命令为 `reg ln_点赞数 ln_主播积极情感`，回归结果为：

表 6－6　　　　主播积极情感表达和点赞数进行一元回归分析结果

Source	SS	df	MS		
Model	6.77667429	1	6.77667429	Number of obs = 1481	
Residual	1279.87113	1479	0.865362495	F (1, 1479) = 7.83	
Total	1286.6478	1480	0.869356625	Prob > F = 0.0052	
				R − squared = 0.0053	
				Adj R − squared = 0.0046	
				Root MSE = .93025	
ln_点赞数	Coefficient	Std. err.	t	p > |t|	[95% conf. interval]
ln_主播积极情感	0.1479469	0.0528685	2.80	0.005	0.0442418　0.251652
_cons	6.688608	0.0828355	80.75	0.000	6.52612　6.851095

同样，还可以对主播消极情感表达和点赞数进行一元回归分析示例，在 Stata 中，命令为 `reg ln_主播消极情感 ln_点赞数`，回归结果为：

表 6－7　　主播消极情感表达和点赞数一元回归结果

Source	SS	df	MS		
Model	9.52829152	1	9.52829152	Number of obs = 1481 F (1, 1479) = 11.03 Prob > F = 0.0009	
Residual	1277.11951	1479	0.863502037	R－squared = 0.0074 Adj R－squared = 0.0067	
Total	1286.6478	1480	0.869356625	Root MSE = .92925	
ln_点赞数	Coefficient	Std. err.	t	p > | t |	[95% conf. interval]
ln_主播积极情感	－0.1601032	0.0481975	－3.32	0.001	－0.2546459　－0.0655605
_cons	7.023581	0.0417791	168.11	0.000	6.941628　7.105534

表 6－8　　主播情感与用户点赞数一元回归结果

	(1)	(2)
	ln_点赞数	ln_点赞数
ln_主播消极情感	0.148 ** (2.798)	
ln_主播消极情感		－0.160 *** (－3.322)
_cons	6.689 *** (80.746)	7.024 *** (168.112)
N	1481	1481
adj. R^2	0.005	0.007

t statistics in parentheses * *p* < 0.05，** *p* < 0.01，*** *p* < 0.001。

在本章中，我们深入探讨了直播电商数据分析的关键步骤和方法。我们从数据收集开始，介绍了常用的数据收集方法，包括从主播直播内容、用户行为和评论数据中搜集有关直播电商的重要信息。通过收集全面和准确的数据，我们可以为后续的数据分析提供可靠的基础。接下来，我们着重讨论了直播电商数据的清洗和处理。我们介绍了数据清洗的步骤和常见问题，并强调了数据清洗的重要性和目标。清洗后的数据为后续的数据分析和建模提供了更可靠和准确的基础。在数据分析方面，我们介绍了 Stata 中常用到的命令和回归分析，使用了 Stata 对抖音部分直播数据进行了描述性统计和回归分析。描述性统计可以帮助我们了解直播数据的基本特征和分布情况，为之后的分析提供了直观的图表和摘要统计信息。回归分析则可以帮助我们探索直播影响因素之间的关系，并预测变量之间的变化趋势。

通过本章内容，我们可以深入解直播电商数据分析的重要性和实用方法。直播电商作为一种崭新的电子商务模式。数据分析为我们揭示了直播电商行业的商机和趋势，帮助我们作出更明智的决策和优化营销策略。